イエスの時

イエスの時

大貫 隆

岩波書店

はじめに

その表題が示すように、本書の中心的な問題は、生前のイエスが「神の国」の宣教と結びつけていた独特な時間理解――前著『イエスという経験』(岩波書店、二〇〇三年一〇月)での表現を繰り返せば、「全時的今」――が、一方では旧約聖書からイエスの時代までのユダヤ教の時間理解と、他方ではイエスの死後の原始エルサレム教会はもとより、何よりもパウロの時間理解と、どのように連続あるいは不連続の関係にあるかということである。

そこで本書は全体が三部に分かれる。第一部「救済史を超えて――旧約聖書・ユダヤ教黙示思想との対話」は、まず旧約聖書およびユダヤ教黙示思想において、アブラハム伝承とモーセ伝承がどのような相互関係にあるかを踏査する。すでに前著『イエスという経験』で述べたように、イエスが「神の国」について編み上げていた「イメージ・ネットワーク」の中では、アブラハムはすでに死から復活して(マコ一二18-27)、イサク、ヤコブと共に、天上で始まった神の国の祝宴の席につき、間もなく「東から西から大勢の人がやってきて」、共に宴会の席につくようになるのを待っている(マタ八11-12／ルカ一三28-29)。また、「金持ちとラザロ」(ルカ一六19-31)の話のアブラハムは、「神の代役」でもあった(『イエスという経験』七七頁)。イエスの「神の国」のイメージ・ネットワークにおいて、アブラハムは終始、積極的なイメージなのである。

ところが、モーセはどうだろうか。モーセは同じイエスの「神の国」のイメージ・ネットワークの中にいかなる場所も占めていない。もちろん、生前のイエスは特にファリサイ人との律法問答の中で、モーセに繰り返し言及した。例えば、ほかでもないアブラハム、イサク、ヤコブがすでに死から復活していることを論証する前述の場面で、イエスは「死人たちが起こされることについては、あなたたちはモーセの書(出エジプト記)の『柴薮』のくだりで、神が彼にこう言われたのを読んだことがないのか」(マコ一二26)と反問しているとおりである(その他、マコ一44、七10、一〇3、5参照)。しかし、それらの言及での「モーセ」は例外なくいわゆるモーセ律法を指すにすぎない。つまり、生前のイエスが「神の国」について語ったと思われる発言で、モーセその人を「神の国」の住人とイメージしていると読めるものはない。イエスの「神の国」のイメージ・ネットワークの中に、モーセが占めるべき場所はないのである。

アブラハムとモーセが、イエスの「神の国」のイメージ・ネットワークにおいて示すこのような際立った対照は、どこからくるのか、そして、何を意味するのか。前著『イエスという経験』は、この点と関連して、イエスにおける「出エジプト伝承の不在」を指摘した。この判断は、関連する一次資料に即してさらに仔細に見る時に、当たっているだろうか。

第一部はこれらの問いを背後に持ちながら、旧約聖書(ヘブライ語聖書)の創世記から列王記までの一連の歴史叙述(第I章)とユダヤ教黙示文書(第II章)について、アブラハム伝承とモーセ伝承の相互関係を踏査するのである。

その結果、そこでは終始、アブラハム伝承の方がモーセ伝承よりも上位の救済史的な枠組みであることが確認される。出エジプトの民がシナイ山でモーセを通して律法を授与された出来事、すなわち「モーセ契約」は、その後のイスラエル・ユダヤの民の歴史の中で繰り返し破綻に直面する。その破綻を超えてなお救済の希望を支えるのが、創世記一五章と一七章でアブラハムに与えられる約束である。この意味で、もし「アブラハムの宗教か、それともモーセの宗教か」といういささか乱暴な問いを敢えて立てるとすれば、旧約聖書の歴史叙述とユダヤ教黙示思想は「アブラハムの宗教」だというのが私の判断である。

ただし、「アブラハムの約束」がそのつどの「モーセ契約」の破綻を超えて救済の希望を支えるその支え方は、当然のことながら、長い歴史的経過の中で変わっていった。それと共に、旧約聖書とユダヤ教黙示思想の歴史理解と時間論も変容することとなる。

ユダヤ教が「アブラハムの宗教」だとすると、それだけ際立つのが「神はこれらの石ころからでも、アブラハムの子らを起こすことができるのだ」(マタ三9/ルカ三8)という洗礼者ヨハネの宣言である。この宣言が持つ意味は、一方では旧約聖書およびユダヤ教黙示思想と、他方ではアブラハムを「神の代役」として登場させるイエスの「神の国」のイメージ・ネットワークとの関連の中で、考察されなければならない。イエスはモーセ伝承については、師ヨハネの衣鉢を継ぎながら、アブラハム伝承については別の道を行ったのだろうか(第Ⅲ章)。

第二部「イエスの『内側から』と『外側から』——イエス研究の視座」は、まず、天上で宴席に着いているアブラハムとサタンの天上からの追放という二つのイメージには、十二族長の遺訓をはじめとして、ユダヤ教黙示思想の周辺で生み出された一群の旧約外典文書の中に、豊富な類例があることを明らかにする(第Ⅳ章)。それらの類例は、時間論的に見ると、創造論の文脈に属するものと、終末論の文脈に属するものに分かれる。イエスは、この二つの既存のイメージを彼固有の「全時的今」に統合しているのである。この意味で、「神の国」の宴席に着く者は、イエスに代わって言えば、「無からの新しい創造」としての「アブラハムの子ら」なのである。そして、イエスのこの見方は、師であった洗礼者ヨハネの前述の宣言の中にも潜勢的に含まれていたのかも知れない。

イエスの独創性は、「神の国」のイメージ・ネットワークに属する個々のイメージを無から創造したことにあるのではなく、それらを独自にネットワーク化し、その中で個々のイメージに新しい意味と役割を与えた点にある。この認識はイエス研究の方法論にとって二つの重大な帰結をもたらす(第Ⅴ章)。その一つは、従来の「独一性」の規準、すなわち、周辺世界に類例のない独一のものこそ、歴史的に生前のイエスの真正な発言と見なし得るという規準がもはや立ちいかないということである。今一つは、すでに前著『イエスという経験』で述べたことの繰り返しになるが、イエスの社会的行動を「内側から」、すなわち、内的な動機づけのプロセスから解明するということである。イエスの社会的行動が、「神の国」のイメージ・ネットワークと無関係に動機づけられているはずがないからである。

この意味での「内側から」の解明なしには、史的イエス研究はありえない。イエスの社会的行動を「外側から」、言わば「客観的」に規定した歴史的条件を解明することは、もちろん不可欠である。私もこれまでの文学社会学的な研究で、極力そのことに努めてきた。しかし、そのような「外側から」の解明においては、イエスは「客体」の位置にある。他方で、「史的イエス研究」とは、欧米における研究史のはじめから、イエスを「主語」の位置においての研究であったことに注意が必要である。「内側から」の解明なしに、イエスを「主語」の位置におくことはできない。イエスの「内側」と「外側」の両方からの解明が肝要なのである。

しかし、前著『イエスという経験』に寄せられた論評から見るところでは、とりわけわが国の研究者の間で、イエスの「内側から」と「外側から」の方法論的な区別と統合が不十分である。そのために、議論が無用に混乱することが少なくない。それが最も顕著となったのは、同じ前著で私がイエスの最期の深い沈黙と十字架上の絶叫について、イエスの「内側から」、「(イエスは)予定の死を死んだのではない。覚悟の死を死んだのでもない。自分自身にとって意味不明の謎の死を死んだのである」(二一五頁)と述べたことをめぐる議論である。少なからずの読者が、私のこの発言に躓いた。その躓きの原因は、イエスの死は覚悟の死、あくまで「死ぬことができる死」であったはずだというこだわりにある。しかし問題は、このこだわりがすでにキリスト教信仰の「内側から」の、従って生前のイエスから見れば「外側から」の見方ではないのかということである。

イエスの「内側から」と「外側から」の区別は、イエスの「神の国」がわれわれ現代人にとって持つ意義を取り出す「非神話化」の作業においても、不可欠である。本書で私は、生前のイエスが「神の国」を繰り返し「いのち」と言い換えていたこと、そこにすでに「事態」としての「非神話化」が始まっていることを指摘する。イエスの最期の絶叫は「非神話化への臨界線上での叫び」であったとも述べる。しかし、当然のことながら、これはイエスが自分の「内側で」そう意識していたということではない。「非神話化」とは、どこまでも現代の研究者がイエスの「外側から」行なう解釈である。

その解釈からすると、イエスは「事態としての非神話化」に臨界していた。これが私の見方である(第Ⅵ章)。

第三部「パウロとイエス――現代思想との対話」では、前著『イエスという経験』で積み残したままになっていたパウロの時間論を、イエスのそれとの対比で明らかにすることが中心的な課題である。そのためにまず、時代的にパウロに先行した原始エルサレム教会の考え方とパウロの考え方の違いを確認する。どちらも「贖罪信仰」という曖昧な伝統的概念で括られてしまうことが多いが、パウロ固有の考え方は「十字架の神学」(第Ⅷ章)として、原始エルサレム教会の贖罪信仰(第Ⅶ章)から明確に区別されなければならない。その「十字架の神学」という全体枠の中で、パウロは「今」あるいは「今この時」をどう理解しているのか。生前のイエスの「全時的今」に対するどのような連続性と違いが認められるだろうか(第Ⅸ章)。

パウロの時間論の分析に当たっては、われわれはつい最近翻訳が刊行されたG・アガンベンの研究『残りの時――パウロ講義』(上村忠男訳、岩波書店、二〇〇五年)を参照してみたい。このアガンベンの研究は、とりわけパウロの「テュポス論」に含まれる時間論に注目する。すなわち、パウロは書簡のあちこちで、旧約聖書のアダム、アブラハム、モーセなどを「予型」、イエス・キリストを「本体」として組み合わせているが、これが独特な歴史解釈の方法であることに注目するのである。さらにアガンベンは、理念(真理)は事物的な形象が集まって一つの「星座」(布置)を成すときに、その中に現れ出るという、W・ベンヤミンの歴史哲学における中心テーゼを取り上げる。このテーゼは明言をもってパウロに言及はしないものの、実は深くパウロの「テュポス論」から示唆されたものである。われわれはアガンベンのこの見解を、パウロの「テュポス論」を含む重要な本文を順に分析することによって吟味してみたい(第X章)。

本書の最終章(第XI章)は、前述のベンヤミンの歴史哲学の中心テーゼを、アガンベンが指摘するパウロとの関連を超えて、生前のイエスの「神の国」のイメージ・ネットワークとの関連においてみる。この関連については、すでに前著『イエスという経験』の最終章でも指摘したとおりである。しかし、そこではまだすべてが手探りの状態で、問題の所在を指示するだけで終わっていた。この度は、可能な限り踏み込んで、両者の間に本質的な親和性が——おそらくベンヤミン自身が気づかないままに——存在していることを示してみたい。

すなわち、すでに述べたように、イエスの「神の国」のイメージ・ネットワークの独創性は、それに属する個々のイメージを無から創造したことにあるのではなかった。それらの個々のイメージの多くは、同時代のユダヤ教の中にすでにあったのである。イエスの独創性は、それら既存の個々のイメージを新たに、かつ独自にネットワーク化したこと、そのネットワークの中で個々のイメージに今や新しい意味と役割を与えた点にある。

このネットワークがイエスにひらめいた瞬間こそは、「神の国」がイエスに啓示された瞬間であった。それは、ベンヤミンの言葉で言えば、さまざまな事物的な形象が集まって一つの「星座」(布置)を造り上げるときに、理念(真理)が現れ出る瞬間にほかならない。

以上が本書の内容である。「イエスの時」という本書全体の表題にふさわしく第一部から第三部まで論旨が通って、独立の一冊として読んでいただけるものとなっていることを願って止まない。

なお、最後に書誌的なお断りをしておくと、本文における旧新約聖書からの引用は、原則として岩波版の翻訳(旧約聖書 Ⅰ『律法』、Ⅱ『歴史書』、Ⅲ『預言書』、Ⅳ『諸書』、二〇〇四―二〇〇五年、『新約聖書』二〇〇四年)に従うが、本書の行論上必要な場合、あるいは読者にとっての読みやすさのために必要と思われる場合には、適宜訳文を変更している。その他の関連する一次資料と研究文献については、巻末の参考文献表に詳細な書誌データを掲出している。そこではすべての参考文献を五十音順に並べて、番号を付してある。本文の中での参照指示は〔46/14‐15〕のように略号で行なう。この例の場合は、「参考文献№.46の14‐15頁を参照」という意味である。ただし、この形での参照指示も必要最小限にとどめている。

目次

第二部　イエスの「内側から」と「外側から」
――イエス研究の視座――

第三部　パウロとイエス
――現代思想との対話――

第一部　救済史を超えて

——旧約聖書・ユダヤ教黙示思想との対話——

第Ⅰ章　「モーセ五書」と「申命記史書」におけるアブラハムとモーセ

一　二つの歴史記述の接合の問題

旧約聖書においてアブラハム伝承とモーセ伝承がどのような関係にあるかを見るにあたり、まず最初に気をつけなければならないのは、キリスト教において普通旧約聖書と呼ばれるものと、ユダヤ教の正典としてのヘブライ語聖書とでは、全体の呼称も個々の文書の配列の順番も違うということである。ユダヤ教のヘブライ語聖書は「トーラー」(律法)、「ネビイーム」(預言者)、「ケトゥビーム」(諸書)の大きく三部に区分される。「トーラー」(律法)に当たるのは創世記、出エジプト記、レビ記、民数記、申命記の五書で、「モーセ五書」とも呼ばれる。「ネビイーム」(預言者)はさらに二分されて、ヨシュア記、士師記、サムエル記上下、列王記上下が「前の預言者」、イザヤ書、エレミヤ書、エゼキエル書、十二小預言書(ホセア書、ヨエル書、アモス書、オバデヤ書、ヨナ書、ミカ書、ナホム書、ハバクク書、ゼファニヤ書、ハガイ書、ゼカリヤ書、マラキ書)が「後の預言者」と呼ばれる。「諸書」は詩篇、ヨブ記、箴言、ルツ記、雅歌、コーヘレト書、哀歌、エステル記、ダニエル書、エズラ記、ネヘミヤ記、歴代誌上下である。文書の配列順はここに挙げたとおりである。新共同訳をはじめ、一般の邦訳の旧約聖書では列王記下に続いている歴代誌上下が、ここでは一番最後に置かれている。

なぜこのような違いが生じているのか。その理由を説明するためには、ヘブライ語聖書がすでに紀元前の段階でギリシア語（いわゆる七十人訳聖書）に訳され始めた時の経緯、さらには十六世紀の宗教改革以後のプロテスタントとカトリック教会それぞれにおける旧約正典確定の経緯に立ち入らなければならない。しかし、それは本書の課題ではない。当面重要なことは、ヘブライ語聖書の順番に従って言えば、創世記から列王記までがひとつながりの歴史物語となっているという端的な事実である。

その際、注意していただきたいのだが、一般の邦訳旧約聖書で士師記とサムエル記上の間に置かれているルツ記は、ヘブライ語聖書では「諸書」に編入されているので、そのひとつながりの歴史物語からは外れるということである。もちろん、ルツ記はルツという一人の女性をめぐる珠玉のように美しい物語である。しかし、イスラエル民族全体の歴史にかかわる物語ではない。そのルツ記を除く「前の預言者」、つまりヨシュア記、士師記、サムエル記、列王記の四書を、ためしに一度モーセ五書につなげて通して読んでみていただきたい。すると、そこでは終始一貫、一個人ではなく、イスラエル民族全体にかかわる歴史が物語られていることが分かるであろう。

創世記の冒頭では「天地創造」の次第が物語られ、続いて楽園でのアダムとエバの堕罪、カインとアベル、ノアの洪水、バベルの塔の物語がくる（創一―一一章）。続いて、牧羊者であったアブラハム、イサク、ヤコブという三代の族長に関する物語群（創一二―三六章）、ヤコブの時代のエジプト下り（創三七―五〇章）、エジプトでのイスラエルの民の増加と苦役、モーセをリーダーとしての脱出行、紅海での奇蹟（出一―一五章）、シナイ山での律法の授与（出一九章―レビ記）、それに続く四十年にわたる荒野の彷徨を経て（民数記）、カナン（パレスティナ）の「乳と蜜の流れる」地の奪取と定着（ヨシュア記）が物語られる。麗しの土地に定着した後は、そのつど立てられる「士師」をカリスマ的リーダーとしてイスラエル全部族が連合していた時代(士師記)、最後の士師であるサムエル、そのサムエルによってダビデが初代の王とされる経緯(サムエル記)、ダビデの子ソロモンの死後のダビデ王朝の南北分裂、南北それぞれの王朝の歴代の王の事績に対する評価(列王記)、アッシリア帝国による北王国の滅亡(列王記下一七章)、バビロニア帝国による南王国ユダの滅亡といわゆるバビロン捕囚(列王記下二五章)にいたるまでの歴史が物語られる。

さて、創世記から列王記下までの合計九つの書(研究上は「モーセ五書」という言い方に倣って、「九書」ということがある)のこの壮大な歴史物語には、いわば一本の赤い糸のように全体を貫く明確な主題がある。それは「天地創造」でもアダムとエバの「堕罪」でもない。それに続くカインとアベル、ノアの洪水、バベルの塔の物語でもない。これらはすべて全人類を視野に入れてのいわゆる「原初史」である。物語の焦点は、さらにその後に続くアブラム(後にアブラハムと改名)の登場をもって初めて、イスラエル民族に絞られる。神はそのアブラムに創世記一二、一五、一七章で、次のような約束を与える。この「アブラハムの約束」こそ、「九書」の歴史物語全体を貫く主題にほかならない。

(創世記一二章1-7節) 1ヤハウェはアブラムに言った、「あなたの地、あなたの親族、あなたの父の家を出て、わたしが示す地に行きなさい。2わたしはあなたを大いなる国民の父祖としよう。あなたを祝福し、その名を大きくしよう。あなたは祝福の基となりなさい。3あなたを祝福する者をわたしは祝福し、あなたを呪う者をわたしは呪う。大地のあらゆる種族はすべて、あなたの名によって祝福し合うであろう」。〔中略〕5アブラムは〔中略〕カナン地に行き、カナン地に入った。
〔中略〕7ヤハウェはアブラムに顕れて言った。「わたしはあなたの子孫にこの地を与えよう」。

（創世記一五章4–21節）　4すると、みよ、ヤハウェの言葉が彼に臨んで、言った、「この者（アブラ
ムの僕）があなたを継ぐことはない。そうではなく、あなたの体内から出る者があなたを継ぐで
あろう」。5ヤハウェは彼を外に連れ出して、言った、「天を見やり、星を数えてごらん。あなた
にそれが数えられるかどうか」。また彼に言った、「あなたの子孫はこのように多くなろう」。
6彼はヤハウェを信じた。そして彼は、それが自分にとって義しいことだ、と考えた。〔中略〕
10そこで彼（アブラム）はこれらすべてを連れて来て、切り割き、切り割いた部分を互いに向かい
合わせた。ただし、鳥だけは切り割かなかった。11猛禽がその死体の上に降りて来たので、アブ
ラムはこれを追い払った。
12日が沈みかけると、深い眠りがアブラムを襲った。すると、こんどは恐怖、すなわち大いなる
闇が彼を襲った。13ヤハウェはアブラムに言った、「しかと知るがよい。あなたの子孫は異郷の
地で寄留者となり、四百年間、奴隷として人々に仕え、人々は彼らを抑圧しよう。14しかし、わ
たしは彼らが仕える民をもさばくので、その後、彼らは多大な財産をもってそこから出て来るで
あろう。15あなた自身は平和のうちに父祖たちのもとに赴く。やすらかな老年を迎えて、葬られ
よう。16四世代目になって、人々はここに戻って来る。そのときまでは、アモリ人の咎が終りを
告げないからである」。

[17]日が沈み、暗闇が臨むと、みよ、煙をはく炉と火の燃えさかる松明とがこれら割き分けたもの
の間を通り過ぎた。[18]その日、ヤハウェはアブラムと契約を結んで、言った、「わたしはあなた
の子孫にこの地を与えよう。エジプトの川からかの大河ユーフラテスまでを、[19]またケニ人、ケ
ナズ人、カドモニ人、[20]ヘト人、ペリジ人、レファイム人、[21]アモリ人、カナン人、ギルガシ人、
イエブス人の地を。

（創世記一七章4―8節）　[4]「ご覧、これがあなたとの間に立てるわが契約である。あなたは多くの
国民の父祖となる。[5]もはやあなたの名はアブラムとは呼ばれまい。あなたの名はアブラハムと
なろう。わたし（ヤハウェ）があなたを多くの民の父祖とするからだ。[6]わたしはあなたを大いに
子孫に恵まれる者とし、あなたを諸国民の父祖とする。あなたの子孫から多くの王が出よう。
[7]わたしは、代々にわたる永遠の契約として、わたしとあなたの間、およびあなたの後の子孫と
の間にわが契約を立て、あなたの、またあなたの後の子孫の神となる。[8]わたしはあなた、およ
びあなたの後の子孫に、あなたの寄留地であるカナンの全地を永遠の所有地として与えよう。そ
して、わたしが彼らの神となろう」。

これらの神の約束は、大きく見て、(1)アブラハムの子孫の増加と繁栄（創一二2、一五5、一七4―6）、(2)ヤハウェがアブラハムとその子孫の神となる（創一七7―8）、(3)カナン（パレスティナ）の土地の贈与（創一二7、一五18、一七8）という三つのポイントから成っている。アブラハムに与えられた約束のこの三つのポイン

トは、前述の壮大な歴史物語の進展とともに順次成就してゆく。まず、⑴はイスラエルの民が族長ヤコブとともにエジプトに下った後、その地で「多く生んで、ひしめき、増えて、非常に強大になり、ついにその地は彼らで満ちた」(出一7)場面で成就する。⑵はモーセに率いられてエジプトの苦役を脱出したイスラエルの民が荒野を彷徨した後、シナイ山でヤハウェのみを自分たちの神とする契約を結ぶところで実現する(出二〇章以下)。⑶は、イスラエルの民がさらにその後も荒野を彷徨した後、ついにモーセの後継者であるヨシュアに率いられて、ヨルダン河を東から西へ越えて「乳と蜜の流れる」カナンの約束の土地に入り、そこに定着するところ、つまりヨシュア記で成就する。前掲の創世記一五章4-21節の記事の内の13-16節に、「[13b]あなたの子孫は異郷の地で寄留者となり、四百年間、奴隷として人々に仕え、人々は彼らを抑圧しよう。[14]しかしわたしは彼らが仕える民をもさばくので、その後、彼らは多大な財産をもってそこから出て来るであろう。[15]あなた自身は平和のうちに父祖たちのもとに赴く。やすらかな老年を迎えて、葬られよう。[16]四世代目になって、人々はここに戻って来る」とあるのは、そのことを先取りするものにほかならない。すなわち、アブラハムの約束という赤い糸を辿ってゆくかぎり、さしあたって創世記からヨシュア記までの合計六書が一つのまとまりなのである。

しかし他方で、ユダヤ教は伝統的な「モーセ五書」という見方、つまり創世記から申命記までで一つのまとまった歴史物語とみる立場に一貫してこだわってきた。十九世紀の後半に西欧のキリスト教文化圏で確立された学問的・歴史的な旧約聖書学も非常に長い間、その伝統に従うかたちで、「モーセ五書」の研究という枠組みを保持し続けた。その中でも、後々まで教科書的とも言うべきほどよく知られることとなった学説は、J・ウェルハウゼンの四資料仮説である。ごく大雑把に言えば、神名にイスラエルの神の固有名詞「ヤハウェ」を用いている記事は、ダビデ－ソロモン時代(紀元前一〇世紀)にまとめられた「ヤハウィスト資料」(J)、普通名詞の「神」にあたるヘブライ語「エロヒム」を用いている記事は、おそらく紀元前八世紀に北王国でまとめられた「エロヒスト資料」(E)と呼ばれ、その両者を一つに統合した編集者は「イェホウィスト」(JE)(紀元前七〇〇年頃)と呼ばれる。申命記は独自の資料(D)に由来する。さらにバビロン捕囚期から捕囚後の時期には、祭司たちによっていわゆる「祭司資料」(P)がまとめられた。その特徴は、とりわけ各種の祭儀規定や系図あるいは「数」による秩序化(例えば、創一章の創造の七日間)へのこだわりに認められる。その祭司資料を最終的な枠組みとして、全体が現にある「モーセ五書」に仕上げられたのだとされる(詳しくは、〔46/14－15〕参照)。

ところが、「モーセ五書」の最後に当たる申命記は、その全体が、この日本語の書名がいみじくも示唆するとおり、モーセがカナンの約束の地を目前にしながら、ヨルダン河の東岸で死を迎える際の遺言という設定になっている(三23－28、三四章参照)。従って、伝統的な「モーセ五書」という枠組みにこだわる場合には、その枠内では、前述のアブラハムへの約束の第三のポイントが実現しないことになる。特に、明瞭にカナンの土地の取得を予告する創世記一五章12－16節は、成就しないまま宙に浮いてしまう。

そのため、二十世紀の旧約聖書学をリードしたG・フォン・ラートは、一九三八年に公にした『六書の様式史的問題』〔83〕で、ヨシュア記を加えて「六書」で完結する歴史物語の存在を想定した。それは原初史に始まり、アブラハムへの約束を経て、土地取得で完結するまでのイスラエルの「救済史」

の物語である。ラートが自分の研究を「様式史的」と謳ったことには理由がある。すなわち、その「六書」の歴史物語全体の根底には、イスラエルのはるかの昔から年ごとの収穫感謝の祭儀(契約更新祭)で読まれた式文が潜んでいるのだと言う。それは具体的には申命記二六章5-9節に保存されているとされる。

5b私の先祖はさすらう一アラム人でありましたが、わずかな人たちを伴ってエジプトに下り、そこに寄留し、やがてそこで力強くて数も多い、大いなる国民になりました。6しかし、エジプト人はわれわれを虐げ、われわれを苦しめ、われわれに過酷な労働を課しました。7そこでわれわれはわれわれの先祖の神ヤハウェに助けを叫び求めました。ヤハウェはわれわれの声を聞いて、われわれの苦しみと苦役、われわれの苦悩をご覧になり、8ヤハウェは力ある手と伸ばされた腕をもって、また大いなる恐れと徴と奇蹟をもって、われわれをエジプトから導き出し、9われわれをこの場所に入らせ、われわれに乳と蜜の流れる地であるこの地を与えて下さいました。

「六書」の救済史の物語はこの式文が、原初史やその他の古伝承によって補充・拡大されることによって成立したものにほかならない。それを最初に構想したのが、ラートによれば、ヤハウィストであった。

このラートの見解は、創世記に始まる物語を現在ある形で初めから順番に読んでゆく読み方にとっては、きわめて自然なものと思われる。その理由は、アブラハムへの約束の第三のポイントが無事ヨシュア記で成就することになるからというだけではない。その他にも、はるかに小さな規模ではあるが、創世記から民数記までの間で予告され、ヨシュア記で初めて成就するテーマがあるからである。ここでは「六書」研究の上でよく知られている例のみ挙げよう。創世記五〇章25節で行なわれる族長ヨセフの骨の埋葬についての遺言は、出エジプト記一三章19節を経て、ヨシュア記二四章32節で成就する。民数記一四章30-31節でカレブになされる土地取得の約束はヨシュア記一四章6節以下で、民数記二七章1-11節でツェロフハドの娘たちになされる土地取得の約束はヨシュア記一七章3-4節で、民数記三五章9-11節で予告される「逃れの町」の制度はヨシュア記二〇―二一章でそれぞれ成就する。

ところが、ラートの説でもすべての問題が片付くわけではない。前掲のアブラハムへの約束の記事をもう一度見てみよう。創世記一七章6節には、「わたしはあなたを大いに子孫に恵まれる者とし、あなたを諸国民の父祖とする。あなたの子孫から多くの王が出よう」とある。この傍点部分が成就するのは、サムエル記下五章(ダビデ王の即位)以降のことである。創世記一七章でアブラハムへの約束について記している語り手は、おそらくすでにサムエル記下五章以降の物語を知っているのである。しかし、ラートの説に従う場合には、救済史の物語はヨシュア記までの「六書」で完結するから、士師記、サムエル記、列王記の三書がそれから切り離され、創世記一七章6節の予告は成就を見ないまま終わることとなる。

ここで反対に、創世記から列王記下までの「九書」を逆向きに、つまり列王記下からさかのぼる形で読んでみると、面白い事実が判明する。そのための格好の手がかりは、列王記下二三章25節で南王国ユダの王ヨシヤフについて、「彼のように心を尽くし、精神を尽くし、力を尽くしてモーセの律法のすべてに従い、ヤハウェに立ち帰った王は、彼の前にはいなかったし、彼の後にもそのような王は現れなかった」と言われる文章である。この内の「心を尽くし、精神を尽くし、力を尽くして、……ヤハウェに立ち帰った」という表現は、実はこの箇所よりも前にも繰り返し現れるのである。『旧約聖書語句索引』という便利な補助手段を使って、該当箇所を逆向きにたどってみると、次のようになる。王下二三25→二三3→一〇31→王上一四8→八48→八23→二4→サム上一二24→一二20→七3→ヨシ二三14→二二5→申三〇10→三〇6→三〇2→二六16→一三3→一一13→一〇12→六5→四29。最後の申命記四章29節は、物語の時系列に添って読む場合には、前記の特徴的な表現の初出箇所に当たる。その四章29節を含む四章25-31節の段落全体を読んでみよう。

25あなたが子や孫たちをもうけ、あなたたちがその地に長く住み着いて堕落し、いかなる形の彫
像であれ、あなたたちがそれを作り、あなたの神ヤハウェの目に悪しきことを行なって彼を怒ら
せるならば、26今日私は、あなたたちに天と地を証人として証する。あなたたちは、ヨルダン河
を渡って行って受け継ごうとしている地からすみやかに滅び失せ、そこで生き長らえることはで
きない。あなたたちは必ず滅ぼし尽くされる。27ヤハウェはあなたたちを諸々の民の間に散らし、
あなたたちはヤハウェが追いやる国民のもとで、わずかな数のものだけが残されことになる。
28あなたたちはそこで人の手が作り上げた神、木や石でできた神で、見ることも聞くこともでき
ず、食べることも嗅ぐこともできない神に仕えなければならない。29しかし、あなたたちがそこ
からあなたの神ヤハウェを求め、あなたがあなたの心を尽くし、精神を尽くして、尋ね求めるな

らば、あなたはあなたの神ヤハウェを見いだすだろう。30あなたに苦しみが臨み、終りの日にこれらすべてのことがあなたに降りかかるとき、あなたはあなたの神ヤハウェに立ち帰り、その声に聞き従わなければならない。31あなたの神ヤハウェは憐れみ深い神であり、あなたを見棄てて滅ぼすことをせず、あなたの先祖に誓った契約を忘れることはないからである。

ここで「あなた」あるいは「あなたたち」と呼びかけられているのは、物語の上で今まさにヨルダン河を越えて「乳と蜜の流れる」約束の地カナンに入ろうとしているイスラエルの民である。ところが、26-28節が予告している禍いは、約束の土地に入った後のイスラエルがほかでもない自分たちの神ヤハウェによって「諸々の民の間に」散らされ、「追いやられる」こと、つまり、バビロン捕囚のことにほかならない。それは「九書」の最後の列王記下二四—二五章で語られる出来事である。つまり、申命記の語り手は、前掲の段落で、申命記に続くヨシュア記、士師記、サムエル記上下、列王記上を一挙に超えて、すでに列王記下の結びを指示しているのである。申命記四章29節の「しかし、あなたたちがそこからあなたの神ヤハウェを求め、あなたがあなたの心を尽くし、精神を尽くして、尋ね求めるならば、あなたはあなたの神ヤハウェを見いだすだろう」が、表現上、列王記下二三章25節と対応するのは決して偶然ではないのである。それはバビロン捕囚という禍いからの解放を求める語り手の叫びである。彼は自分の希望の根拠を申命記四章31節でこう表明する。「あなたの神ヤハウェは憐れみ深い神であり、あなたを見棄てて滅ぼすことをせず、あなたの先祖に誓った契約を忘れることはないからである」。ここで言う「あなたの先祖に誓った契約」とは、もちろんアブラハムへの約束のことである。

こうして見ると、申命記から列王記下の合計五書で一つのまとまった歴史叙述であることは明らかである。しかも、その語り手は紀元前六世紀のバビロン捕囚をすでに経験し、そこからの解放に望みをつないでいる者でなければならない。そこから、G・フォン・ラートと並んで二十世紀の旧約聖書学のリーダーであったM・ノートは、この語り手のことを「申命記史家」、申命記から列王記下までの五書を「申命記史書」と呼んだ。

この点に関連するM・ノートの二つの著作『旧約聖書の歴史文学』(一九四三年)〔57〕と『モーセ五書伝承史』(一九四八年)〔58〕を読み合わせると、ノートの見解はほぼ次のようになると思われる。(1)「申命記史書」以前に、元来は「モーセ五書」で一つのまとまった歴史叙述が存在した。(2)その「モーセ五書」の最終的な編集に責任を負うのは、伝統的な四資料仮説(前述)で言う「祭司資料」である。ただし、その「祭司資料」は、それ以前の段階の「モーセ五書」の結びにあった土地取得に関する部分を捨象して、モーセの死で歴史叙述を終わらせた。(3)申命記史家(個人)は申命記を冒頭に置いた自分の歴史叙述(申命記史書)を、その末尾に接合した。(4)ただし、その際に申命記史家は、申命記については、その中心部分を別途入手していたので、その前後に言わば「枠」に当たる部分(一1—四43、三一—三四章)を付加したにとどまる。

こうして、G・フォン・ラートとM・ノートでは、申命記とヨシュア記の二書の帰属が全く対照的な結果となった。ラートにおいては、この二書は「六書」の歴史物語の最後の二書として、士師記以降の物語から切り離される。その結果、すでに述べた通り、例えば創世記一七章6節の「わたし(ヤハウェ)はあなた(アブラハム)を大いに子孫に恵まれる者とし、あなたを諸国民の父祖とする。あなたの子孫から多くの王が出よう」という約束の後半が成就を見ないまま宙に浮いてしまうのであった。反対に、すでに申命記史書の存在を前提しているかのように読めるこの約束が、すでに創世記の中に現れるという事実は、ノートの場合には、どう説明されるのかという疑問が残される。

ラートとノート以後、現在までのこの領域での研究は、旧約研究全体の中でも最も変動が大きいと言われ、さまざまな新説が提起されている。個々の細かな論点はここでは問わない。重要なことは、「モーセ五書」と「申命記史書」を相互に独立のものとしてではなく、もともと有機的に関連していたものと見なす点で、大きな合意が成立していることである。「それは、古典的な四資料仮説に束縛されずに、五書と申命記史書との関係を論じうる時代になったということである」(月本昭男)〔46/18〕。「仮に両者(創世記から民数記までの四書と申命記史書)がまずはそれぞれ独立した史書として成立していたとしても、それらは最終的には匿名の史家によって天地創造からバビロニア捕囚にいたる切れ目のない〈民族史〉として編纂されなおされたのである」(月本昭男)〔46/19〕。

創世記冒頭の天地創造譚に始まって列王記下の最後のバビロン捕囚の場面まで、合計「九書」にわたる「切れ目のない〈民族史〉」がかつて存在したのだとして、それではなぜその後のヘブライ語聖書では、前述のように、創世記から申命記までが「トーラー」(律法)あるいは「モーセ五書」として括られ、ヨシュア記、士師記、サムエル記、列王記の四書が「前の預言者」として括られることになったのか。山我哲雄氏の報告によれば、最近の研究では、バビロン捕囚の民が解放された後、ペルシア帝国の支配下に発生した「外圧」にその理由を求める学説があるという。すなわち、支配下においた異民族の伝来の法を原則としてそのまま「帝国欽定」とするというのが、ペルシア帝国の法政策であった。それに呼応するために、捕囚から帰還したユダヤ人たちも、エズラの時代に「モーセ五書」の部分のみをそれ以後の部分から「切断」し、「モーセ律法」あるいは「神の律法」(エズ七14、25-26)として独立させたのだという。「これらの見方によれば、モーセの死の場面で終わる現在の五書の形態は、内容的本質に即したものでも必然でもなく、極めて人為的で不自然な、言ってみれば偶有的なもの、あるいは最終的編集者のはなはだ特異で偏った意図の所産ということになる」〔77/50〕。

二 「九書」の歴史物語の最上位の枠組みとしての「アブラハムへの約束」

さて、われわれの当面の課題は、前節のはじめでも述べたとおり、旧約聖書においてアブラハム伝承とモーセ伝承がどのような関係にあるかを見ることである。前節が明らかにしたことは、ヘブライ語聖書の順番で言うと、「モーセ五書」という伝統的な括りの歴史的由来のいかんにかかわらず、創世記から列王記までの「九書」がひとつながりの歴史物語として読まれなければならないものだということである。次に、本節が明らかにすべきことは、「アブラハムへの約束」こそ、その「九書」の歴史物語全体を一本の赤い糸のように貫く主題だということである。その赤い糸は実際にはどのように走っているだろうか。

一般に、物事の本質はその発端に現れると言われることがある。私の見るところでは、「アブラハムへの約束」についても、そう言うことができる。前節に掲出した創世記一五章4-21節の記事をもう一度見ていただきたい。これは内容的には創世記一二章1-4節に続くものである。改めてよく注意して読むと、12-16節が前後の話のつながりを切断していることが分かる。前後の話では、自分の子孫が天の星のようになると神から約束されたアブラ(ハ)ムは、神に指示された家畜をみな持ってきて、二つに切り割き、それぞれを互いに向かい合わせて置いた上で見張り、寄ってくる猛禽を追い払う(1-11節)。話としてこれにきわめて自然につながるのは、明らかに17節である。「日が沈み、暗黒が臨むと、みよ、煙をはく炉と火の燃えさかる松明とがこれら割き分けたものの間を通り過ぎた」。12-16節がその中へ二次的に挿入されることによって、話の自然なつながりを切断してしまったのである。二次的挿入の何よりの証拠は、12節の冒頭の「日が沈みかけると」という表現である。12-16節を挿入した人物は、それによって17節冒頭の「日が沈み」に合わせたつもりなのである。

挿入者は一体何を考えてそうしたのか。まず、アブラハムがここでしようとしている行為そのものが意味不明である。何か契約のための儀式らしいが、それ以上のことは、文化人類学者にでも聞いてみなければ分からない。しかし、いずれにしても確かなことは、ここにはアブラ(ハ)ムに関する想像を絶するほどに古い伝承が保存されているということである。現在、創世記一二章から三六章には、アブラハムに限らず、イサク、ヤコブというイスラエルの三大父祖それぞれについて、同じように多かれ少なかれ意味不明の短い物語(挿話)が数多く集められている。その中には、ほとんど同じ話が、例えばアブラハムとイサクの両方について、伝わっていることもある(創二〇10-20、二〇章を二六7-11と比較せよ)。それらはいずれも、もともとはそれぞれの父祖について、それぞれの子孫がそれぞれ独立に伝えた太古の口伝にさかのぼる。確かに、創世記を読み慣れた目には、アブラハムはイサクの父、イサクはヤコブの父という系譜づけが当たり前になってしまっている。しかし、旧約聖書学の常識に属することだが、そもそもこの系譜づけそのものが、時代的にはずっと後代の産物なのである。すなわち、それぞれ自分たちの父祖であるアブラハム、イサク、ヤコブにそれぞれ独立にさまざまな古伝承を伝えてきた諸部族が、やがてそれらの伝承を共有化して、自分たちの同属性を確認しようとしたときに初めて、前述の系譜づけが成立し、その系譜に準じてさまざまな古伝承も時系列に従って徐々につなげられていったのである。もちろん、このプロセスは、創世記一五章12-16節を挿入した人物のその挿入行為よりも、すでにはるか以前に起きていたはずである。

創世記一五章12-16節を挿入した人物が視野に入れているのは、すでに述べたとおり、それよりははるかに長大なスパンの物語である。つまり、創世記四六章で物語られるヤコブとその息子たちのエジプト下りから、モーセによる出エジプトの出来事を経て、ヨシュア記における約束の土地への侵入までのストーリー全体を先取っているのである。ここでは、アブラハムについて伝えられてきたものはや意味不明の古伝承(創一五9-11、17)が、少なくともヨシュア記までの「六書」を貫く赤い糸の発端に造り直されているのである。

イサクとヤコブについての伝承群も今や同じ赤い糸の上に縫い合わされる。まず、イサクについては、創世記二六章2-6節でこう語られる。

2(カナン地方に飢饉があった時に)、ヤハウェは彼(イサク)に顕れて、言った、「エジプトに下
ってはならない。わたしがあなたに語っている地に留まり、
3この地に寄留しなさい。わたしは

あなたと共にいて、あなたを祝福しよう。あなたとあなたの子孫とにこれらの地すべてを与えよう。わたしはあなたの父アブラハムに誓った誓いを果たし、[4]あなたの子孫を天の星のように多くしよう。あなたの子孫にこれらの地すべてを与えよう。地上のあらゆる国民はあなたの子孫の名によって互いに祝福し合うであろう。[5]アブラハムがわが声に聞き従い、わが戒め、わが命令、わが定め、そしてわが教えを守ったからである」。

2節後半から3節前半の「[2b]エジプトに下ってはならない。わたしがあなたに語っている地に留まり、[3]この地(ゲラル)に寄留しなさい」には、特に注意が必要である。飢饉のために食料を求めてエジプトへ下ることは、イサクの息子ヤコブ(創四六章)に留保しておかなければならないのである。創世記一五章12-16節に始まった赤い糸は、実に細心の注意をもって縫い進められる。そのヤコブについては、創世記二八章13-15節で「アブラハムへの約束」がこう確認される。

[13]さらには、ヤハウェが彼(ヤコブ)の傍らに立っていた。ヤハウェは言った、「わたしはあなたの父アブラハムの神、イサクの神ヤハウェである。あなたがいま身を横たえているこの地、わたしはそれをあなたとあなたの子孫に与えよう。[14]あなたの子孫は地の塵のように多くなろう。あなたの子孫は西に、東に、北に、南に広がって行くであろう。そして、大地のあらゆる種族があなたとあなたの子孫の名によって祝福し合うであろう。[15]みよ、わたしはあなたと共におり、あなたが行くすべての場所であなたを守り、この土地に連れ戻す。わたしは、あなたに語ったこと

を果たすまでは、あなたを決して見棄てない」。

さて、旧約聖書学の定説によれば、モーセに率いられての出エジプトの脱出行、シナイ山での律法の授受、荒野の彷徨の後の約束の土地への侵入についての物語も、もともとはアブラハム、イサク、ヤコブの伝承群とは独立の伝承群であった。この部分の物語上の主人公は圧倒的にモーセであるから、以後われわれはこの伝承群のことを便宜的に「モーセ伝承」と呼ぶことにする。この「モーセ伝承」は、出エジプト記六章2-8節で次のように「アブラハムへの約束」と結びつけられる。

2神は、モーセに告げて言った、「わたしはヤハウェである。3わたしは、アブラハム、イサク、
ヤコブにはエル・シャッダイ（全能の神）として顕れ、わたしの名ヤハウェで彼らに自らを知らせ
ることはしなかった。4またわたしは、カナンの地、すなわち、彼らがそこに寄留していた、寄
留の地を彼らに与えるというわたしの契約を彼らと立てた。5さらにこのわたしは、エジプト人
が働かせているイスラエルの子らの呻き声を聞き、わたしの契約を想い起こした。6それゆえ、
イスラエルの子らに言いなさい、『わたしはヤハウェである。わたしはあなたたちを、エジプト
による使役のもとから導き出し、あなたたちを彼らによる労働から救い出し、腕を伸ばし、大き
な審きをもってあなたたちを贖う。7わたしは、あなたたちを取ってわたしの民とし、わたしは
あなたたちの神となる。そしてあなたたちは、わたしがあなたたちの神ヤハウェであり、エジプ
ト人による使役からあなたたちを導き出す者であることを知るようになる。8そしてわたしはあ

なたたちを、わたしがアブラハム、イサク、ヤコブに与えると誓った地へと導き入れ、それをあなたたちに所有として与える。わたしはヤハウェ』」。

この後、「アブラハムへの約束」は、「アブラハム、イサク、ヤコブ（イスラエル）への約束」として、ヨシュア記の最後までの間に、繰り返し次のような箇所で言及される。出三二13–14、三三1–3、レビ二六30–45、民三二7–13、申一6–8、四25–31、六10–12、九5–6、26–27、二九11–12、三〇2–3、20、三四1–4、ヨシ二四2–4。これらの箇所の大半は、出エジプトの民の荒野彷徨（出三二13–14、三三1–3、民三二7–13）、約束の土地を目前にしてのモーセの遺言（申一6–8、六10–12、九5–6、26–27、二九11–12、三四1–4）、あるいはその約束の土地に到着した直後（ヨシ二四2–4）という物語上の現在に即して無理なく読むことができる。ところが、レビ二六30–45、申四25–31、三〇2–3、20については、いささか事情が違う。この内、申四25–31はすでに前節で掲出した。そこでも述べたように、この箇所でのモーセの遺言は、単に目前の約束の土地に入ることに尽きず、それよりははるかに後代のバビロン捕囚の出来事を視野に入れている。同じことが、レビ二六30–45、申三〇2–3、20についても言える。

（レビ記二六章30–45節）　30わたし（ヤハウェ）はあなたたちの礼拝用の高台を打ち壊し、あなたたち
の香壇を切り倒すであろう。わたしはまた、あなたたちの死体をあなたたちのもともと命のない
偶像どもの体の上に放置するであろう。こうして、わたしの魂はあなたたちを忌み嫌うようにな
るであろう。
31わたしはまた、あなたたちの町々を廃墟とし、あなたたちの諸聖所を荒れ果てさ

せるであろう。わたしはまた、あなたたちの宥めの香りをもはや決してかぐことはないであろう。
[32]わたしがこの土地を荒れ果てさせるので、そこに替わって住むようになるあなたたちの敵は、
そのことに驚愕するであろう。[33]わたしはまた、あなたたちを諸国民のあいだに散らすであろう。
〔中略〕[41]まことに、わたしの方でもまた彼らに敵対して歩み、彼らを敵の地に連れ去るが、そう
すれば、やがて彼らの未割礼の心はへりくだるであろう。そして彼らは、自分たちの罪責を償う
ことであろう。[42]そうすれば、わたしはヤコブとのわたしの契約を想い起こすであろう。それど
ころか、わたしはさらにイサクとのわたしの契約、アブラハムとのわたしの契約をも想い起こす
であろう。わたしはまたこの土地のことを想い起こすであろう。[43]この土地は、彼らによって放
棄され、彼らがおらずに荒れ果てるままにされているあいだ、その安息年を享受するであろう。

（申命記三〇章2-3節、20節）[2]あなたがあなたの神ヤハウェに立ち帰り、今日私があなたに命じ
る通り、あなたがあなたの子らと共に、あなたの心を尽くし、精神を尽くして、ヤハウェの声に
聞き従うならば、[3]あなたの神ヤハウェはあなたの捕囚を元に戻し、あなたを憐れみ、あなたの
神ヤハウェがあなたを散らしたそのすべての諸々の民の間から、あなたを再び集める。〔中略〕
[20]あなたの神ヤハウェを愛し、その声に聞き従い、ヤハウェに随き従うためである。ヤハウェこ
そあなたの生命であり、あなたは生き長らえ、ヤハウェがあなたの先祖アブラハム、イサク、ヤ
コブに約束し、彼らに与えると誓った土地に住むことができるからである。

それぞれの箇所の語り手がすでにバビロン捕囚の現実を前提していることは、「わたしがこの土地を荒れ果てさせるので、そこに替わって住むようになるあなたたちの敵は、そのことに驚愕するであろう。わたしはまた、あなたたちを諸国民のあいだに散らすであろう」(レビ二六32-33)、「この土地は彼らによって放棄され、彼らがおらずに荒れ果てるままにされているあいだ」(レビ二六43)、「あなたの神ヤハウェがあなたを散らしたそのすべての諸々の民の間から、あなたを再び集める」(申三〇3)という表現に明白である。語り手は、物語の上で今まさに約束の土地に入ろうとしている出エジプトの民の上に、バビロン捕囚から解放されて、つまり、言わば「第二の出エジプト」を敢行してパレスティナの土地への帰還を果たしたいという捕囚の民の願望を重ね合わせているのである。この時、「アブラハム、イサク、ヤコブへの約束」は物語の現在を超えて、捕囚の民への約束となっている(〔15〕参照)。

さらにモーセ伝承に基づく物語の枠を超えて、士師記から列王記までの部分にも目を注ぐと、列王記下一三章22-23節に次のような文章が見つかる。

22アラムの王ハザエルは、イェホアハズの生きている間中、イスラエルを圧迫した。23しかし、ヤハウェはアブラハム、イサク、ヤコブと結んだ契約のゆえに、今日に至るまで、彼らに恵み深く、彼らを憐れみ、彼らを顧みて滅ぼそうとせず、彼らをその前から捨てることはしなかった。

内容の上で問題になっているのは、紀元前九世紀末の北王国イスラエルとアラムの間の戦争である。語り手は北王国がその戦いで滅亡を免れたことを、主が「アブラハム、イサク、ヤコブと結んだ契約のゆえ」であると言う。最後に「今日に至るまで、その前から捨てることはしなかった」とある「今日」は、語り手の「今」でなければならない。語り手の「今」に、ヤハウェが「アブラハム、イサク、ヤコブと結んだ契約」が生き続けているのである。

同じ語り手は、列王記下の二三章25節では、前述のとおり、「心を尽くし、精神を尽くし、力を尽くしてモーセの律法のすべてに従い、ヤハウェに立ち帰った」ヨシヤフ王について語った後、列王記全体を次のように結ぶ。

[27]ユダの王イェホヤキンが捕囚となって三十七年目の第十二の月の二十七日に、バビロンの王エビル・メロダクは、その即位の年にユダの王イェホヤキンを赦し、獄屋から〔彼を出させた〕。[28]バビロンの王は彼に優しく言葉をかけ、バビロンで共にいた王たちの位より高い位を彼に与えた。[29]彼は獄屋の衣を脱ぎ、一生の間、毎日欠かさず王の前で食事をした。[30]彼の食費の割り当ては、一定の割り当てが一生の間、日々、王から支給された。（列王記下二五章27–30節）

多くの旧約研究者が認めるように、来たるべき捕囚からの解放の希望を示唆する結びである。語り手がこの結びを申命記四章29–31節および三〇章2–3節、20節と意識的に相呼応させていることは明らかだと思われる。その語り手とは誰なのか。M・ノートならば、もちろん「申命記史家」と答えることであろう。しかし、「申命記史書」の埒外のレビ記二六章30–45節にも、すでに見たように、申命記四章29–31節および三〇章2–3節、20節とほぼ同じ内容の文言があることは、どうなるのか。この文言までノートの言う「申命記史家」の筆に帰すことが容易ではないとすれば、ここでのわれわれは、創世記から列王記まで合計「九書」にわたる「切れ目のない〈民族史〉」を最終的にまとめた史家と言っておくほかはない。

以上から明らかなように、「九書」を最終的に編纂した史家にとっては、「アブラハムへの約束」こそが、自分の歴史物語全体はもちろん、捕囚の民の近未来をも含む形で、イスラエルの救済史全体を束ねる最上位のテーマなのである。モーセ伝承はそれに従属する位置にある。「モーセ五書」という伝統的な言い方におけるモーセは「モーセ五書」の部分の物語の「語り手」を指すものである点に注意が必要である。「語られる者」の最たる者（主人公）はむしろ、「モーセ五書」においても、「九書」と同じように、アブラハムなのである。「九書」の語り手が、特に申命記でのモーセの遺言に、捕囚の地バビロンからの帰還という自分たちの「第二の出エジプト」の希望を重ね合わせている限り、創世記一五章のアブラハムへの約束は、モーセを超えて「九書」の語り手の現在にも生き続けているのである。

もちろん、モーセ伝承が「九書」にとって無意味になってしまっているというのでは決してない。それどころか、ヨシュア記から列王記までの叙述を部分的にでも一読すれば直ちに明らかになるように、語り手は繰り返し、そのつどの民イスラエル、あるいは北および南王国の王の統治の現状を、モーセ律法を「心を尽くし、精神を尽くし、力を尽くして」遵守したか否かを、ほとんど唯一の規準としてさばいてゆくのである。アッシリアによる北王国の滅亡（紀元前七二二年）も、バビロンによる南王国の滅亡（同五八七年）も、モーセ律法（契約）に対して違反を重ね続けた自分の民に神が下したさばきとして説明される（列王下一七章、二四2-4）。いわゆる「禍いの神義論」が提示されるのである。モーセ契約は重要であるが、終始破綻していたという見方である。

「九書」のこのような見方の背後には、紀元前八世紀以来北王国と南王国で活動した預言者たちの影響がある。そのことは、「九書」の語り手自身が、北王国と南王国の滅亡について記す件で、「ヤハウェはそのすべての預言者、すべての先見者を通して、イスラエルにもユダにもこう警告して言ったのだ」（列王下一七13、二四2も参照）と明記している通りである。預言者たちは「選民」イスラエルあるいは「ユダ」が、モーセを仲立ちとして神と結んだ契約をないがしろにしていることを痛烈に批判し、彼らに対するヤハウェの審判を予告した。その審判は、アッシリアあるいはバビロニアによる国家と民族の滅亡というように、どこまでも歴史内的な出来事として考えられた。と同時に彼らは、その滅亡の出来事を潜り抜け、「残りの者」が生き残るという希望も予告した。そして、かつての「アブラハム、イサク、ヤコブへの約束」こそが、その希望の可能根拠なのである。

[18] 誰があなたのごとき神でありえましょうか。あなたはご自身の嗣業の民の残りの者のために、咎を赦し、背きの罪を見過ごしにする方。慈しみを喜ばれるがゆえに、その怒りをいつまでも保たれることがない。[19] 彼は再びわれわれを憐れみ、われわれの咎を踏みつけ、すべてわれわれの罪を海の深みに投げ込まれる。[20] ヤコブに真実を、アブラハムに慈しみを与えて下さい。古の日に、あなたがわれわれの先祖たちに誓われたように。

（ミカ書七章18-20節）

図表1

約束——————→成就1——————→成就2
（出エジプトと土地取得）　（捕囚からの帰還）

（イザヤ書二九章22-23節）[22]それ故、アブラハムを贖われたヤハウェは、ヤコブの家について、こう言われる、「今やヤコブは恥を受けることがなくなるであろう。今や彼の顔は色を失うことがなくなるであろう。[23]彼が彼の子ら、わが手の業を、彼の中に見いだす時、彼らはわが名を聖とし、ヤコブの聖なる方を聖とし、イスラエルの神を畏れるようになるからである」。

（エレミヤ書三三章25-26節）[25]ヤハウェがこう言われる、「もし昼と夜とのわたしの契約が存在せず、天と地の諸法則をわたしが定めなかったのなら、[26]わたしは、ヤコブとわたしの僕ダビデの子孫とを斥け、その子孫の中から、アブラハム、イサク、ヤコブの子孫を治める者を選ばないこともあるだろう。しかし、わたしは彼らの捕らわれ人を帰らせ、彼らを憐れむ」。

「九書」の歴史物語の語り手も、この意味での「残りの者」の希望を共有していると見てよいであろう。ただし、その「残りの者」はイスラエル内部のもので、異邦人への視野の開けはまだないように思われる。それは預言者の場合にも同じである。異邦人へと視野が開かれた「残りの者」の思想は、パウロを待たねばならない。詳しくは該当する場所（第Ⅸ章一節6）で後述するが、パウロにおいても、「残りの者」の希望は「アブラハムへの約束」によって支えられる。そして「アブラハムへの約束」は、神学的重要性において、モーセ律法をはるかに凌ぐのである(ガラ三17)。

「アブラハムへの約束」は「九書」の歴史物語全体の最上位のテーマである。その結果、この歴史物語全体は「約束」と「成就」を構成原理として構成されている。その成就は、後述するユダヤ教黙示思想、洗礼者ヨハネそしてイエスの場合と違って、どこまでも歴史の内部で起きることが期待されている。これをここでは試みに図表化しておくことにする(図表1)。

第Ⅱ章　ユダヤ教黙示思想におけるアブラハムとモーセ

一　ユダヤ教黙示思想の主要テーマと類型区分

次に取り上げるべき問題は、初期ユダヤ教黙示思想におけるアブラハムとモーセについての伝承である。ここでは、初期ユダヤ教という言い方で、バビロン捕囚から帰還した後、キリスト教の成立後の西暦三世紀くらいまでのユダヤ教を指すこととする。ユダヤ教黙示思想とは、この意味での初期ユダヤ教の中で成立し、展開を遂げた一つの特徴的な思想運動のことである。それを担った人々が目に見える形でどのような組織体を為していたのかは、よく分からない。いずれにしても、彼らは自分たちの思想を一定の文学的な様式を具えた文書作品として表明した。それらの作品は「……黙示録」と銘打たれることが多い。その量たるや厖大である。

ここでは旧約および新約聖書学に関係してくるものに限って、文書名、推定される成立年代、原語、現存写本を簡単な一覧表にすれば、三一頁の図表2のようになる。アステリスク（＊）を付したものは、後代のキリスト教徒の手が加わっていることが確実であるが、それでもなおユダヤ教文書と呼びうるものを示す。「原語／現存写本」欄の略号の意味は次の通りである。A＝アラム語、C＝コプト語、E＝エチオピア語、G＝ギリシア語、H＝ヘブル語、L＝ラテン語、Sl＝スラブ語。なお、念のため言えば、最後の三文書の表題中のQは一九四五年に死海西岸で発見されたクムラン(Qumran)文書(別名・死海文書)の略である。

さらにこれ以外にも、初期のキリスト教の枠内で産み出された黙示文学の作品がある。そのいくつかは初めからキリスト教徒の手で創作されたものである。しかし、そのようなものばかりではなく、もともとはユダヤ教黙示思想の文書であったものが、やがてキリスト教徒によって受容され、形式的にも内容的にも大幅に改竄された結果、もはや原型の抽出が不可能になっているものも少なくない。それに加えて、紀元後二世紀以後キリスト教の内外に出現したいわゆるグノーシス主義の影響下に書かれた一群の「黙示録」がある。それらはすでに別の所で紹介されており、また、われわれの当面の設問には直接関係しないので、ここでは取り上げない(〔178〕参照)。しかし、キリスト教とグノーシス主義の領域の作品も考え合わせれば、古代末期の黙示文学がどれほど広大で、その言語上のバリアーだけを見ても、いかに踏査困難なフィールドであるかは明らかであろう。聖書学は決して狭い閉域ではない。旧約聖書学も新約聖書学もそれぞれ旧約聖書と新約聖書の前後左右に広大なフィールドを持っているのである。

さて、図表2に掲げた文書をすべて踏査すると、いくつかの「おきまりの」形式と話題が存在することに気がつく。これを以下「トポイ」と呼ぶことにする(ギリシア語「トポス」の複数で、元来は「場所」の意。その「場所」にくるとおきまりの話になるということ)。全体でいくつのトポイを取り出せるかは、研究者によって判断がことなるだろう。しかし、私としては、次の25に整理できると思う。まず、作品の導入部分で、1主人公が幻を見る、あるいは2天からの声を聞く。あるいは3奥義(謎)

図表2

文書名	成立年代	原語／現存写本	邦訳
ゼカリヤ書	前5-3世紀	H/H	旧約聖書
ヨエル書3-4章	前3世紀	H/H	旧約聖書
イザヤ書34-35章	前3-2世紀	H/H	旧約聖書
イザヤ書24-27章	前2世紀	H/H	旧約聖書
ダニエル書	前2世紀	H・A/H・A	旧約聖書
エチオピア語エノク書	前2-1世紀	A/E	*53*/159-292
モーセの遺訓	紀元前後	H/L	*55*/151-182
スラブ語エノク書	後1世紀	G/Sl	*52*/205-251
第四エズラ書*	後1世紀	H/L	*54*/155-217 新共同訳旧約続編
シリア語バルク黙示録	後1世紀	H/S	*54*/67-154
ギリシア語バルク黙示録*	後1-3世紀	G?/G	*55*/121-150
シビュラの託宣III-V巻*	前2-後2世紀	G/G	*52*/141-203
アブラハム黙示録*	後1-2世紀	H/Sl	欠
ゼファニヤ黙示録*	前1-後1世紀	G/C	欠
4Q・奥義（断片b）	前2-後1世紀	H/H	欠
4Q・アムラムの幻（断片f）	前2-後1世紀	H/H	欠
11Q・メルキゼデク	前2-後1世紀	H/H	欠

を解き明かす解釈天使が出現する。主人公は場合により、4トランス状態（夢や幻）に入って、宇宙の秩序と歴史の行方についてのさまざまな奥義を「黙示」、つまり啓示される。主人公は、5それを自分の息子その他の第三者に遺訓として語り伝える。その奥義の中身には、以下のようなトポスが属する。6宇宙万物の歴史（普遍史）の経過、7その普遍史の時代区分、8そのそれぞれにおいて起きるべき出来事の予言、9歴史の終末についての予言、10終末時にあいついで起きるはずの患難の予言、11天変地異の予言、12終末までなお残されている時の計算、13終末時に死人が復活し、14最後の審判が行なわれる。15終末時にはエルサレムが更新され、諸国民がそこへ参集する。16メシアが登場して、歴史の終末と万物の最終的な完成の間に、「中間王国」を実現

する。17その後、古い被造世界に代わる新しい創造が行なわれ、新天新地が実現する。その他に、18主人公が解釈天使に伴われて行なう天空の旅、19そこで開示される宇宙万物(自然界)の隠された秩序、20同じように主人公が解釈天使に伴われて行なう冥界の旅、21そこで示される義人と罪人の中間時の境遇。最後に、22主人公の地上への帰還、あるいは23トランス状態からの主人公の覚醒について語られ、24主人公に対する秘匿命令、あるいは逆に25周囲の者たちへ伝えるようにとの命令が発せられる。

14	15	16	17	18	19	20	21	22	23	24	25
○	○	—	—	—	—	—	—	—	—	—	—
○	○	—	—	—	—	—	—	—	—	—	—
○	—	—	—	—	—	—	—	—	—	—	—
○	○	—	—	—	—	—	—	—	—	—	—
○	○	—	—	—	—	—	—	—	—	○	—
○	—	○?	○	○	○	○	○	○	○	—	○
○	○	—	—	—	—	—	—	—	—	—	○
○	—	—	○	○	○	○	○	○	○	—	○
○	○	○	○	—	—	—	—	—	○	○	○
○	○	○	○	—	—	—	—	—	○	—	○
—	—	—	—	○	○	—	○	○	○	—	—
○	○	—	○	—	—	—	—	—	—	—	—
○	—	—	—	○	—	—	○	○	—	—	—
○	—	—	—	○	—	○	○	—	—	—	—
○	—	—	—	—	—	—	—	—	—	—	—
○	—	—	—	—	—	—	—	—	—	—	—
○	○	—	—	—	—	—	—	—	—	—	—

この内、6—21が本論部で、主人公に与えられる「黙示」(啓示)を内容としている。1—5と22—25はそれを前後から取り囲む「枠」部分で、物語上の状況を設定するためのものである。当然ながら、これらすべてのトポスがある特定の作品(黙示録)にすべて揃って、しかもこの順番で現れるわけでは決してない。この整理はあくまで目録づくりにすぎない。(この目録も、すでに巻末参考文献[18]でさらに詳細なデータを添えて掲出している。しかし、そこではトポス16「メシアの中間王国」が欠けていた

図表3

文書名												トポス	
	1	2	3	4	5	6	7	8	9	10	11	12	13
ゼカリヤ書	○	—	○	○	—	—	—	—	○	○	○	—	—
ヨエル書 3-4 章	—	—	—	—	—	—	—	—	○	○	○	—	—
イザヤ書 34-35 章	—	—	—	—	—	—	—	—	○	○	○	—	—
イザヤ書 24-27 章	—	—	—	—	—	—	—	—	○	○	○	—	○
ダニエル書	○	○	○	○	—	○	○	○	○	○	—	○	○
エチオピア語エノク書	○	○	○	○	○	○	○	○	○	○	○	○	○
モーセの遺訓	—	—	—	—	○	—	○	○	○	○	○	○	—
スラブ語エノク書	—	○	○	○	○	○	○	—	○	○	○	—	—
第四エズラ書*	○	○	○	○	—	○	○	○	○	○	○	—	○
シリア語バルク黙示録	○	○	○	○	○	○	○	○	○	○	○	—	○
ギリシア語バルク黙示録*	—	—	○	—	—	—	—	—	—	—	—	—	—
シビュラの託宣 III-V 巻*	—	—	—	—	—	—	○	○	○	○	○	—	○
アブラハム黙示録*	—	○	○	○	—	—	○	○	○	○	○	—	—
ゼファニヤ黙示録*	○	—	○	○	—	—	—	—	○	—	○	—	—
4Q・奥義(断片 b)	—	—	—	—	—	—	—	—	—	—	—	—	—
4Q・アムラムの幻(断片 f)	—	—	—	—	—	—	—	—	—	—	—	—	—
11Q・メルキゼデク	—	—	—	—	—	—	○	—	—	—	—	—	—

ので、ここで補充している。)

なぜこのような目録づくりが必要なのか。その効用を見るためには、今度は逆に、この目録を尺度にして前掲の表に挙げた個々の文書を読みながら、そこにどのトポスがあって(○印)、どのトポスがない(×印)かを一覧表にしてみればよい。その結果は図表3のようになる。

われわれはこの一覧表から、いくつか重要な観察を導くことができる。

(1)　通常ユダヤ教黙示文学の前史段階と見なされる文書(ゼカリヤ書、ヨエル書三―四章、イザヤ書三四―三五章、二四―二七章)にほぼ共通してそろっているのは、トポス9(終末待望)、10(終末時の患難)、11(天変地異)、14(最後の審判)、15(エルサレムの更新)である。これらのトポスから読み取られるのは、来たるべき歴史の終末とあらゆる運命の逆転への待望である。これがユダヤ教黙示思想の出発点であった。そこではユダヤ民族の歴史の行方についての関心が中心的で、被造世界全体の運命――古い創造と新しい創造――という普遍史への視線(トポス6)はまだ生まれていない。この点は、ユダヤ教黙示文学の最初のまとまった作品と言われるダニエル書でも変わらない。

(2) 普遍史への視線も含めて、全25のトポスをほぼ満遍なく揃えた作品、言わばユダヤ教黙示文学の「理念型」に近いものは、盛期ユダヤ教黙示文学の中でも、エチオピア語エノク書とスラブ語エノク書である。そこでのもう一つの著しい特徴は、「天空の旅」から「冥界の旅」までのトポス18―21が付け加わっていることである。ただし、同じように盛期ユダヤ教黙示文学の作品である第四エズラ書は、その他のトポスは同じようにほぼ満遍なく揃えているのに、トポス18―21は欠いている。後でも改めて述べる通り、第四エズラ書は、天空の秘密にこだわる立場には意識的に反対なのである。因みに、キリスト教黙示文学は、逆にトポス18―21への関心をさらに一段と深めていった。特に、義人と罪人が死後、終末以前の今現に置かれている境遇(トポス21)がどのようなものなのかという関心がますます大きくなっていったのである。

(3) ユダヤ教黙示思想の本質を知る上で重要なのは、やがて現下の「古い被造」世界に代わる「新しい創造」が行なわれ、新天新地が実現するという待望(トポス17)である。特に盛期ユダヤ教黙示文学の作品で普遍史への視線を持つものは、来たるべき世界と歴史の終末を超越的なものとして待望した。それは今の「この世」とこの宇宙に新天新地が取って代わる宇宙的な出来事となるはずのものである。それは前節でみたイスラエルの王国時代の預言者と「九書」の歴史物語の語り手が、選民イスラエルに対する来たるべき神の審判を予言しながらも、その審判がどこまでも歴史の内部の出来事と考えられていたこととときわめて対照的である。ユダヤ教黙示思想はその宇宙的な出来事としての終末に至るまでの今の「この世」での天変地異、義人を襲う艱難辛苦をもちろん強調する(トポス10、11)。にもかかわらず、その彼方に待望されるのは「新しい創造」なのである。古い世界と同様、来たるべき新しい世界も神が造るものであるという創造信仰の枠が外れることは決してない。まさにこの点に、グノーシス主義との決定的な違いが認められる。グノーシス主義では、よく知られているとおり、可視的世界は、現下のそれであれ、ユダヤ教黙示思想が待望するような未来のそれであれ、無知蒙昧な造物神(創造神)による産物であり、やがて消滅すべきものにすぎない。グノーシス主義の枠内で産み出された黙示録とユダヤ教黙示文学の作品を、無造作に混同しないよう注意が必要である。

(4) 最後に、盛期のユダヤ教黙示文学を物語論として見るときに重要なのは、前記の25のトポスを列挙した際に、私が「主人公」と呼んだ者である。それは、例えばトポス5から11までのような予言の語り手のことである。多くの場合、この語り手の名前がそれぞれの作品(黙示録)のタイトルに付されている。前掲の一覧表では、ダニエル書、エチオピア語エノク、モーセの遺訓、シリア語バルク黙示録、アブラハム黙示録の場合がそうである。ところが、これらの文書の成立年代は、すでに述べたように、早いもので紀元前二世紀、遅いものでは紀元後三世紀にわたる。ということは、語り手たる主人公は明らかに名目上の人物だということである。実際の著者はその背後に身を隠して、実名を明かさない。この匿名性あるいは偽名性こそは、ユダヤ教黙示文学(のみならず、キリスト教黙示文学も含めて黙示文学一般)のきわめて顕著な特徴である。そして、それは実際の著者の文学的な戦略と密接不可分に結びついている。

名目上の語り手は、実際の著者からみれば、はるか昔、場合によっては神話時代に位置する人物である。ダニエル、エノク、モーセ、バルク、アブラハム、皆然りである。実際の著者はそのような名目上の語り手と自分との間に、数百年におよぶ時間の開きを手に入れる。彼はこの期間にすでに起きている歴史上の出来事を名目上の語り手に「予言」させるのである。それはいかにも「予言」らしく語られてはいるものの、実際の著者と同じ時代に生きている実際の読者からみれば、過去の歴史の中ですでに起きてしまっている出来事と直ちに同定できる仕組みになっているのである。これは研究上の用語で「事後予言」と呼ばれる。実際の著者はそのような一連の「事後予言」の最後に、来るべき救済の時についての予言を加えるのを忘れない。それは実際の著者自身にとっても、彼の読者にとっても、なおこれから、現在の苦難の時代の後に初めて訪れるべき未来である。名目上の語り手の「予言」が自分の足下の出来事まですべて「的中」してきたのを見た読者は、この最後の救済の予言も必ず的中するに違いないと確信させられる。読者をこの確信へ導いて、現下の苦難を乗り越えさせる。これが「事後予言」の戦略である。事実、ユダヤ教黙示文学は、紀元前二世紀から紀元後三世紀の間の、そのつどの世界帝国の支配下で圧迫されて生きたユダヤ教徒たちが産み出した抵抗の文学であった。

そのようなユダヤ教黙示文学の中で、アブラハムとモーセはどのような役割を果たしているだろうか。これがわれわれの次の問いである。当然ながら、問題はイスラエルの救済史にかかわるから、前述のトポスの区分で言うと、トポス6―17が重要となる。反対に、「天空の旅」から「冥界の旅」までのトポス18―21は、目下の設問にはほとんど意味をもたない。

文書として重要なのは、ダニエル書(前二世紀)、エチオピア語エノク書、モーセの遺訓(紀元前後)、第四エズラ書、シリア語バルク黙示録(後一世紀)である。この内、エチオピア語エノク書と第四エズラ書について、事前に若干の断りが必要である。エチオピア語エノク書という表題は、現在エチオピア語への翻訳で残っているエノク書という意味である(スラブ語エノク書の場合も同様)。原著のエノク書はきわめて複合的な文書で、合計五つの元来は独立の文書をゆるやかに結合したものである。その内で、われわれにとって重要なのは、現在の章区分で言うと、八三―九〇章の「夢幻の書」(前一六四年前後の成立)と九一―一〇八章の「エノク書簡」(前一〇〇年頃成立)である。第四エズラ書は、新共同訳旧約聖書の続編に収められている『エズラ記ラテン語』の三―一四章に対する別称である(以下で引用する場合は、原則として新共同訳による)。その成立は後一世紀である。『エズラ記ラテン語』でその前後に置かれている一―二章と一五―一六章は、それより後代にキリスト教徒の手で付け加えられたものというのが研究上の定説である。

二　モーセ契約の破綻

ユダヤ教黙示文学も、当然のことながら、モーセの名前に繰り返し言及する。しかし、その大半は、シナイ山での律法授受の仲介者としてのモーセ、あるいはその律法そのもの(モーセ律法)を指している。そして、そのモーセ律法がイスラエルの歴史の中でないがしろにされてきたし、現在のユダヤ教徒たちの間でも相変わらずそうであるという認識がほとんどの黙示文書にも共通して認められる。「罪人」とはシナイ山でモーセの仲介によって結ばれた神との契約（シナイ契約あるいはモーセ契約）を破っている者たちのことであり、反対に「義人」とはそのモーセ契約に立ち戻ろうとする例外的少数者のことである。それは同時に、それぞれの黙示文書の背後にいる実際の著者と読者の自己表現でもある。彼らによれば、イスラエルの歴史と目の前のユダヤ教の現実の中で、モーセ契約は破綻しているのである。ダニエル書の著者は、前二世紀の半ば、セレウコス朝シリアの圧政下で強いられている自分たちの屈辱を視野に入れながら、ダニエルの口を通してこう述べる。

4bあなたを愛し、あなたの戒めを守る者に対しては契約を守り、慈愛を尽くされる大いなる恐る
べき神、わが主よ。お願いです。5私たちは罪を犯し、咎を犯し、悪行に走り、背き、あなたの
戒めと定めにもとりました。6あなたの名によって私たちの王たち、指導者たち、父祖たち、ま
た地の民すべてに語ったあなたの僕たる預言者たちの言うことを、私たちは聴きませんでした。
7主よ、あなたは義しくいられます。私たちは、今日、恥ずかしい思いをしています。ユダの者
たちも、エルサレムの住民も、あなたに対して反逆したがゆえにあなたが全地に散らされた、遠
きにまた近きに住まう全イスラエルも、です。〔中略〕11全イスラエルがあなたの声に聴き従わず
に、あなたの律法を犯し、離反しました。そこで、神の僕モーセの律法に書かれている呪いと誓
いの結果とが、私たちに降りかかりました。私たちが神に対して罪を犯したからです。

（ダニエル書九章4－11節）

後一世紀末、今度は第四エズラ書の著者が、ローマ帝国の支配下で選民イスラエルが強いられている屈辱の原因を果敢にも神に向かって、こう問いかける。冒頭(23節)に「高遠な道」とあるのは、前述のトポス18―21のように天上と冥界の秩序にこだわるような立場のことである。目の前の自分たちの現実こそが著者の関心の的である。それにくらべれば、天上や冥界についての「高遠な道」はあまりに呑気な話なのだ。

22主よ、お願いです。わたしには理解力が与えられているのです。23わたしは、高遠な道を尋ね
ているのではありません。常日ごろ、わたしたちの目の前に起こっていることがらについて問い
たかっただけなのです。なぜイスラエルは不名誉にも、異邦人に渡されたのか、なぜあなたが愛
された民を、神を恐れぬやからに渡されたのか、なぜわたしたちの先祖の律法は滅び去り、書き
記された契約はうせたのか、ということなのです。24わたしたちは、この世からいなごのように
移り行き、わたしたちの生命は朝もやのようになりました。もはやわたしたちは、憐れみを受け
る資格もありません。25しかし、わたしたちに与えられた御名のために、神は何をなさろうとす
るのでしょうか。わたしはこのことを尋ねているのです。

(第四エズラ書四章22―25節)

モーセ契約が現に破綻しているという認識は、その他の文書にも繰り返し読み取られる(シリア語バルク黙示録一五6、一九3、四一3、四八38―41、六七6、七七3―4、七九2、八四4―5)。もちろん、それはモーセその人

が否定的あるいは消極的に評価されるということではない。このことはモーセの遺訓に端的に明らかである。ここではモーセの名が黙示文書の表題に掲げられているのみではない。モーセは「被造物に関するその(神の)企て」を明らかにするために「世界の初めから準備されていた仲介者」(一13-14)、「全世界にわたる使命を持つ神的預言者」、「この世での最も完成された教師」(一16)だと称揚される。それゆえ、当然ながら、このモーセは自分が仲介する神の律法が来たるべき世代によって放棄されることを見通している(三7)。彼らが義から外れて不正を働くことも予言する(五3)。つまり、この文書の著者にとっても、モーセ契約はやはり破綻しているのである。彼はモーセを物語の主人公、すなわち、イスラエルのその後の歴史に関わる黙示の受け手および語り手にはしているが、その破綻を超えて実現するべきイスラエル(ユダヤ教徒)の救済を保証する者としては描いていない。その保証はアブラハムの役割である。

三　アブラハム契約の存続

モーセの遺訓はモーセ契約の破綻を越えて実現するべき救済を、神がかつてアブラハム、イサク、ヤコブと結んだ契約に根拠づける。

8そして、全部族が嘆き、天に向かって叫んで言うであろう、9「アブラハムの神、イサクの神、ヤコブの神よ、あなたが彼らと結ばれた契約を、そしてあなたがご自身をさして、彼らの子孫を、あなたが彼らにお与えになったその地から棄て去ることは決してないと誓われたあの誓いを思い起こしてください」と。[10]そこで、その日、彼らはわたしを思い出し、部族は部族同士で、また人はその隣人に言うであろう、[11]「これは、エジプトと紅海と、そして四十年の間、荒野で多くのことを耐え忍んだモーセがあの時預言の中でわれわれに証していたことではないか」。

（モーセの遺訓三章8―11節）

[2]万物の主、高き座にいます王よ、あなたは世を支配されるかた。あなたはこの民があなたのために選び出された民となることをお望みになりました。[3]ところが、彼らは捕虜として、その祭司ともども異国に行き、異邦人の門の周りを行きめぐりました。〔中略〕[5]その時、神は彼らの父祖たちと結んだ契約のゆえに彼らのことを思い起こし、その時にも自分の憐れみを明らかにするであろう。

（四章2―5節）

第四エズラ書の著者も、選民イスラエルにはモーセ契約の破綻という現実を超えて、なおも救済の可能性があることを信じている。前掲の引用箇所（四22―25）の最後に、「しかし、わたしたちに与えられた御名のために、神は何をなさろうとするのでしょうか。わたしはこのことを尋ねているのです」とあるのがそのことを示している。この確信の根拠もまたアブラハム契約である。

[12]地の面に住む人々が増え始め、子供たち、民族、多くの種族が増えたとき、人々は以前にも増

して神に背く業を重ね始めました。[13]彼らが御前で悪を行うと、あなたは一人の人、アブラハムを御自分のために選ばれました。[14]あなたは彼を愛し、夜ひそかに(創一五12)、彼一人に時の終わりをお示しになりました。[15]あなたは彼と永遠の契約を結び(創一七9以下)、彼の子孫を決して見捨てることはないと約束されました。

(第四エズラ書三章12-15節)

物語上の場面としては、ノアの洪水の後とアブラハムへの神の約束をエズラが回顧しているところである。しかし、注意しなければならないのは、「彼一人に時の終わりをお示しになりました」(14節)という文章である。ここでアブラハムは、モーセに率いられた出エジプトの民がカナンの約束の土地に入るという約束の担い手(創世記からヨシュア記までの「六書」の救済史の見方)でも、バビロンから「第二の出エジプト」を遂げて再びパレスティナに帰還しようという捕囚の民の希望の根拠(創世記から列王記までの「九書」の歴史観)でもない。否、それよりははるかに大きなスパンで、被造世界全体の普遍史の「終わり」までのすべての秘儀を神からあらかじめ啓示(黙示)された存在、さらにその「終わり」の向こうに、モーセ契約の破綻を越える救済(新天新地)があることを保証する存在である。「アブラハムにはこのときイスラエルの運命と世の終わりにかかわる秘儀が啓示されたと考えられた。黙示文学的秘儀の伝承の由来が説明されているわけである」(八木誠一)〔54/404〕。ユダヤ教黙示思想にとってのアブラハム契約の有効性をこれほど明瞭に証言する箇所も少ない。

シリア語バルク黙示録も同じように、黙示文学的秘儀の伝承の由来をアブラハムに帰すと同時に、モーセ契約の破綻を越える普遍史的救済の根拠もアブラハムへの神のかつての約束に見ている。

3わたしはそれ(天上のエルサレム)をアダムに、彼が罪を犯す以前に見せた。だが、彼が掟に背いたとき、それは、楽園と同様に彼から奪い取られた。
4そののちわたしはそれをわが僕アブラハムに、夜中に、割かれたいけにえ(の動物)の間で見せた(創一五12)。
5さらにまたモーセにも、わたしがシナイ山で彼に幕屋の型とその調度品の一切を見せた折に(出二五)それを見せた。

(シリア語バルク黙示録四章3–5節)

1そののちきみ(バルク)は澄み切った水を見た。これはアブラハムとその子孫の起源、彼の子、孫等々の到来(を意味するの)である。
2その時代には文字こそなかったが律法は彼らの間に知られており、掟の業は実行され、未来の審判に対する信仰がおこり、世界更新の希望ができあがりつつあった。また現世につづく生命の約束が植えつけられつつあった。

(五七章1–2節)

特に二番目の引用中の「その時代には文字こそなかったが律法は彼らの間に知られており、掟の業は実行され、未来の審判に対する信仰がおこり」という文章はきわめて興味深い。モーセ契約の破綻という目の前の現実を知っている著者は、モーセよりははるか昔の、従ってモーセ律法などまだなかったはずのアブラハムの時代に、「すでに律法は彼らの間に知られており、掟の業は実行され」ていたと言うのである。そればかりではなく、来たるべきモーセ契約の破綻もすでにアブラハム時代に見通されていて、「未来の審判に対する信仰」がすでに起こっていたのだと言う。その「未来の審判」

とは著者にとってもこれから訪れるはずのものである。その審判の彼方には宇宙大の「世界更新」と「現世につづく生命」が待望されている。

四 「残りの者」とメシア待望

では、そのような来たるべき宇宙論的な救済の出来事に与ることができるのは一体誰なのか。モーセ律法の破綻という現実の直中で、「律法は命であり」(シリア語バルク黙示録三八2)、「たとえわれわれは去ろうとも、律法は残る」(同七七15)と信じて、モーセ契約を固守する「小さき者たち」(同四八19)、「選ばれた民、またとない無比の民」(同四八20)というのがその答えである。それは「ほんのひとにぎり取り残された」民(同八〇5)である。ユダヤ教黙示文学はこの民を好んで「義人たち」と表現する。それはほとんどどの黙示文書にも登場する。その範囲は、もはや旧約聖書の「六書」あるいは「九書」に言う伝統的な「神の民イスラエル」と同じではない。なぜなら、同じその伝統的な「神の民イスラエル」に属するはずのユダヤ教徒の間にさえ、モーセ契約を破って憚らない「罪人」あるいは「悪人」が現に存在しているからである。これはユダヤ教黙示文学の共通の認識だと言ってよい。「義人」を「罪人」から分ける境界線は、もはや伝統的な「神の民イスラエル」と異教徒の間に引かれるのではなく、伝統的な「神の民イスラエル」の直中に引かれるのである。そこからは独特な個人主義が帰結してくる。――「人は皆おのおの自分の不正な行ない、あるいは正しい行ないの責任を負うのである」(第四エズラ七105)、「アダムは彼自身に対してのみ責任があり、われわれすべてが各人自分のアダムである」(シリア語バルク黙示録五四19。同15節も参照)。今や新しい真の「選ばれた民」は、伝統的な「神の民イスラエル」のごく限られた一部分、「残りの者」のことである。

ユダヤ教黙示文学がこの「残りの者」という表現を術語として使うことは稀である。しかし、第四エズラ書一三章49節では、「残された民」について語られている。また、ユダヤ教黙示文学の前史に属するヨエル書三―四章には、「残りの者」という文言も明瞭に現れている。「太陽は暗闇に、月は血の色に変わる。大いなる恐るべきヤハウェの日が来る前に。ヤハウェの名を呼ぶ者は皆、救われる。ヤハウェが言われたように。シオンの山、エルサレムの山には救いがある。また、ヤハウェが呼び寄せる、残りの者たちのうちにも」(ヨエ三4-5)。ここには、すでに第Ⅰ章二節の終わりで見たイスラエルの王国時代の預言者たちの「残りの者」の思想(ミカ七18-20、イザ二九22-23、エレ三三25-26)との連続性が明らかである。預言者たちにおいて、「残りの者」の希望を支える可能根拠はアブラハムへの約束であった。ユダヤ教黙示文学の「残りの民」の救済への希望も同じ約束に懸かっている。預言者たちの「残りの者」の広がりはイスラエルの内部に限られ、異邦人への視野の開けを欠いていた。それは創世記から列王記までの「九書」の歴史記述でも同じであった。ユダヤ教黙示文学が「ひとにぎり取り残された」義人たちに保留する希望もその点ではまったく変わりがない。彼らが「しあわせになる」時は、「異邦人への仇討ち」の時なのである(モーセの遺訓一〇7-8)。

では反対に、ユダヤ教黙示思想の「残りの民」の希望が預言者と「九書」のそれに対して示す新しさはどこにあるのか。それはまず第一に、繰り返しになるが、後者の「残りの民」がどこまでも現下の歴史の内側で待望されるものであったのに対して、前者のそれは歴史超越的だという点にある。ユダヤ教黙示思想の「残りの民」の希望は、「世界更新」の後、「現世につづく生命」(シリア語バルク黙示録五七2)にかけられているのである。さらに第二の違いとして、メシア思想を挙げなければならない。預言者と「九書」の「残りの者」の希望には、「残りの者」の希望と結びついたメシア論は不在だと言えよう。他方、ユダヤ教黙示文学の場合にも、確かにすべての黙示文書にメシア論(前述のトポス16)が含まれるわけではない。そして、その理由もはっきりしている。ユダヤ教黙示思想は何よりも神中心的なのである。宇宙万物の中で起きるすべての出来事は究極的には、すべて神の配剤の中にあるということである。しかし、いくつかの重要な作品には、メシア論が明瞭に認められる。そしてそれは、場合によって、アブラハムへの約束の伝承から根拠づけられる。

そのもっとも良い例はエチオピア語エノク書である。その八五章から九一章にかけては、エノクの口を通して、アダムとエバの堕罪から旧約聖書の全救済史を経て、実際の著者が現に生きている前二世紀の半ばまでのイスラエル・ユダヤ民族の歴史全体にかかわる「事後予言」が繰り広げられる。その最後の部分(九〇章の後半以降)が、実際の著者と彼の読者から見てもなお未来に実現するべきメシアの到来にかかわる予言となっている。その「事後予言」の部分は、ノア、アブラハム、イサク、ヤコブを「白牛」あるいは「白い羊」に喩えて、次のように述べる。暗示されている創世記の該当箇所を括弧内に補って表示する。

9人間になった例の白牛(ノア)は三匹(の他)の牛(創九18のセム、ハム、ヤペト)に伴われて箱舟を出た。
三匹の牛のなかの一匹はさきの牛に似て白く(セム)、そのうちのもう一匹(ハム?)は血のように赤く、他の一匹（ヤペト）は黒かった。その白牛は彼らと分かれた。[10]彼らは野獣や鳥を産みはじめ、彼ら全部からいろんなものが産まれた。〔中略〕そのなかに白牛（アブラハム、創一一27）が産まれた。[11]彼らは互いにかみつきはじめ、彼らの間で生まれたさきの白牛は野ろば（イシュマエル、創一六15）と、またそのほかに白牛（イサク、創二一2-3）を生み、野ろばは数を増した。[12]これから生まれた牛は黒い猪（エサウ、創二五25）と白い羊（ヤコブ、創二五26）を生み、この猪は多数の猪を生み、その羊は十二匹の羊を生んだ（創二九31—三〇24、三五22-26）。

（エチオピア語エノク書八九章9-12節）

他方で、メシアの登場については、こう言われる。

[33]（全部白色の）羊たちの主は、彼らがすべて良く、自分の家にもどってきたことを非常に喜ばれた。〔中略〕[36]わたしは、その家が大きくて、広々としており、（ありとあらゆるものに）満ちているのを見た。[37]わたしは一匹の白牛（メシア）が生まれるのを見た。

（九〇章33-37節）

どちらの引用文の場合にも、「白」は黙示文学に特徴的な色彩言語において、「赤」あるいは「黒」との対照で、まさしく「残りの民」の象徴である。従って、「白牛」に喩えられるのは、もちろんアブラハムだけではない。しかし、同じエチオピア語エノク書は九三章5節で、明らかにアブラハムを指して、「彼の子孫は以後永遠に義の木となる」と語るのである。そこから推せば、メシアがアブラハムの子孫と考えられていることは間違いないであろう。

第四エズラ書とシリア語バルク黙示録のメシア論には、アブラハム伝承との結合は認められない。と同時にメシアを特にモーセ伝承と結びつけようというのでもない。このことはここで特に一言しておくに値する。というのは、目下問題にしているユダヤ教黙示文学とほぼ同じ時代のユダヤ教には、好んでモーセ伝承と結びついた独特なメシア待望が存在したからである。

そもそもこの時代のユダヤ教におけるメシア待望は、きわめて複雑多岐にわたった。もっとも広く流布した見方では、メシアはダビデの子孫で、ダビデゆかりの町ベツレヘムに生まれるのでなければならなかった(ミカ五1、詩八九4-5、エレ三三5、マタ二5-6、マコ一三35-37、ヨハ七42、ロマ一3、使一三23他)。しかし、クムラン文書(死海文書)では、それとは異なる祭司系(アロン系)のメシアの待望も認められる(『宗規要覧』IX, 11)〔51/108〕。それと並んで見逃してならないのは、ローマ帝国の支配に対して繰り返し過激な反乱を企て、相次いで弾圧された政治主義的メシア運動のメシア論である。この運動の重要なポイントについては、すでに前著『イエスという経験』(二六—二九頁)で触れた通りである。それらの運動に共通するのは、イスラエルの祖先がモーセに率いられてエジプトを脱出した物語、いわゆる出エジプト伝承への固着である。ほとんどの運動のリーダーもその時のモーセの再来であることを自任した。と同時に、彼らの反乱についての最大の情報源であるF・ヨセフスの報告によれば、彼らの内の少なからずの者が「預言者」を自称したと言う(『ユダヤ古代誌』第二〇巻九七、一六九『ユダヤ戦記』第二巻二六一)。この点は前掲の前著では指摘が不十分であったので、ここで改めて強調しておきたい。政治主義的メシア運動のリーダーたちが、自分を出エジプトのモーセの再来と見なすと同時に、「預言者」を自称した背後には、間違いなく「モーセのような預言者」というメシア論が前提されている。

それは、モーセが申命記一八章15節に、「あなたの神ヤハウェは、あなた(イスラエル)のために私(モーセ)のような一人の預言者を、あなたの兄弟である同胞の中から、あなたの只中に起こすであろう」と言い残している事実に基づいている(申三10も参照)。ヨハネ福音書六章14-15節の背後にこの「モーセのような預言者」というメシア待望があることは良く知られている(同七40も参照)。この箇所で福音書記者ヨハネは、イエスがユダヤ人たちによって、「世に来るはずのあの預言者」(モーセのような預言者)と見なされたと述べる。さらに彼らがイエスを「王」にしようとすると、イエスはそれを避けて山に退いたことにしている。ヨハネのこの筆運びからは同時に、「モーセのような預言者」の待望が政治主義的なものであったことも明瞭に読み取られる。福音書記者ヨハネもそれを承知しているのである。

ところが、われわれがこれまで見てきたユダヤ教黙示文学の作品には、この「モーセのような預言者」にあたるメシアの待望は、認められないのである。私は前掲の前著で「ユダヤ教黙示文学には、出エジプト伝承は本質的に不在だと言ってよい」(三三頁)と述べた。この判断は、以上に述べたことに照らして、不当とは言えないであろう。

ユダヤ教黙示文学のメシア論は、発展史的に見ると、そのメシア像を民族主義的なものから、普遍史的なもの、つまり被造世界全体の歴史にかかわる超越的ものへと、次第に変形していったように思われる。この時期の黙示文書のいくつかに、いわゆる「メシアの中間王国」の観念がいろいろな形で姿を現し始めることがその証拠である。「メシアの中間王国」とは、普遍史が終末に達した後、しかし、万物が更新されて完成する前の中間段階で、メシアの支配が一定期間続くとする考え方のことである。

まず、第四エズラ書は、普遍史を十二の時期に区分する件で、次のように語る。

9あなた(エズラ)は人々の中から挙げられて、わたしの子(=メシア)と、あなたのような人々と共
に、時が終わるまで暮らす。10世は既に若さを失い、時は老年期に近づいている。11この世は十
二の時期に分かれ、既に九つの時期と、更に第十の時期の半分が過ぎている。12残っているのは、
第十の時期の半分と、あと二つの時期だけである。13だから今、あなたの家を整え、あなたの民
を誡めなさい。

(第四エズラ書一四章9-13節)

傍点を付した部分「わたしの子(メシア)と、あなたのような人々と共に、時が終わるまで暮らす」が意味を為すためには、メシアと共にいる時間が限られているのでなければならない。それが「メシアの中間王国」である可能性は、同じ文書の七章26-35節と読み合わせると大きくなる。そこでは、メシアの中間王国の期間は明瞭に四百年間とされている。

26見よ、その時がやって来る。その時には、わたし(天使)が予告したしるしが現れ、町が花嫁と
なって姿を見せ、今はまだ隠されている地が見えてくる。27わたしが予告した悪から救われた人
は皆、わたしのこの不思議な業を見る。28すなわち、わが子メシア(原文イエス)が彼に従う人々と
共に現れ、生き残った人々に四百年の間、喜びを与える。29その後、わが子(メシア)も息ある人
も皆死ぬ。30そして世は、初めのときのように、七日間、太古の静寂に戻り、一人も生き残って

はいない。[31]七日間が過ぎたとき、まだ目覚めていない世は揺り起こされて、朽ちるべき世界は
滅びる。[32]大地は地中に眠っている人々を地上に返し、塵はその中に黙して住んでいる人々を戻
し、陰府の部屋はそこに預けられていた魂を外に出す。[33]そしていと高き方が、裁きの座に姿を
現す。もはや憐れみはなく、寛大さは跡形もない。[34]そこには裁きあるのみである。真理は立ち、
信仰は力を得る。[35]そして、裁きは執行され、報いが示される。正義は目覚め、不正は眠ってい
られなくなる。
（第四エズラ書七章26‐35節）

シリア語バルク黙示録も「メシアの中間王国」の観念を知っている。まず、二七章1節では終末に先立つ患難の時（トポス10）が十二の部分に分けられる。続く三〇章1‐3節には次のようにある。

[1]そののち、メシアの滞在の時が充ちて彼が栄光のうちに帰還されるとき、そのとき、彼に望み
をつないで眠っていたものはみな復活するであろう。[2]そのとき、一定の数の義人の魂のしまっ
てある倉が開き、（その魂が外に）出てきて、多くの魂が思うところを一つにし、みな一団となっ
て姿を現すであろう。先の者は喜び、後の者も悩むことをやめるであろう。[3]彼はこれが終末だ
と言われていたその時が到来したことを知っている。

ここで「メシアの滞在の時」とは、十二の患難の時が終わった後の「メシアの中間王国」の意味に読める。さらに、「メシアの滞在の時が充ちて」とは、メシアが神のもとへ「栄光のうちに帰還」す

ることと解される。

なぜこのような「メシアの中間王国」の観念が、未だ輪郭がはっきりしないとは言え、ユダヤ教黙示文学のトポスの一つとなり始めたのか。この点については、実は研究者の意見はほぼ一致している。すなわち、それまでのユダヤ教黙示文学の終末待望あるいはメシア待望は、前述の「事後予言」に見られるとおり、なによりもユダヤ民族固有の歴史(救済史)と密接不可分に結びつけられていた。ところが、ユダヤ教黙示文学は、やがて被造世界全体、つまり宇宙万物の歴史の行方に関する普遍史な関心、また、それを貫いている秩序・法則に対するいわば宇宙論的な関心(より神学的な術語で言えば、創造神学的関心)へ傾斜していった。「メシアの中間王国」は前者を後者に、すなわち、民族主義的・救済史的終末論を宇宙論的・創造神学的終末論に接合する試みにほかならないのである。

まとめ――ユダヤ教黙示思想の時間論

ユダヤ教黙示文学に属するすべての作品にアブラハム伝承が含まれるわけではない。例えば、その最初のまとまった作品と言われるダニエル書にアブラハム伝承は不在である。しかし、その後、前一世紀から後一世紀にかけて成立した文書においては、アブラハム契約が重要な役割を果たしている。アブラハムは普遍史の始まりから終わりまでにかかわる秘儀の受領者であり、モーセ契約の破綻を超えて、なおも律法を遵守する義人たち(「残りの民」)には来たるべき万物の更新の際に救済が用意されているという希望を支えている(モーセの遺訓、第四エズラ書、シリア語バルク黙示録)。さらには、来たる

図表4

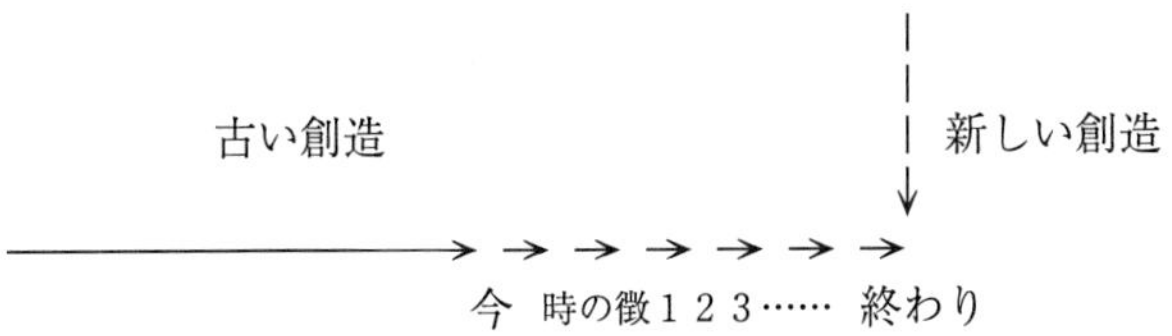

べきメシアがアブラハムの子孫と考えられることもある(エチオピア語エノク書)。

ユダヤ教黙示思想においてアブラハム契約が保持していることの重要性には、ここで特にE・P・サンダースのユダヤ教研究との関連で、注意を喚起しておくに値する。サンダースは後一世紀末以降のラビのユダヤ教の伝承を詳細に踏査した末に、次のような結論に達している。すなわち、これまでキリスト教サイドから行なわれてきたユダヤ教研究は、ラビのユダヤ教を神との「契約」の本来の意味から逸脱して、モーセ律法のきわめて瑣末な条項にこだわる律法主義に堕したユダヤ教として描き出してきた。しかし、実際には、この時期のユダヤ教では、モーセ律法への服従は服従する者を、神の先行的な恵みによってすでに存立している「契約」の中に引き続き在らしめるためのものであって、その者が神の前に業績を積み上げて、神の恵みそのものをはじめて稼ぎ出すためのものではなかったというのである。サンダースはこのような律法論を「契約中心の律法遵守」(covenantal nomism)と呼んでいる。もちろんサンダースは新約時代(特に後七〇年のエルサレム陥落以前)のユダヤ教については、さまざまな立場が並存したことを認めるものの、そこでもこの「契約中心の律法遵守」が「共通の型」を構成していたとする。そして、黙示思想もその例外ではなかったと考える〔39/419-420〕。

しかし、私の見るところ、サンダースにおいて曖昧なのは、ほかでもない「契約」の中身である。確かにそれは終始、主としてシナイ契約(モーセ律法の授受)を指して言われるのだが、同時にそれを神がアブラハム(イサク、ヤコブ)と交わした契約(約束)から根拠づけるラビたちの発言も繰り返し参照されている。ところが、サンダースは二つの契約の関係については明言しない。ユダヤ教黙示思想において重要なのは、まさにこの二つの契約の関係なのである。モーセ契約の破綻を超えて、なおも律法を遵守する義人たち(「残りの民」)には来たるべき万物の更新の際に救済が用意されている。この希望を支えるのは、われわれの見方では、今なお存続するアブラハム契約なのである。

ユダヤ教黙示思想においては、創世記一五章でアブラハムに与えられた神の約束は、創世記からヨシュア記までの「六書」あるいは列王記までの「九書」の場合のように、現下の歴史の延長線上、かつその内側で成就するものではない。現下の被造世界全体がやがて終わりを迎え、超越的な神の介入によって万物が更新されること(新しい創造)が待望されている。アブラハムへの約束もそこで初めて成就するのである。普遍史は現下の「この世」と「来たるべき世」に大きく二分割されているわけである。黙示文学者たちはまだその万物の更新の手前にいる。彼らの「今」と「終わり」の間には、なお一定の古い時間が残されている。彼らはその残された時間の幅を、さまざまな「時の徴」で測ろうとしている。ユダヤ教黙示思想のこのような時間論を、試みに図表化すれば、前頁の図表4のようになる。

第Ⅲ章　洗礼者ヨハネ

一　アブラハム伝承との訣別

前章までのところでは、創世記からヨシュア記までの「六書」あるいは列王記までの「九書」、およびユダヤ教黙示思想において、アブラハム契約とモーセ契約がどのように理解されていたかを見てきた。次にわれわれは、改めてこの背景に照らして、洗礼者ヨハネのメッセージを、もう一度読み直してみよう。

（マタイ福音書三章7-12節）

7まむしの裔め、やがて来たるべき怒りから逃れるようにと、誰がお
前たちに入れ知恵したのか。8ならば回心にふさわしい実を結べ。9そして「俺たちの父祖はア
ブラハムだ」などと心の中でうそぶこうとするな。なぜなら、私はお前たちに言う、神はこれら
の石ころからでも、アブラハムの子を起こすことができるのだ。10すでに斧が木々の根元に置か
れている。だから、良い実を結ばない木はことごとく切り倒され、火の中に投げ込まれるのだ。
11私はお前たちに、回心に向け、水によって洗礼を施している。しかし私の後から来たるべき者
は私よりも強い。私はその者の皮ぞうりを脱がす値打ちもない。彼こそ、お前たちに聖霊と火に

よって洗礼を施すだろう。[12]彼はその箕を手に持ち、その脱穀場を隅から隅まで掃除し、その麦を倉に集めるであろう。しかしもみ殻は消えない火で焼き尽くすであろう。

（ルカ福音書三7–9、16–17も参照）

革命的なのは、「『俺たちの父祖はアブラハムだ』などと心の中でうそぶこうとするな。なぜなら、私はお前たちに言う、神はこれらの石ころからでも、アブラハムの子らを起こすことができるのだ。すでに斧が木々の根元に置かれている。だから、良い実を結ばない木はことごとく切り倒され、火の中に投げ込まれるのだ」という断言である。ここでは、アブラハム契約の有効性が文字通り根源から棄却されている(「斧が木々の根元に置かれている」に注意)。それはもはや、創世記からヨシュア記までの「六書」あるいは列王記までの「九書」の場合のように、現下の歴史の延長線上、かつその内側で成就するような救済の約束でないことはもちろん、前一世紀から後一世紀にかけて成立したユダヤ教黙示文学においてのように、モーセ契約の破綻を超えて、義人たち(「残りの民」)に、来たるべき万物の更新に際しての救済を保証するものでもない。洗礼者ヨハネは、大きくは、ユダヤ教黙示思想の終末論を背景にして登場してきたと考えられる。しかし、彼はアブラハム契約の棄却という見方において、そのユダヤ教黙示思想の終末論からも訣別しているのである。洗礼者ヨハネの告知の中に、モーセ契約についての直接の言及はない。しかし、それまでのイスラエル思想史において一貫してその上位におかれてきたアブラハム契約が根源的に棄却されているのであるから、モーセ契約(シナイ契約)の破綻はもちろん、その有効性も根源的な危機に曝されているというのがヨハネの見方だと言ってよいであろう。

しかし、他方では、洗礼者ヨハネの運動を、同じようにモーセの名前と結びついてはいるものの、モーセ契約(シナイ契約)ではなく、出エジプトのモーセ伝承からの延長線上に位置づける学説がある。その代表が、すでに前著『イエスという経験』でも繰り返し言及したJ・D・クロッサンである。クロッサンによれば、洗礼者ヨハネがほかでもないヨルダン河添いを活動の場所としたことそのことがすでに、出エジプトのモーセ伝承への固着の証拠である。そして、「人々がやって来ると、ヨハネは彼らに、荒れ野から、ヨルダン河を通って、――それにより彼らは罪を洗い流され、きよめられ、整えられた――『約束の地』に入り、そこで救済し報復する神が今にも来られるのを待つよう、指示し続けた」のだと言う。クロッサンがその証拠として挙げるのは、F・ヨセフスが『ユダヤ古代誌』一八巻一一六―一一九で行なっている洗礼者ヨハネについての報告である。ところが、ヨセフスの報告するヨハネ像は、出エジプトのモーセをモデルとして登場した自称他称の政治主義的メシアたちとはほど遠い。ヨセフスがそれらのメシア僭称者たちのことを繰り返し「偽預言者」と呼んでいることは、すでに述べた通りである(第Ⅱ章四節)。しかし、洗礼者ヨハネについては、同時代のユダヤ人に、神への敬虔、相互の間での徳と正義を説き、正しい行ないによって霊魂がすでに清められていることを示す行為として洗礼を授けただけの「善人」だったと言うに過ぎない。クロッサンはヨセフスのこの筆遣いは、ローマを憚って、意図的に洗礼者ヨハネを言わば非政治化・無害化したものだと言う。クロッサンの提示する洗礼者ヨハネ像は、政治主義的メシア運動のリーダーたちがモデルとした「モーセのような預言者」のイメージに接近している。とりわけ、「ヨルダン河をかつての紅海にように二させる。

つに分けて見せる」と言って群衆を集めたチウダ(ヨセフス『ユダヤ古代誌』二〇巻九七―九九)を彷彿とさせる。

しかし、これほど苦しい操作を施してまで、洗礼者ヨハネを「モーセのような預言者」のモデルに合わせるのは適切とは言いがたい。「モーセのような預言者」に第一義的に期待されたのは、私が「救済史的奇蹟」と呼んだ出エジプトの奇蹟の再現であった(『イエスという経験』二八頁)。それは、すでに明らかになっている通り、ユダヤ教黙示思想の終末論には不在なのである。この点では、洗礼者ヨハネはユダヤ教黙示思想と連続していると見ることができる。「らくだの毛ごろも、腰には皮の帯」、食べ物は「いなごと野蜜」(マコ一6)は、民数記六章の「ナジル人」の伝統に連なる禁欲主義的単独者の姿であって、とても「モーセのような預言者」の姿ではない。

クロッサンの前述の発言には、洗礼者ヨハネに関する歴史的・批判的研究が早くから抱えてきたもう一つ別の大きな問題が顔を覗かせている。すなわち、クロッサンは「そこ(約束の地)で救済し報復する神が今にも来られるのを待つよう、指示し続けた」と言う。ヨハネが告知した神は、厳しい審判の神であるから、「報復する神」という表現に特に問題はない。しかし、その神は同時に「救済」する神でもあったのだろうか。また、その「救済」とは一体どのような内容のものなのか。

二　洗礼者ヨハネと「神の国」

前著『イエスという経験』での私の判断は明快である。「神の国」はイエスが洗礼者ヨハネから独立した後に初めて唱えたものであった(三八頁)。否、その告知の始まりとイエスの師ヨハネからの独立は、同じ事柄の両面と見るべきである。しかし、前著に対して寄せられた論評には、意識的にこの論点についての発言としてか、あるいは他の論点のための暗黙の前提としてかは問わず、洗礼者ヨハネも——あるいは彼こそイエスに先だって——「神の国」のメッセージを宣べ伝えた人物だと見るものが少なくなかった。どうして、そのような論評が生まれるのか。答えから言えば、そのように見るのが、特にドイツ語圏の研究史の早い段階からのほぼ定説であったからである。典型的な例を二つだけ挙げよう。

当時「神の国」を口にする者は、この世が神の世でないことを知っていた。信仰なき者が高められ、信仰ある者が卑しめられ、罪なき者が罰せられ、罪ある者が栄誉にあずかるといった世の成り行きの洞察から、実に神の王国への憧憬が生まれたのである。このように邪悪な世の成り行きが逆転し、ふたたび正しいことは正しいこと、罪は罪とされる時代が来たるであろうと人は告げられた。人間はこのような驚くべき変革を天から強奪することはできず、またみずからの努力で引き起こすこともできなかった。人間のできることはただ、このような万物の転換を、備えして待つことであったのである。しかし、一度このような変革が起こるなら、万人はすべてそれを感知するであろう。来たるべき神の国が実現するなら、あらゆる問題は解決される。われわれが問いかけ、かつ探求しうることは、ただ神の国はいつ来るか、神の国はもはや近きにあるか否かという問いだけである。神の国はそれが現れるまでは、いつも来たらんとするものとして認められる。バプテスマのヨハネはこのように考えた、そして同時にそれはまたイエスの考えでもあった。
（M・ディベリウス）〔48/67, 77–78 も参照〕

ヨハネも、イエスと同じように来たるべき神の国の預言者である。（G・ボルンカム）〔70/57〕

イエスとヨハネの切り離すことのできない関連は、伝承の中でさまざまに表現された。一番明瞭なのはマタイであろう。彼は、洗礼者の告知とイエスの告知を「悔い改めよ、天国は近づいた」（三2、四17）という同じ言葉で総括している。（G・ボルンカム）〔70/65〕

こうなると、誰しも、それではイエスの「神の国」の独自性は一体どこにあったのかと疑問に思うに違いない。さすがにG・ボルンカムは「それにもかかわらず、両者は互いに相違している」と言って、その違いを次のように指摘する。曰く、洗礼者による「神の国」の告知（マタ三2）は、それに続くイザヤ書の引用（同三3）が示すように、未来への約束の形になっているのに対して、イエスの同じ告知（マタ四17）は、その直前（同四15–16）のイザヤ書の別の箇所からの引用が示すように、その成就を告げるものになっている、というのである。何とマイナーな違いであろうか。従来の定説の見方では、洗礼者ヨハネの「神の国」とイエスのそれの間に、それ以上大きな違いを明確にすることはできないのである。

従来の定説がよりどころとするのは、G・ボルンカムが明言しているように、マタイ福音書三章2

節と四章17節である。確かにマタイ福音書によれば、洗礼者ヨハネとイエスは同時並行的に「神の国」を告知したことになっている。同じ事情はマタイ福音書一一章12節にも読み取られる。後続の議論の都合上、その前後の文章も含めて読んでみよう。

11アーメン、私はあなたたちに言う、女から生まれた者の中で、洗礼者ヨハネより大いなる者は起こらなかった。しかし、天の王国(神の国)で最も小さい者も、彼よりは大いなる者である。12また、洗礼者ヨハネの日々から今に至るまで、天の王国は暴力を加えられている。そして、暴力的な者たちがそれを奪い取っている。13なぜなら、すべての預言者たちと律法とは、ヨハネまで(heōs)を預言したのである。

(マタイ福音書一一章11-13節)

何気なく読み流していたのでは気づかないが、注意して読んでみると、この段落はそれぞれの文章を文法的にごく普通に読もうとすると、段落全体としては何とも論理的に筋が通らないものになってしまう。まず、傍点を付した12節は「洗礼者ヨハネの日々から今に至るまで」と明言しているから、洗礼者ヨハネは「天国」の告知が始まり、それに対する「暴力」も生じてきている時代に組み入れられている。ヨハネがすでに「神の国」を宣べ伝え始めたのだというマタイ福音書の意見(三2)からすれば、それは当然のことである。12節はマタイ福音書三章2節と矛盾なく連動している。しかし、それはその前の11節「私はあなたたちに言う、女から生まれた者の中で、洗礼者ヨハネより大いなる者は起こらなかった。しかし、天の王国(神の国)で最も小さい者も、彼よりは大いなる者である」とうまくつながらない。この11節は、あきらかに洗礼者ヨハネが「天国(神の国)」の一員ではないことを前提しているからである。おまけに12節は後続の13節「なぜなら、すべての預言者たちと律法とは、ヨハネまでを預言したのである」とも矛盾する。ギリシア語で時間的な意味の「……まで」を表すために用いられる前置詞はいくつかあるが、いずれも日本語の場合と全く同じで、「……」のところにくる名詞を原則として含むのである。日本語で何かの期限を「今月三十一日まで」と切る場合、その三十一日は期限内なのである。この事情はギリシア語でも原則として変わらない。従って、13節は洗礼者ヨハネを「すべての預言者たちと律法が預言した」時代に編入しているのである。論理的には、11節は13節に無理なくつながるのであって、12節はそのつながりを破っているのである。

ルカ福音書はマタイ福音書の11節を12-13節から分離した形で伝えている。前者に並行するのはルカ福音書七章28節、後者に並行するのは一六章16節である。

私はあなたたちに言う、女から生まれた者の中でヨハネより大いなる者は一人もいない。しかし、神の王国で最も小さな者も、彼よりは大いなる者である。

(ルカ福音書七章28節)

律法と預言者たちとはヨハネに至るまで(mechri)だ。そのときから(apo tote)、神の王国の福音は告げ知らされ、皆その中へ暴力的なほどになだれ込んでいる。

(一六章16節)

注意していただきたいのは、ルカ福音書一六章16節のほうである。まず、その前半の「ヨハネに至るまで」によって、洗礼者ヨハネは明瞭に「律法と預言者」の時代に編入されている。後半の「そのときから」は洗礼者ヨハネを除いて、彼より後の時代を指している。それが神の国の福音が述べ伝えられている時代、つまりイエスの現在である。こうしてルカ福音書一六章16節は、七章28節と論理的に無理なくつなげて読むことができる。

マタイ福音書とルカ福音書を比べた場合、マタイの方に無理が生じていることは明白である。現在の研究は、ここに福音書記者マタイ自身の手による編集的な操作を認める点で大幅な意見の一致を見ている。マタイは前述のような無理を犯して伝承(素材)に手を加えてまで、「洗礼者ヨハネとイエスの活動期間を重複させ、両者の間の平行関係を強調したい」のである(『イエスという経験』三七頁)。

「神の国」が洗礼者ヨハネのメッセージではなかったとすると、彼はイエスとは対照的に、神の根源的な審判が切迫していることを告知の中心としていたのだと考えなければならない。もちろん、彼の告知にも「救済」のモメントが皆無だというわけではない。彼が「回心に向け、水によって」施した一回限りの洗礼は、来たるべき「火の洗礼」によって滅ぼされることからの救いを「今ここで」先取りするものであった。洗礼者ヨハネの告知に含まれる「救済」のモメントは、確かなところとしては、唯一この一点に認められる。しかし、このことが、ユダヤ教黙示思想の終末論との対比で意味するところは重大である。ここでもう一度、ユダヤ教黙示思想の時間論の図表4を見ていただきたい。ユダヤ教黙示思想家の「今」は途中の「今」にとどまる。「終末」までの間にはなおアナログ的に「満ちるべき」時間が残されている。その「今」には、洗礼者ヨハネの「今ここで」のような緊迫感はない。ヨハネは、アブラハム契約の根源的棄却を断言したことと並んで、この点でも、ユダヤ教黙示思想を脱却しているのである。

果たして、洗礼者ヨハネには、その唯一確かな「救済」のモメントを超える救いのメッセージは本当になかったのか。こう問うとき、改めて問題になるのは、「神はこれらの石ころからでも、アブラハムの子らを起こすことができるのだ」(マタ三9/ルカ三8)というヨハネの断言である。その意味するところは、全く神の審判にのみ尽きるのだろうか。確かに、伝統的な救済史の意味での「アブラハムの子ら」は根源から棄却された。しかし、ヨハネがそれに代わって、新しい「アブラハムの子ら」が「石ころ」から創造されること、つまり全くの「無」からの創造として「起こされる」ことに望みをつないでいた可能性はないだろうか。この問いに対する確かな解答は不可能である。しかし、イエスが新たに紡いだ「神の国」のイメージ・ネットワークの中に、アブラハムが登場するのは、そのような新しい創造としてのアブラハムであり、「アブラハムの子ら」なのではないであろうか。そこにイエスが師ヨハネから継承しながら、同時に師を超えていった新しさがあるのではないか。こうしてわれわれはやっと、イエスのイメージ・ネットワークについて再考するところまでやってきた。

第二部　イエスの「内側から」と「外側から」

――イエス研究の視座――

第Ⅳ章　イエスとアブラハム伝承

一　「神の国」のイメージ・ネットワークとアブラハム

私は前著『イエスという経験』で、イエスが「神の国」について編み上げていた独特なイメージのネットワークを可能な限り再構成して提示した。ここではそれをまず図表化して示せば、次のようになる。

イエスは一人の古代人として、天上(B)と地上(C、H、G)と地下(I)の三層から成る古代的宇宙像を前提している。すでにサタンはその天上世界から追放されて地上に墜落し(A)、天上では「神の国」の祝宴が始まっている(B)。アブラハム、イサク、ヤコブを初めとする過去(C)の死者たちがすでに死から復活して(D)、天上の祝宴の席に着いている(B)。それと共に、洗礼者ヨハネにも影を落としていた黙示思想的な陰鬱な世界像は変貌し、今やイエスの目には被造世界全体が晴朗な姿で見えている(E)。もちろん、地上では落下してきたサタンが、配下の悪霊たちを使って、最後の足掻きを執拗に続けている。しかし、イエスは「神の国」の宣教の途上、悪霊憑きやその他の病気や障害をいやしてゆく。その一挙手一投足と共に、天上ですでに始まっている「神の国」が地上にも拡大してゆく(H)。もちろん、その完成はなお近未来(G)に待望されている。それは「人の子」、すなわちすで

図表５

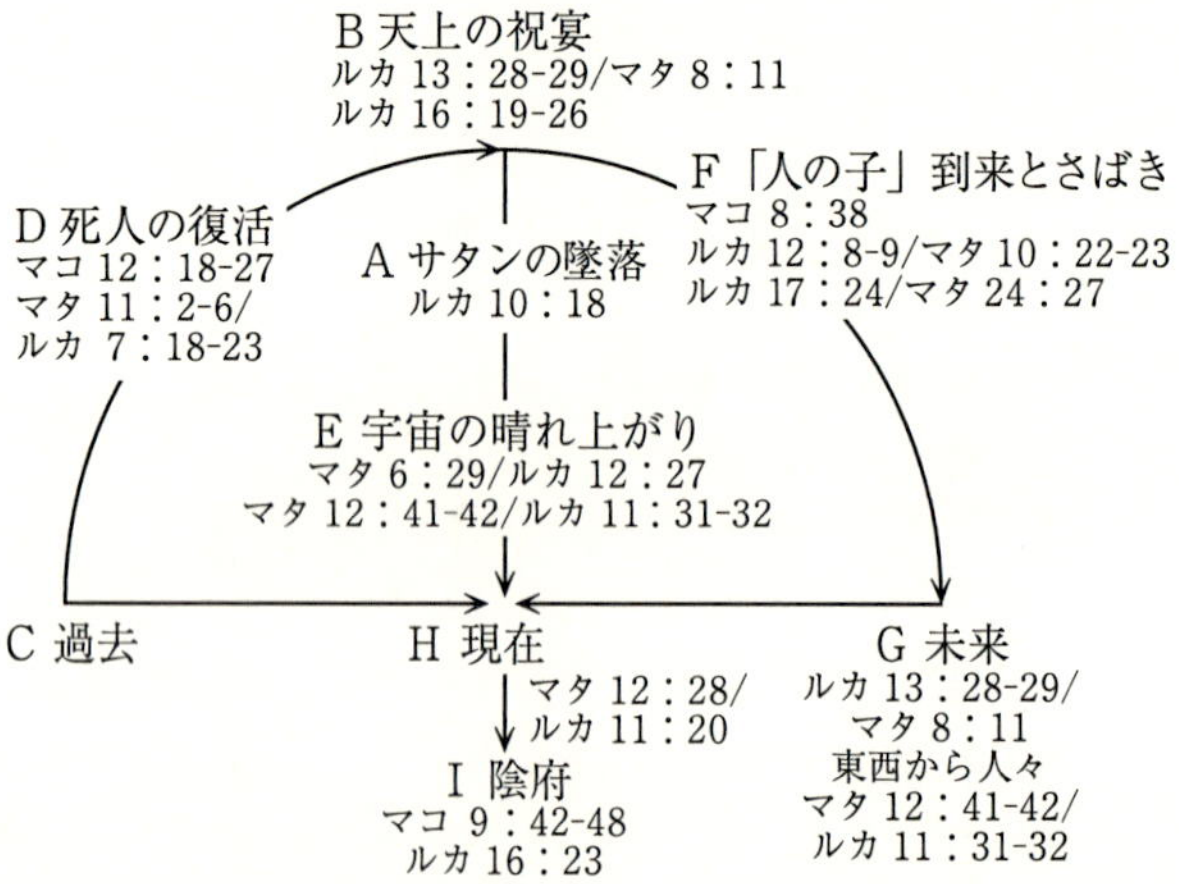

に天上の祝宴の席についている者たちが、「天使たち」と共に到来する時である。それは同時に、「さばき」の時でもある(F)。今、イエスの宣教を拒む者たちは、その「神の国」から自分を閉め出すことになる。反対に、東から西からの多くの者たちがやってきて、アブラハム、イサク、ヤコブと共にその祝宴の席に着く。アブラハム、イサク、ヤコブは過去の人物であるにもかかわらず、すでに復活して、天使のようになり、未来へ先回りして、今現に地上でイエスのメッセージを聞いて受け入れる者たちがやがて祝宴の席に加わるためにやってくるのを待っている。この意味で、イエスの「今」において、過去と未来が一つになっている。それは言わば「全時的今」である。

　このイメージ・ネットワークにおいては、アブラハムが一種の主役の座を占めている。特にそれが顕著なのは、「金持ちとラザロ」(ルカ一六19-26)の記事である。そこではアブラハムは言わば「神の代役」である(『イエスという経験』七七頁)。

もっとも、そのアブラハム(とイサク、ヤコブ)は、本当にすでに死から復活して、今現に天上の祝宴の席に着いていると言えるのだろうか。マルコ福音書一二章18-27節(特に26-27)はアブラハムがやがて復活するだろうということ、そしてマタイ福音書八章11節(ルカ一三28-29)も、彼がやがて東西の多くの人々と共に「神の国」の祝宴の席につくことになるだろうという意味、いずれも未来の約束の意味で言われているのではないのか。これまでこれらの箇所をそう読んできた読者が少なくないに違いない。しかし、いずれも「躓きの石」を恐れる安易な解釈だと言わなければならない。確かに、今現に過去の死者が復活のいのちを生きているとイエスが考えていたと見ることには、相当の勇気が要る。しかし、前述の「金持ちとラザロ」のアブラハムは今現に復活のいのちを生きているばかりか、天上の祝宴の座についているとしか読むことができない。加えて、洗礼者ヨハネの問いに答えたイエスの言葉も、イエスが今現に「死者が起こされている」(マタ一一5/ルカ七22)と見ていたことを、誤解の余地なく証明している。その回答を与えるイエスが最後に「私に躓かない者は幸いである」と言っているのは偶然ではない。生前のイエスがそんな突飛なことを考えていたはずがないというような安易な思い込みでは、イエスという「躓きの石」は超えられない。

もしマルコ福音書一二章26-27節がアブラハム、イサク、ヤコブには「未来の復活が約束されている」という程度の意味であるならば、きわめて当たり前の未来形で言えば済んだはずである。しかし、「神は死人たちの神ではなく、生ける者たちの神なのだ。あなたがたはひどく誤っている」(マコ一二27)の「生ける者たち」は、ギリシア語の原文では、現在分詞である。イエスにとって、アブラハム、イサク、ヤコブは今現に生きている者たちなのだ。

マタイ福音書八章11節(ルカ一三29)「私はあなたがたに言っておく。やがて東から西から大勢の人がやってきて、天(神)の国でアブラハム、イサク、ヤコブと共に宴会の席に横たわるだろう」については、どうだろうか。確かに、この邦訳だけから見れば、アブラハム、イサク、ヤコブが宴会の席に着くのも、まだこれから、つまり東西から大勢の人がやってくる時のことだと読める。おまけにルカ版では、この言葉の直前の28節は、「そこで〔あなたがたは〕泣きわめき、歯ぎしりするだろう。アブラハム、イサク、ヤコブやすべての預言者たちが神の国に入っているのに、あなたがた自身は外へ放り出されているのを目の当たりにする時には」となっているから、なおさら同じ印象が強いに違いない。しかし、いかんせん、ギリシア語の原文に即する限り、アブラハム、イサク、ヤコブがいつ神の国に入るのか、あるいはすでに入っているのか、については全く何も言われていないのである。ただ、そこに彼ら以外の東西(南北)からの大勢の者たちも入っていくことになるだろうし、反対に閉め出される人たち(「あなたがた」)もいるだろう、ということだけが、ギリシア語の原文でも明瞭に未来形で言われているにすぎない。アブラハム、イサク、ヤコブがいつ入ったのか、あるいは入るのか。この問いにマタイ福音書八章11節/ルカ福音書一三章28-29節のイエスの発言だけから答えることはできない。

そこで問題になるのが、イメージ・ネットワークである。ネットワークとはつながりである。一つ一つで判断し切れないから、それとイメージでつながるものをさがしてくる。それらをネットワーク化しながら読むのである。ここには、イエス研究全体の方法論に関わる根本的な問題が現れている。

その点については後述することにして（第Ⅴ章一節）、ここではただ一点確認しておくにとどめたい。そのようなつながりの問題を全く度外視して、例えばマタイ福音書八章11節／ルカ福音書一三章28–29節だけを孤立させて、未来だいや現在だと論じることは、方法論的に無意味なのである。

問題を反対側から見てみよう。仮にアブラハム、イサク、ヤコブには未来の復活が約束されているに過ぎないのだとしよう。この場合、すぐに問題になるのは、これを生前のイエスの発言と見なすかどうかである。そう見なす場合には、当然イエスが来たるべき死人の復活について語ったことを認めることになるから、イエスを非終末論化したい「第三の探求」と明確に訣別して、イエスの終末論を認め、そのどこかに来たるべき死人の復活という待望を位置づけなければならない。反対に、もしそう見なさない場合には、イエスの死後の原始教会の産物と見なすことになる。しかし、アブラハム、イサク、ヤコブに未来――今や原始教会から見た「未来」、つまり、来たるべきイエスの再臨時――の復活が約束されているとすること、それのみならず、アブラハムに「神の国」の祝宴での「神の代役」まで演じさせることに、原始教会は一体どのような必要性を認めたのか。とりわけ、この第二の想定は解答不可能な難問を産み出すばかりである。

二　イエスのイメージ・ネットワークの構成要素と独自性

1　ルカ福音書一〇章18節をめぐる歴史的・批判的問題

前掲の図表5に対する説明からも明らかなように、イエスの「神の国」のイメージ・ネットワークにとって、ルカ福音書一〇章18節の「サタンの墜落」(A)はきわめて重要である。私はこの言葉が生前のイエスのものであると判断している。しかし、研究史の上では、それとは異なる見方も繰り返し提示されてきた。ここでは、まずそれとの討論を避けては通れない。異論の内で最近のものとしては、D・ルーザムの「イエスは本当にサタンが天から落ちるのを見たのか(ルカ一〇18)。あらたな判別規準を求めて」という論考〔84〕が代表的である。荒井献氏はこの論考を評して、「ルカ一〇章18節を歴史のイエスにさかのぼらせる仮説を徹底的に批判している」〔7/1〕と述べている。私はルーザムの説を、公表以前に、直接本人との会話の中で聞いている。荒井氏の評価に私は賛成しない。その理由を以下に述べるが、いささか専門的な細かな議論にも及ぶことをお許しいただきたい。

D・ルーザムによれば、サタンが稲妻のように天から落ちるのをイエスが「見ていた」のは、この言葉(ルカ一〇18)が現在置かれている文脈が語っている出来事、すなわち、七十二人が新たに任命されて神の国の宣教に派遣されて帰ってきたという時点で初めて起きたことではない。それはむしろ、実はルカ福音書がそこまですでに物語ってきた時間の経過のどこかですでに起きていた出来事である。しかし、福音書記者はそれをしかるべき箇所で語らないできてしまった。それを彼は目下の文脈で、時間をさかのぼって補説しているのである。そうすることによって彼は、なぜ七十二人が悪霊を追い出すことができたのか、その理由を、自分の福音書の読者にいわば「後追い」の形で補足説明しているのだと言う。

ルーザムはこの後追いの補充説明のことを、ドイツ語で interne Analepse と呼んでいる。形容詞 interne は「内側の」、名詞 Analepse は「取り戻し」(あるいは「受け直し」)の意である。本来ならば、すでに語り終わっている物語の「内側の」どこかの時点で語っておくべきであった出来事を、話がかなり先へ進んでしまった時点で、「取り戻す」、あるいは「受け直す」のである。

これは文芸学の分野では、物語技法の一つとして周知のものである。そこでは、interne Analepse の対概念として、externe Analepse についても語られる。externe は interne の反対で、「外側の」を意味する。従って、externe Analepse とは、例えばルカ福音書が一章一節で始めた物語の「外側の」、とはつまり、時間的にそれよりも前の段階で起きていたはずの出来事を、物語のどこかの時点で、やはり、「後追い」の形で補充説明する語り口のことである。具体的な例を上げれば、ルカ福音書三章23節以下の「イエスの系図」がそうである。「イエス自身は、活動を始めた時はほぼ三十歳であった。一般に見なされたところによれば、ヨセフの子としてであった。そのヨセフはエリの子であり、さらにたどれば〔以下略〕」。

当然予想されることながら、今度は Analepse を反意語に置き換えることができる。それは Prolepse「先取り」である。それにも同じように interne と externe を付加すれば、物語の「内側の先取り」と「外側の先取り」という二つの語り口が得られる。「内側の先取り」とは、物語のどこかで行なわれる予告が物語の終わる前に、つまり「物語の内側で」実現に至るような場合である。例えば「アーメン、私はあなたに言う、あなたは、今日、今夜、鶏が二度啼く前に、三度私のことを否むだろう」というマルコ福音書一四章30節のイエスの予告は、マルコ福音書一四章66-72節のペトロの否認で実現する。それに対して、「外側の先取り」とは、予告は同じように物語の内側で行なわれるものの、その実現は物語の終わりを超えて、その「外側に」期待される場合である。マルコ福音書一三章24-

26節の「人の子」の来臨の予告がその例の一つである。それはマルコ福音書が一六章8節で終わる前には実現していない。その彼方での実現が約束されている。

さて、ルーザムは以上のような文芸学上の理論に沿って、ルカ福音書一〇章18節を「内側での取り戻し」と見なす。と同時に、福音書記者ルカが、前述のような意図で書き込んだ編集句であり、生前のイエスにまでさかのぼる発言ではないと言う。荒井献氏もこれに賛同するわけである。その際、荒井氏はルーザムの言うinterne Analepseを「内面的回顧」の意味に誤解してしまっている。ルカがイエスにかつての経験を「内面的に回顧」させているというのである。つまり、物語技法上の術語を心理学的概念に変形してしまっている。これでは議論が徒に混乱するばかりである。

仮にルーザムの言う通りだとして、それではルカ福音書一〇章18節の出来事、つまり、サタンの天からの墜落は、本来、物語上のどの時点で語られていてしかるべきだったのだろうか。それは特定できないというのが、ルーザムの解答である。実際、ルカ福音書の語り始めから一〇章18節までの間で、イエスがサタンの墜落を見たという出来事にしかるべき場所を見つけるのはきわめてむつかしい。

ルカ福音書一〇章18節は、後続の19-20節で言われることの根拠を説明しようとしている。つまり、七十二人がイエスの名によって悪霊を祓うことができたのは、すでにサタンが天から墜落し、地上でも配下の悪霊たちに対する支配権を失いつつあるからだというのである。他方で、ルカ福音書はすでにこの場面に至るまでに、イエスによる悪霊祓いの奇蹟について、少なからず報告ずみである。ここではいちいち読まないが、四章31-37節、41節、六章18節、七章21節、八章26-31節、32-39節、九章37-43節を見れば、それは一目瞭然である。おまけに九章1節では、「イエスは十二人を呼び集め、あらゆる悪霊に打ち勝ち、病気をいやす力と権能を授けた」と言われている。七十二人よりも先に、すでに「十二人」もイエスの名によって、悪霊にうちかつことができたということである。ルーザム説では、これらすべての悪霊祓いが成功を収める根拠がルカ一〇章18節で「後追い」で報告されている出来事、つまり、サタンの墜落でなければならない。とすれば、このサタンの墜落は、前記の一連の悪霊祓いの記事の最初のもの、すなわち、四章31–37節よりも前に起きた出来事でなければならない。

しかし、四章31–37節の少し前の四章の冒頭(1–13節)には、すでに悪魔(サタン)が登場する別の物語——いわゆる「悪魔の誘惑」——が置かれているのである。福音書記者ルカは、イエスを誘惑することにことごとく失敗した悪魔について、最後に、「悪魔はあらゆる誘惑をしかけた後、時が来るまでイエスを離れた」(13節)と記している。この文言がルカ自身の手によって編集的に書き込まれたものであることは、研究上の定説としてよく知られている。ルカはさらに、この書き込みを受ける形で、最後の晩餐の場面の導入部の二二章3節に、「ところで、サタンは、イスカリオトと言われ、十二人の数に入っていたユダの中にすでに入り込んでいた」という文章をやはり編集的に書き加えている。ルカはこれら二つの書き込みによって、その間に挟まれたイエスの活動の全期間を言わば「サタン不在」の時として描き出すのである。イエスの公活動の間、サタンには活動の余地がない。イエスの公活動の期間は、ルカが使徒行伝も含めて提示する全救済史、すなわち、天地創造から来たるべき歴史の終末と万物の更新までの歴史全体の中心である。これをH・コンツェルマンが「時の中心」と呼んだこともよく知られている〔33〕。従って、前記の一連の記事でイエスと「十二人」、ひいては七十二人が悪霊を祓うことができる根拠は、すでに四章13節の時点で、読者に説明されているのである。「サタン不在」の「時の中心」においては、当然のこととして、それが可能なのだ。ルカ福音書四章13節と二二章3節の枠構造にルカがこのような神学的主張を込めていることを認める限り、一〇章18節で改めて読者に七十二人の悪霊祓いの可能根拠を示すどのような必要がルカにあろうか。その必要があったとするルーザムの解釈には説得力がない。

また、ルカ福音書一〇章18節のサタンの墜落を四章1-13節の「悪魔の誘惑」の場面の前後に位置づけることもむつかしい。その前に位置づければ、天から追放された悪魔が地上では全世界の政治的支配権を握っている(四5-6)かのような話になってしまう。その後に置けば、イエスを誘惑すること に失敗して、彼から「時が来るまで離れた」悪魔は、その後再び天に上り、そこから改めて追放されたかのような話になりかねない。すなわち、ルカ福音書一〇章18節は四章1-13節の「悪魔の誘惑」の場面と並立することがきわめて困難なのである。ルーザムが言うように、ルカ福音書一〇章18節がルカ自身の編集の筆だとする場合には、ルカは自分の責任でこのような苦境に陥ったということにならざるを得ない。だからこそ、ルーザムはルカ福音書一〇章18節を物語の「内側での取り戻し」と見なすものの、それが物語上のどの時点に本来属するべきものなのか、決定できずに終わるのである。

それよりもはるかに大きい可能性は、ここでルカは二つの独立の伝承を首尾よく統合し切れずにいるという想定である。「荒野の誘惑」はルカがマルコ福音書と並んで用いている語録資料(Q資料)に属する。ルカ福音書一〇章18節の「サタンの墜落」はそれとは別に、ルカの手に渡った伝承であったと考えることができる。

それでは最後に、なぜルカはその伝承のイエスの言葉を、他でもない現在の場所、すなわち一〇章

18節に編入したのか。自分の福音書の読者のためではなく、目下の場面の登場人物たち(dramatis personae)、すなわち、七十二人の弟子たちのため、というのがその答えである。物語の外にいる読者は、すでに四章13節でサタンの不在を聞かされている。彼らは、なぜイエスの名による悪霊祓いが今や可能なのか、その根拠をすでに知っている。しかし、物語の内側の登場人物たる七十二人はまだそれを知らない。彼らは四章13節を読んでいないからである。ルカは「私は、サタンが天から稲妻のように落ちるさまを見とどけた」というイエスの言葉を、物語の内側でイエスが七十二人に与える説明の言葉——荒井氏の表現をここで活かせば、「内面的回顧」——にしたのである。七十二人が宣教のわざに赴いていた間、イエスは「サタンが天から稲妻のように落ちるさまを見とどけた」のである。傍点を引いた「とどけた」は、原文のギリシア語では未完了過去形である。それは福音書の本文の表面で展開する物語の時系列の中に完全に適合している(『イエスと言う経験』四六頁を参照)。ルカはサタンに関わる系統の異なる二つの伝承(四1-12と一〇18)を、読者への情報提供と登場人物への情報提供の二つに使い分けたのである。現代の文芸学の専門家にも及びがたい技法ではないか。

以上の理由から、私はルカ福音書一〇章18節をルカの編集的な創作だとは認めない。逆に、それは生前のイエスの発言と見なし得る。その根拠については、すでに前著『イエスという経験』(四三—四七頁)で述べた通りである。

2　アブラハムとサタンの終末論的組み合わせ——ユダヤ教の類例

イエスの「神の国」のイメージ・ネットワークにおいては、天上のアブラハムの存在とサタンの地上への墜落が中核的な役割を果たしている。では、この組み合わせは、イエスの独創なのか、それともすでに同時代のユダヤ教の内外に類似の表象があったのか。これがわれわれの次の問いである。

本書第Ⅱ章で取り上げたユダヤ教黙示文学の作品(図表2参照)を、改めてこの問いから読み直すと直ちに明らかになることであるが、そこでサタン論が展開されることは皆無ではないが、かなり稀である。サタン論がアブラハム、イサク、ヤコブとイメージ的に明瞭に結びついて現れるのは、むしろ十二族長の遺訓に代表される遺訓文学、あるいはそれと多かれ少なかれ類縁関係にあるユダヤ教文書である。そこには、部分的にではあるが、ユダヤ教黙示文学の影響が認められる。そして、そのイメージの結合が現れる文脈では、終末論が問題になっている場合と、創造論が問題になっている場合の二つがある。

(1) 十二族長の遺訓

アブラハム、イサク、ヤコブとサタン(悪魔)論を終末論の文脈で結びつけるもっとも良い例は十二族長の遺訓である。しかし、そのことを見る前に、まず、この文書について、必要最小限の情報を提供しておくのがよいであろう。

表題にある「十二族長」とは、定型的に「アブラハム、イサク、ヤコブ」と言われる場合のヤコブの十二人の息子たちを指す。そのそれぞれがそれぞれの子孫たちの祖(族長)となったので、「十二族長」と呼ばれる。その名前は創世記四九章のヤコブの臨終(遺訓)の場面に、次の順番で列挙されている。ルベン、シメオン、レビ、ユダ、ゼブルン、イッサカル、ダン、ガド、アセル、ナフタリ、ヨセフ、ベニヤミン。

十二族長の遺訓は、この十二人の族長がそれぞれ臨終の床で、子供たちに与える遺訓という文学的な体裁で語られている。そのそれぞれにルベンの遺訓、シメオンの遺訓、レビの遺訓……のように表題がつけられている。遺訓の内容は、主に「思慮」、「嫉妬」、「傲慢」、「金銭欲」、「姦淫」、「純心」、「怒り」、「憐れみ」、「慈悲」、「憎しみ」、「貞節」、「善悪」などについての倫理的教え、あるいは経験知である。おそらく紀元前二世紀以降、繰り返し編集・改作の手を経て現存の形になったもので、クムラン文書(死海文書)にも、レビの遺訓のアラム語訳断片、ナフタリの遺訓のヘブル語断片が含まれている。一部にはキリスト教徒の改竄の手も加わっていると考えられている。「結局、マカベア、クムラン以前に、ごく一般的な倫理、道徳をその主題とする原十二族長の遺訓、あるいはレビ、ナフタリをはじめとする何人かの族長の遺訓があった、と考えるべきであろう。その一般性と平易な性格のために、広くユダヤ人の間に受け入れられており、それをおのおのが換骨奪胎して、独自の新しい要素を付加しつつ完成したものであろう」〔54/224〕(以下で引用する場合も参考文献〔54〕に所収の邦訳に従う)。

十二族長の遺訓ではあるが、族長たちの子孫の部族の中では、レビ族とユダ族が文書全体を貫く形で、特に重要視されている。特に、レビ族の祭司職は不可侵であり(ルベン六5-12、シメオン五4-6他多数、ユダ二一1-5、イッサカル五7、ダン五4、ガド八1、ヨセフ一九11)、メシアは「新しい祭司」として、レビ族から出ることが待望されている(レビ一八2、ダン五10、ガド八1、ヨセフ一九11)。

ユダヤ教黙示文学からの影響が及んでいることは、エノク書が繰り返し言及されることに明らかである。この言及は複数の文書にわたっているが(シメオン五4、ダン五5、ナフタリ四1、ベニヤミン九1)、その扱い方には文書ごとに温度差がある。もっとも明瞭なのはレビの遺訓である。前述のように、文書全体を貫いて、レビ族の重要性が強調されていることを考え合わせれば、他でもないレビの遺訓が他の族長の遺訓に勝って重要視されるのは当然であろう。そのレビの遺訓に、黙示文学の影響がもっとも鮮明なのである。ただし、エノク書の具体的な内容を知るのは容易ではない。というのは、すでに本書第Ⅱ章一節でエチオピア語エノク書を扱った際に述べたように、エノクの名を冠した黙示文書はきわめて複雑多岐にわたって流布していたと思われるからである。

黙示文学との接点は、モーセ律法の位置づけにも認められる。当然のことながら、モーセはヤコブの息子である十二族長よりもはるか後代の人間である。現在の旧約聖書のつながりで言えば、十二族長の名前が列挙されるのはヤコブの臨終の場面、すなわち、創世記四九章である。モーセがシナイ山で神から律法を授かるのは出エジプト記二〇章以下である。ところが、十二族長の遺訓は、不思議なことに、自らの文学的な状況設定との矛盾を犯してまで、それぞれの族長にモーセ律法の遵守を強調させるのである。やがて、モーセ契約を無視した不法の時代がやってくる。そのとき、子孫たちはモーセ律法、すなわち「神(主)の律法」(レビ一三3-4、一九1、ユダ一八3、6、二六1、ダン六6、ベニヤミン一〇2)を遵守しなければならない。それを取り仕切るのはレビ族である(ルベン六8)。さらに、その反対物は「ベリアルの律法」(ナフタリ二6)である。自らの文学的場面設定を無視してまでモーセ律法の遵守を説くこのやり方は、すでに見たシリア語バルク黙示録の場合と同じである(第Ⅱ章三節参照)。

「ベリアルの律法」の「ベリアル」とはサタンの別名である。それは文書全体にわたって、ほとんどどの族長の遺訓にも登場する(ルベン六3、レビ一九1、イッサカル六1、七7、ダン一7、五1、5、10-11、六

1、ナフタリ二6、三1、ガド四7、アセル一8、三2、六4、ヨセフ七4、二〇2、ベニヤミン三3、8、七1-2)。「ベリアルの霊」あるいは「迷いの霊」についても繰り返し語られ、「真実の霊」に対置される(レビ三3、ユダ二〇1、二五3、ベニヤミン三4)。終わりの時にこの二つの霊が現れるという終末論は、周知のように、クムラン文書にも現れる(『宗規要覧』Ⅲ18-19)〔51/98〕。

他方で、ヤコブの十二人の息子たちの遺訓という文学的な枠組みの設定からすれば当然のことであるが、ヤコブに先立つ族長アブラハムとイサクにも繰り返し言及される。こうして、十二族長の遺訓では、アブラハム、イサク、ヤコブとサタン(悪魔)論が終末論の文脈で結びつくことになる。ここでは、重要と思われる箇所に限って、読んでみよう。

(ユダの遺訓二五章1-4節) [1]これらのあとでアブラハム、イサク、ヤコブがよみがえり、わたし(ユダ)と兄弟たちはイスラエルで部族の長となる。〔中略〕[3]そしてお前たちは主の民となり、ひとつのことば(を話す)。そこにはベリアルの迷いの霊はない。永遠に火の中に投げ入れられるからである。[4]悲しんで死んだ者は喜びによみがえり、主のゆえに貧しい者は富ませられ、主のために死んだ者は生命に目覚める。

(ベニヤミンの遺訓一〇章5-6節) というのも彼ら(アブラハム、イサク、ヤコブ)は「主がその救いを全異邦人にあらわすまで、神の誡命を守れ」と言って、これらすべてを遺産としてわれわれにくれたからである。その時、エノク、セツ、アブラハム、イサク、ヤコブが(神の)右に喜んで立っているのを見るだろう。

（レビの遺訓一八章1-2節、12-14節）　1そして主が彼らの罪を罰したあとで、祭司職は終わる。
2その時主は新しい祭司をたてる。主のすべてのことばは彼に明かされ、彼はこの地で長く真実
の裁きをする。
〔中略〕
12そしてベリアルは彼にしばられ、彼は彼の子らに悪霊を踏みつぶす力を与える。13主は御自分
の子らを喜び、御自分の愛する者たちに永遠に満足する。14その時、アブラハム、イサク、ヤコ
ブは歓喜し、わたし（レビ）も喜び、聖者はすべて喜びの衣をつける。

これらすべての箇所で、(1)アブラハム、イサク、ヤコブの三族長、(2)サタン、(3)終末論という三つの要素がすべてに同時に明瞭に言及されているとは言いがたいかも知れない。特に二番目のベニヤミンの遺訓一〇章5-6節には、(2)のサタン論が直接は現れていない。しかし、最初のユダの遺訓二五章1-4節と三番目のレビの遺訓一八章1-2節、12-14節では、三つの要素の結合は明瞭である。特に後者の最初の「その時」(2節)は、先行する一四章1節で明瞭に「世々の終わりに」の意味であることが言明ずみである。それが黙示思想的な終末論であることは、同じレビの遺訓の二―四章で誤解の余地なく語られている。「世々の終わりに」とは天変地異、全被物の混乱の後の最後の審判の時のことである。レビの遺訓一八章は、前掲の引用箇所も含めて、全体が「新しい祭司」、すなわち祭司

的メシアについての終末論的予言となっている。それは八章12節では、父祖アブラハムの子孫から出るメシアであって、王、祭司と至高の預言者の職務を担うとされている(二五4も参照)。イエスのイメージ・ネットワークとの並行が著しいのは、三番目のレビの遺訓一八章1-2節、12-14節である。ベリアル(サタン)は権能を奪われ、配下の悪霊たちは踏みつぶされる。アブラハム、イサク、ヤコブと聖者たちは死から復活して歓喜する。ただし、イエスとの違いも明らかである。ここではすべてがなお未来のこととして待望されている。イエスにおいては、これがすでに現在となっているのである。

(2) ソロモンの遺訓

十二族長の遺訓とは別文書であるが、同じ文学ジャンルを名乗るソロモンの遺訓という文書がある。全体で二六章からなる。内容は、ソロモンがエルサレム神殿を建設した次第を、二次的な伝承に基づいて、伝説的に拡大したものである。悪霊の頭オルニアスがその建設計画を妨害しようと企てる。ソロモンが神に祈ると、神は天使長ミカエルを通して、ソロモンに魔法の指輪を授与する。ソロモンはその力を借りて、さまざまな悪霊、天使、天体(七惑星、黄道十二宮)、気象上の現象(風)、君侯を命令に服させて、神殿建築に動員するという話である。研究上は、紀元後一世紀にパレスティナで成立したものと考えられている〔45/942〕。紀元前後から後四世紀くらいまでの初期ユダヤ教の内外には、ソロモンの名を冠した多種多様な文書が流布していたことが知られている。例えば、ナグ・ハマディ文書の一つである『この世の起源について』(§37-38)には、『ソロモンの書』に言及がある。それらはいずれもソロモンの一種魔術的な異能について語る点で共通しているように思われる。目下の問題のソロモンの遺訓も、文学史的に大きくは、その系譜に属するのかも知れない。

そのソロモンの遺訓は、神が終末に向けて何を計画しているのかをめぐる問答の文脈において、次のように語る。

[14]私(ソロモン)は彼(悪霊オルニアス Ornias)に言った、「どうしておまえは悪霊なのに、天に昇ることができるというのか、言ってみろ」(大貫――この問いは直前で悪霊たちが未来に関する神の決定を聞くために、天に昇ると語ったことを受ける)。[15]すると彼はこう答えた、「天で実現していることは何でも、地でもおなじように実現するのです。(空中を)飛び回っているもろもろの君たちと権威と諸力たちは、天に入る資格があると看做されています。[16]しかし、私たち悪霊たちは、そこへと昇って行って休むべき居場所がないので、疲労困憊しているのです。そのため私たちは、ちょうど樹から葉が落ちるように、(地上へ)落ちるのです。そして、人間たちは天を眺めて、星々が天から落ちるかのように思い込むのです。[17]でも王よ、それは本当ではないのです。むしろ、私たちは自分たちの弱さのゆえに落ちるのです。また、摑むものが何もないので、私たちは稲妻のように地に落ちるのです。私たちはもろもろの都市を炎上させ、畑を消尽させます。しかし、天の星々は天の蒼穹に確固たる足場を持っているのです」。

(二〇章14–17節)〔45/983〕

ソロモンの遺訓の一五、一六、二二章には、あきらかにイエス・キリストの処女降誕と十字架刑についての言及があるから、この文書を現在伝わる形に最終的に仕上げた編集者は、キリスト教徒であったのかも知れない。しかし、傍点部が示すような表象、すなわち、天上で実現していることはやがて地上にも必ず実現するという見方、また悪霊たちが「稲妻のように地に落ちて」、地上に禍いをもたらしているという表象は、すでにキリスト教以前のユダヤ教の中にあったものと考えなければならない。ユダの遺訓二五章1-4節およびレビの遺訓一八章12-14節との類似性がそのことを示している。事情はヨハネ黙示録一二章7-18節の場合ときわめてよく似ている。そこでは、元来ユダヤ教黙示文学に由来する記事と、キリスト教徒であるヨハネ黙示録の著者がその中へ二次的に行なった挿入部分を、比較的明瞭に区別することができる。11節の「子羊の血」を含む10-12節と、17節の「イエスの証」が著者による挿入である。これを除外した7-9節→13-17節のつながりは元来ユダヤ教黙示文学に由来する(詳細については、〔34/114, 119, 140-143〕)。

アブラハム、イサク、ヤコブのイメージについて言えば、ソロモンの遺訓の場合、文書全体を通して、このイメージは不在である。しかし、傍点を付した部分の前述の表象がイエスのイメージ・ネットワークに対して示す類似性は著しい。特に悪霊たちの「稲妻のような」墜落は、ルカ福音書一〇章18節でのイエスの表現法が、決してイエスが無から創造したものではないことを示していると言えよう。

3 創造論の文脈でのサタンの墜落・追放

さて、以上に挙げた類例は、アブラハム、イサク、ヤコブのイメージがサタンの権能の失墜と終末論の文脈で結びついている事例である。初期ユダヤ教の文書の中には、その他に、同じアブラハム、イサク、ヤコブのイメージとサタン論を創造論の文脈で結びつけるものがいくつかある。

まず最初に挙げるべきは、アダムとエヴァの生涯〔55/189−255〕（以下での引用も参考文献〔55〕に所収の邦訳に従う）である。この文書は紀元前一世紀末から紀元後一世紀前半にかけて書かれたものと推定されている。内容は部分的にモーセの黙示録と重複している。しかし、後者の命名はもともと何らかの誤解によるものが伝統的に定着したもので、思想的には黙示文学とはまったく関係がない。その点では、アダムとエヴァの生涯の方が別文書となる段階で、より多く黙示文学的な体裁を施されているように思われる。特に、その二九章はアダムが息子セツに語る「未来についての秘義」とされており、「神（主）の律法」を遵守する「義人」は栄光を受け、「罪人」は裁かれることになると言う。しかし、全体としては、創世記三—五章で楽園追放された後のアダムとエバが、その後死にいたるまで、どのような生涯を送ったかを物語る文書である。もちろん、アダムとエバが「神（主）の律法」の遵守と破棄について語るのは、またしても文書全体の文学的設定に矛盾しているわけである。その12、15-16節を読んでみよう。

> 俺〔悪魔〕が、天で、天使たちの真中で（以前）持っていた自分の栄光から追い出され、遠ざけられたのは、きさま（アダム）のためなのだ。また、地に投げ（落とさ）れたのもきさまのせいなのだ。
> 〔中略〕〔アダム〕あなたはどうしてわたしたちを迫害なさるのですか。
>
> （アダムとエヴァの生涯二九章12節）

俺のもとにいる他の天使たちもそれを聞いて、これ（神の似像として創造されたアダム）を拝しようとはしなかった。するとミカエルが、「神の似像を礼拝しなさい。あなたが拝しないなら、主なる神はあなたに対してお怒りになるであろう」と言った。そこで俺は言ってやった。「神がわたしに対してお怒りになるなら、俺は自分の座を天の星よりも上のほうに置き、いと高きかたと似たものになってやる」と。すると主なる神は俺に対してお怒りになり、俺は俺の天使たちとともに、俺たちの栄光の外へ（追い）やられた。（こういうわけで）俺たちはきさまが原因で自分たちの住居からこの世に追い出され、地に投げ（落とさ）れたのだ。

（二九章15－16節）

サタン（悪魔）論はさらに7節と33節でも繰り広げられる。7節では、サタンは光の天使に変装して、楽園から追放された後のアダムとエバにさまざまな策略を仕掛ける。33節では、悪魔こそエバを誘惑した蛇の背後にいた者だと言われる。いずれも物語の文脈は創造直後の楽園物語、すなわち、大きくは創造論である。サタン論と終末論との結びつきは認められない。また、アブラハム、イサク、ヤコブのイメージは全く現れない。

次に注目したいのは、スラブ語エノク書である。この文書は、写本の伝承が複雑な上に、原本の成立年代についても、紀元前から紀元後の中世時代までの提案があって、確定が不可能である。いわゆる「長写本」（J）と呼ばれる写本の二九章4－5節には、まず、次のようにある（〔45/148〕による。参考文献〔52〕所収の邦訳は短写本Aに基づいているので、要注意）。

4しかし、天使長たちの内の一人が、彼の支配の下にある群とともに離反した。彼は、地を覆う雲よりも高いところに自分の玉座を置いて、私（神）と同じような力ある者になりたいという不可能な考えを抱いたのである（イザ一四12-15）。5そこで私は彼を天の高みから、彼に従う天使たちとともに投げ落とした。それ以来、彼は底なしの深淵の上の空中を飛び回っていて、絶えることがない。こうして、私はすべての天を創造した。

（スラブ語エノク書二九章4-5節）

この記事が属する物語上の文脈は、創世記一章の天地創造物語を日ごとに、拡大しながら再話する段落内にある。特に、創造の第二日にかかわる部分に当たる。そこでは火から太陽、稲妻、天使群が創造される次第が物語られる。傍点部はサタンの墜落を明言しているから、限られた同一の文脈（第二日）の中で、サタンの墜落と稲妻が並列して現れているわけである。

写本によっては引用冒頭の4節の前に、「ここでサタナイル（Satanail）が彼の天使たちとともに、高いところから投げ落とされる」という中見出しがついている。これを英訳者のJ・H・チャールズワースは、ルカ福音書一〇章18節を念頭に置いたキリスト教徒による二次的説明と見て、4節にも同じキリスト教的付加の可能性があるとする〔45/149〕。しかし、この想定は無用である。問題の中見出しは、後出の三一章2-5節に次のようにあることとの連絡を読者に提供しようとしているに過ぎないからである。

2そしてわたし(神)は彼(アダム)のために広い天を創造して、彼が勝利の歌を歌う天使たちを眺められるようにしてあげた。そして楽園の中にある光は永久に暗くなることがなかった。3すると悪しき者は、わたしがアダムのために別の世界を創造して、地上のすべてのものが彼に聞き従うようにしようとしていること、そしてそれを治めようとしていることを見抜いた。4その悪しき者とは最も低い場所にいる者のことで、悪霊になりたがっている。なぜなら、彼は天から逃げてきた者だからである。なぜなら、彼の名前はサタナイル(Satanail)であったからである。5こうして彼は(他の)天使たちとは異なるものとなったのである。

(三一章2-5節)

このサタン論の文脈も創造論である。サタン論と終末論との結びつきは認められない。また、アブラハム、イサク、ヤコブのイメージも、私が見る限り、スラブ語エノク書には現れない。もちろん、文書の成立年代が確定できない以上、われわれはこれをイエスのイメージ・ネットワークと比較することに慎重でなければならないことは言うまでもない。しかし、サタンの墜落を創造論の文脈においているのは、キリスト教徒の手による二次的な付加として説明することはできない。ルカ福音書一〇章18節もヨハネ黙示録一二章1-18節も明瞭に終末論の文脈になっているからである。間違いなく、イエスに相前後する時代のユダヤ教の中には、サタンの権能の失墜を終末論の文脈で語る伝承と創造論の文脈に置く伝承の二つがあったのである。

まとめ

以上の初期ユダヤ教の類例に照らすとき、天上のアブラハムの存在とサタンの墜落という、イエスの「神の国」のイメージ・ネットワークの二つの中核的イメージが、イエスによる「無からの創造」でないことは明らかである。イエスのイメージ・ネットワークにもっとも近い類例は十二族長の遺訓である。そこでは、二つのイメージが終末論の文脈で組み合わされている。

イエスは、アブラハム契約の根源的棄却を宣言した洗礼者ヨハネと異なって、死から復活して、天上で歓喜するアブラハムという、同時代のユダヤ教徒によく知られていたイメージを積極的に採用したのである。サタンの墜落についても同じである。さらに、イエスはすでに天上でアブラハムと共に祝宴の席に着いている者たちを「人の子」というイメージに括って、やがて地上にも実現するべき「神の国」の到来を、その「人の子」の到来として語った。その「人の子」という表象も、全くのイエスの創作ではなく、少なくとも洗礼者ヨハネの宣教の言葉の中に手懸りがすでにあったものと思われる(『イエスという経験』一三一頁)。

ここには、イエスが「神の国」のイメージ・ネットワークに編み上げるに当たって採用した個々のイメージはどこから来ているのか、という重要な問題が現れている。イエスの「神の国」のイメージ・ネットワークを根底で支えているのは、もちろん個々のイメージではない。それは「天上の祝宴」としての神の国と「アッバ父」なる神という二つのルート・メタファーである。この二つのルート・メタファーは、イエスの実経験に深く根ざしていると考えるべきである。前者はイエスがさまざまな人々、とりわけ、貧しい者たちと繰り返した会食の実経験に根ざしているに違いない。「アッバ父」なる神のルート・メタファーも――イエスの父親経験が実際のところどうであったのかはもちろん分からないが――何らかの形で彼の実経験に根ざしていると考えて間違いはないであろう。

しかし、それ以外の個々のイメージもすべて彼の具体的な実経験に発している必要はない。どのような社会も一定量のイメージを共有するいわば「イメージ共同体」なのであり、イエスもそのようなものとしての当時のユダヤ社会の一員として生まれ育ったのである。彼が多くの神の国の譬え話で引き合いに出すイメージの大半は、まさにそのようにして彼が聴衆と共有しているイメージなのである。そうでなければ、コミュニケーションの媒体にはなり得なかったことであろう。イエスの独創性はそれらのイメージそのものを創造したことにあるのではない。むしろ、既存のイメージを二つのルート・メタファーを中心にネットワーク化すると同時に、逆にそのネットワークの中で個々のイメージに新しい役割と意味を与えたことにある。それは時として、既存の常識では憚られるような用語法にもつながった。イエスの「新しい言論の自由」(『イエスという経験』一一〇頁)と私が呼んだのはそのことである。

では、イエスの「神の国」のイメージ・ネットワークの中で、アブラハムのイメージはどのような新しさを獲得しているだろうか。十二族長の遺訓(特にレビの遺訓一八1-2、12-14)では、なお終末論的未来のこととして語られていること、すなわち、ベリアル(サタン)の権能の失墜、配下の悪霊たちの敗北、アブラハム、イサク、ヤコブと聖者たちの死からの復活と歓喜が、イエスにおいてはすでに現在となっている。このことは前述した通りである。

イエスにおけるアブラハムのイメージには、その点を超えて、さらに決定的な新しさがもう一つある。それはアブラハムが着席している「神の国」の祝宴には、ユダヤ教徒ではない「異邦人」も招かれているということである！　これこそ、「私はあなたがたに言っておく。やがて東から西から大勢の人がやってきて、天(神)の国でアブラハム、イサク、ヤコブと共に宴会の席に横たわるだろう」(マタ八11／ルカ三29)という、これまでにすでに何度となく引いたイエスの言葉に含まれた革命的な新しさである。それがどれほど革命的であるかを了解するためには、すでに本書の第一部で明らかになっていることを想起していただきたい。創世記から列王記までの「九書」、王国時代の預言者たち、そしてユダヤ教黙示文学のいずれにおいても、「残りの者」の希望は確かにアブラハム契約を根拠としていた。しかし、その「残りの者」はつねにユダヤ教徒の枠内に限られていた。決して、その枠を超えて、異教徒に向かって開かれたことはなかったのである(第Ⅱ章四節参照)。アブラハム契約に依拠しながら、異教徒への視野を欠くという点は、イエスのイメージ・ネットワークへの並行がもっとも著しい十二族長の遺訓の場合にも変わらない。

確かに、イエスにおいて、アブラハム契約は生きている。ただし、それは根源的に新しく造り直されている。もしアブラハムと共に「天上の祝宴」の席に着くべき者たちを「アブラハムの子孫」と呼ぶとすれば、この「アブラハムの子孫」とは、「新しい創造」としての「アブラハムの子孫」というほかはない。私は洗礼者ヨハネを論じた第Ⅲ章二節の最後で、一つの未決の問いを掲げておいた。すなわち、もう一度繰り返せば、「神はこれらの石ころからでも、アブラハムの子らを起こすことができるのだ」(マタ三9／ルカ三8)というヨハネの断言の意味するところは、全く神の審判にのみ尽きるのだろうか。確かに、伝統的な救済史の意味での「アブラハムの子ら」は根源から棄却された。しかし、ヨハネがそれに代わって、新しい「アブラハムの子ら」が「石ころ」から創造されること、つまり全くの「無」からの創造として「起こされる」ことに望みをつないでいた可能性はないだろうか。イエスは師ヨハネが示唆して行ったこの可能性に、「神の国」のイメージ・ネットワークの中で新しい発展と表現を与えたのだと思われる。

そう考えるとき、前節で確かめたように、イエスに相前後する時代のユダヤ教の中に、サタンの権能の失墜を終末論の文脈で語る表象と創造論の文脈で語る表象の二つがあった事実も新しい意味を帯びてくる。つまり、終末論の文脈で「新しい創造」が待望される限り、両者は決して無関係なままではあり得ないのである。イエスにとって、サタンの墜落(ルカ一〇18)と共に、被造世界全体が変貌し、「宇宙の晴れ上がり」の下に現れているのであった。それはとりもなおさず、「新しい創造」の始まりにほかならない。これを時間論の構造の問題として言い直せば、イエスにおいては、救済史的な時間理解から、終末論と創造論が一つになった時間論へ、線状的なクロノスから、「全時的な今」への転換が起きているのである。

三　イエスとモーセ伝承

イエスの「神の国」のイメージ・ネットワークには、アブラハム、イサク、ヤコブとは対照的に、モーセは登場しない。もっとも、「金持ちとラザロ」(ルカ一六19-31)の話の結びには、「モーセと預言者」

についての言及がある。「彼ら(金持ちの五人の兄弟)にはモーセと預言者たちがいる。彼らはそれらの者に聞くがよかろう」(29節。31節も参照)。しかし、ここでは「モーセ」はモーセ五書のことであって、アブラハムのように「神の国」の住人ではない。加えて、この言及を含む27-31節は、明らかに原始教会(あるいはルカ)の手によって二次的に拡大された部分であって、生前のイエスの発言にまでさかのぼるものではない。

もちろん、生前のイエスのモーセ律法に対する態度は、一義的に否定的ではなかった。確かに、モーセ律法の規定そのものを根本的に無効と宣言する発言もあるが(マコ七15)、むしろその真義をあらわにすることによって、その有効性をあらためて宣言する場合もある(マコ二27)。「金持ちとラザロ」の原始教会による二次的拡大部分は、この第二の場合を考えれば、決して的外れではない。

しかし、イエスの「神の国」のイメージ・ネットワークの中にモーセが登場人物として占める場所はない。どうしてであろうか。その理由としてまず考えられるのは、ユダヤ教黙示思想のメシア論である。そこには、すでに明らかにした通り、メシアをアブラハムの子孫とする事例はあるが、「モーセのような預言者」(申一八15)と同定する例は見当たらない(第Ⅱ章四節)。ユダヤ教黙示思想のメシア論は宇宙論的であって、「モーセのような預言者」をモデルとした政治主義的メシア運動のメシア像にはなじまないからである(『イエスという経験』三二一—三二三頁参照)。

さらに、イエス自身が政治主義的メシア運動から距離を取って、神を直接「王」に喩えることを一貫して避けたこと(同三八頁)が想起されなければならない。この関連では、マルコ福音書一二章35-37節が重要である。この記事は前著『イエスという経験』では、取り上げないまま終わってしまったので、ここで改めて注意を喚起しておきたい。

[35]またイエスは語り出し、次のように言いながら、神殿の境内で教えていた、「なぜ律法学者たちはキリストがダビデの子だと言うのか。[36]ダビデ自身が聖霊のうちで言った、『主はわが主に言われた。「私の右に座せ、私がお前の敵どもをお前の足下に据えるまで」(詩一一〇1)』。[37]ダビデ自身が彼を『主』と言っている。それならどういうわけでダビデの子なのか」。こうして多くの群衆は、彼の言うことを喜んで聞いていた。

この記事を自分の福音書に収めているマルコがここで言いたいことは明瞭である。この言葉を語っているイエス自身がメシア(キリスト)であり、イエスはメシアである自分がダビデの「主」、すなわちダビデに勝る者ではあっても、「ダビデの子」、すなわち、ダビデに従属する者ではないと主張したというのである。しかし、生前のイエスがこの発言に込めた意味は、それとは全く異なる。すでに繰り返し確認したように、生前のイエスは自分をメシアだとは考えていなかったのである。従って、イエスが問題にしているのは、自分自身が何者かということではない。そうではなくて、メシアが来たるべきだとして、そのメシアはなぜダビデの子であり得るかという一般論での問いである。言外に含まれたイエスの回答は、明らかに、メシアはダビデの子ではあり得ないということである。

他方、「モーセのような預言者」が、当時のユダヤ教徒のメシア論において、ダビデの子と考えられていた明瞭な証拠はない。しかし、それはメシアを政治的な王として期待していた点で(ヨハ六14―

15）、ダビデの子メシアの待望（ルカ二四21、使一6、一三22-23）と軌を一にしていると言うことができる。メシアがダビデの子であることを認めないイエスが、「モーセのような預言者」の待望に共感したはずはない。イエスの「神の国」のイメージ・ネットワークに、モーセが救済者のイメージとして入る余地はないのである。

第V章　イエス研究の視座

一　イメージ・ネットワークの方法論的有効性

前章でわれわれは、イエスが「神の国」について紡ぎ出したイメージ・ネットワークの中身、その構成要素を問題にしてきた。しかし、それらの要素は互いにどのようなネットワークを構成しているのか。この意味でのイメージ・ネットワークを再構成するという私の試みは、イエス研究の方法論としても、重大な意味を持っていると私は自負している。

共観福音書伝承に対するR・ブルトマンの様式史的研究以降、E・ケーゼマンを筆頭とする彼の弟子たちがリードしてきた史的イエス研究においては、いわゆる「独一性の原則」が圧倒的な承認を得て、実際に適用もされてきた。その原則とは、同時代のユダヤ社会あるいはその周辺世界に類例が見つかるような言葉は、たとえそれが現在の共観福音書において、イエスの発言とされていても、実際に生前のイエスにまでさかのぼるものではないというものである。これを逆に言い直せば、周辺世界に類例のない独一のものこそ、歴史的に生前のイエスの真正な発言と見なし得るという原則である。周辺世界に類例の見つかるものは、原則として、イエスの死後の原始教会が採用して、事後的にイエスの口に入れたものだと説明される。

そのもっとも見やすい事例が、様式史的研究の術語で「主の言葉」と呼ばれる一群の言葉である。ここでは、ごく限られた数だけ引いてみよう。

誰も、晒していない布の当て切れを古い着物の上に縫い付けはしない。〔中略〕また、誰も新しい葡萄酒を古い革袋に入れはしない。

（マルコ福音書二章21-22節）

たしかに、隠されているもので、あらわにされずにすむものはなく、また秘められて生じたもので、あらわなものに至らずにすむものはない。

（マルコ福音書四章22節）

たしかに、「持っている者には、与えられるだろう。だが、持っていない者からは、持っているものも取り去られるだろう」。

（マルコ福音書四章25節）

死人どもに彼らの死人たちを葬らせよ。

（ルカ福音書九章60節／マタイ福音書八章22節）

死体のあるところはどこでも、そこに禿げ鷹が集まるであろう。

（マタイ福音書二四章28節／ルカ福音書一七章37節）

今日は、今日一日の苦しみで、もう十分である。

（マタイ福音書六章34節）

一読して明らかなように、いずれの言葉にも、庶民が生活経験を踏まえながら蓄積してきた一種の諺のような響きがある。もちろん、実際に諺として、イエス時代のユダヤ人たちの人口に膾炙していたことを証明できるケースは多くはない。しかし、様式史的研究以降のイエス研究では、これらの言葉の大半が生前のイエスではなく、原始教会の手に帰された。原始教会が自分たちの宣教経験をこれらの言葉に託して表現し、それをイエスの口に入れたのだというのである。

その結果、ブルトマン学派の研究において提示されるイエス像は、骨と皮ばかりにやせ細り、おまけに脱色されたイエス像になってしまった。なぜなら、真正性、すなわち生前のイエスの発言であることが認められた数少ない言葉についても、それらが相互にどのような意味のネットワークを構成するかを明らかにすることが容易でなかったからである。その結果、そうすることがとりわけむずかしい言葉は、まさにこのむずかしさを理由にして、原始教会の産物として説明されるか、仮にそこまでは行かないまでも、扱いをスキップされてきた。そのような隙間だらけのイエス像が「史的イエス」と呼ばれて、あくまで「学問的再構成の枠内での概念」などと説明されてきたのは、決して偶然ではない。私も長い間、そのような隙間だらけのイエスのために格闘していた。

私にとって大きな転換となったのは、他でもない、これまでの研究においてスキップされ、言わばブラックホール化していた言葉あるいは記事のほとんどが、一つのイメージのネットワークに収斂することを発見したことであった。すなわち、「死人の復活についての問答」(マコ一二18-27)、「神の国での祝宴」(マタ八11/ルカ一三28-29)、「洗礼者ヨハネに対するイエスの回答」(マタ一一5-6/ルカ七22-23)、「天なった。

ラザロ」(ルカ一六19-26)が、私の言うイエスのイメージ・ネットワークにとっては中核的なテクスト(神)の国を激しく襲う者たち」(マタ一一12/ルカ一六16)、「天から墜落するサタン」(ルカ一〇18)、「金持ちと

そして、イエスの言葉をネットワークで読もうという私のコンセプトは、意識してそうしたわけでは決してないが、ブルトマン学派以後のごく最近のイエス研究の提案とも合致している。特にE・P・マイヤーの浩瀚な研究『ある周縁ユダヤ人――史的イエス再考』〔71〕は、「つながり(coherence)の基準」を強調している。G・タイセンはそれに加えて、「さもありなん(Plausibilität)の基準」を提案している。それによれば、周辺世界に類例がある言葉でも、それが生前のイエスによって語られたことを妨げるものは何もない。重要なのは、イエスがそれを採用して、自分の言葉として語ったことが「さもありなん」と思われるような歴史的コンテクストを明らかにできるかどうかなのである。タイセンは、従来の「独一性の基準」、すなわち、イエスの差異化にこだわる基準を、今後は「さもありなんの基準」で置き換えることを提案している〔42〕。私はこれに賛成する。前掲の言葉の一つ、「死人どもに彼らの死人たちを葬らせよ」(ルカ九60/マタ八22)にもう一度注意していただきたい。仮にこれが元来は、死者の埋葬はその遺族、すなわち「生ける屍」たちに任せておきなさいという意味の諺(佐藤研)〔41/99〕であったとしよう。ところが、イエスは今やそれを彼のイメージ・ネットワークの中で、全く新しい意味で使っているのである。「ここでの『死人ども』は比喩的ではなく、どこまでも現実の死人たちである。イエスがなぜこんなことを言えたのか。その理由は明らかであろう、すでに見たように、彼はすでに死人が甦って『神の国』の祝宴に着いているのを見、また、間もなく他の死人も

甦るのを信じていたからである」(『イエスという経験』一一三頁)。

イエスの言葉を「神の国」についてのイメージ・ネットワークの中で読むことのもう一つの方法論的意味は、『イエスという経験』(一六一―一七頁)で述べたことの繰り返しになるが、イエスの言動の内的な動機づけのプロセスを解明できるという点にある。ここで「内的動機づけのプロセスを解明する」とは、M・ウェーバーの理解社会学の意味でのことである。私はこの内的動機づけのプロセスの解明が、従来のイエス研究において等閑に付されてきたことを指摘した。これに対する荒井献氏の回答は「動機を解明できるに越したことはないが、そのための資料が乏しすぎる。たとえそれを解明できたとしても、歴史的に確実な解明は不可能。個人の内面的プロセスはその人個人でなければ分からない。その人自身でさえ記憶は操作される」というものである〔7/5〕。

しかし、私は残念ながら、この回答には満足できない。まず、資料の乏しさを挙げるのは、根拠が薄弱である。荒井氏はイエスの振舞いを重要視する。その振舞いを再構成する資料も同じように乏しいことについては、かつて奇蹟物語伝承からイエスの癒しと治癒行為を再構成しようとした私の試みに対して、八木誠一氏が寄せた批判を想起していただきたい〔73, 74〕。八木氏は定量的研究による論証を求めたのであるが、それはもとより困難なのである。その理由はまさしく資料の絶対的な不足にある。それに比べれば、イエスの発言は、たとえ従来の「独一性の基準」に従って、その数を限定するにしても、イエスの内的な動機を解明する手がかりとして十分な量が残っている。

内的な動機づけの「歴史的に確実な解明」はもちろん不可能だとしても、可能な限りの手続きを尽くした上での解明をイエス研究は避けて通ることができない。事実、荒井氏も、ゲッセマネにおけるイエスについては、その内面の「揺らぎ」に踏み込んでいる。これは「動機の解明」と同じで、「内側から」の解明にほかならない。私は、ゲッセマネの場面に至るまでのイエスの社会的振舞いに関しては、荒井氏の分析に何の異存もない。しかし、それではなぜそれは、例えば同時代の政治主義的メシア運動の自称他称のメシアたちの行動と、あれほどまでに異なるのか。イエスの言動の内的な動機づけを明らかにすることなしに、この問いに解答することは不可能だと私は思う。

ここに現れている荒井氏と私の間の方法論的な違いは、文学社会学に対する理解の仕方にも現れている。私も荒井氏と共に早くから、文学社会学を聖書釈義に活かそうと努めてきた。しかし、当初から理解にいくつかズレがあったことも否めない。この機会にそれを明らかにしておくことは、無駄ではないであろう。

二　文学社会学について

文学社会学についての私自身の理解は、すでに『福音書研究と文学社会学』(13)で詳細にわたって明らかにしている。ここではもっとも重要な論点だけを確認すれば、文学社会学は「文学」を定義するにあたり、文学批評のように美学的基準をもっては行なわず、むしろ社会的・間人間的行動を基準とする。この意味での文学を特徴づける社会的根本関係、すなわち、一方では作者自身が自分の作品に客観的現実の単なる模写とは異なる固有の現実性あるいは意図性を主張し、他方では読者の側でも著者のこの主張に相応じる——つまり「文学にふさわしい」——態度で反応するという関係が、一定の文化に固有な行動類型として生起するところでは、すでに文学について語ることができる。文学をこのように定義するならば、いわゆる「純文学」あるいは「大文学」のみならず、イエスの奇蹟物語のような匿名の語り手による「小文学」も、文学社会学的な分析の対象となり得るわけである。つまり、大小を問わず、文学的本文それ自体が社会的・間人間的行為の一形態にほかならない。本文を生産する者と受容する者との間の相互行為は、本文の背後に社会学的背景としてあるというに留まらず、むしろ本文とともに、本文の中で生起するのである。その本文は単純な事実性の次元を超越するために、さまざまな象徴表現を用いるから、そこで起きる相互行為は、他の社会的相互行為と異なって、象徴的相互行為となる。

さらに私は、このような文学社会学の知見を福音書研究にとって稔りあるものとするための作業ステップを具体的に提示している〔14〕。それは第一義的には、作品としての福音書を念頭においたものであるが、もちろん生前のイエスの発言(例えば、譬え話)にも当てはまるものである。ステップ1は、イエスの発言あるいは福音書という作品の状況、つまりそれぞれを取り巻く歴史的・社会的状況を再構成することである。そこでは、政治的要因、社会生態学的要因、経済的要因、文化的要因などに分けて要因分析が行なわれる。ステップ2はテクストの文法、つまり構成の分析、ステップ3はテクストの意味の分析・抽出、ステップ4はテクストが意図的に、あるいは結果的に、読者において達成する効果の分析である。このステップ4では、一方での著者の意図と戦略、他方での読者の読み行為の分析が必要となる。そのために、文芸学の「五層モデル」に従って、作品の内外に、実際の著者、内的著者(抽象的著者)、虚構の著者(地の文)、登場人物、虚構の読者、内的読者(抽象的読者)、実際の読者の次元が区別される。

私が考える意味での文学社会学的分析は、このステップを踏むことによって、与えられた本文(イエスの発言、その伝承、あるいは作品としての福音書)がどのような歴史的要因によって背後から条件づけられているかを解明するのみならず、聴衆あるいは読者をして、自己と世界についてのどのような新しい了解(意味)に導き、どのような新しい社会的行動へ動機づけてゆくかを分析するのである。本文が自分の前方に向かって発動する「働き」を重要視するのである。この働きの解明には、著者が本文に込めた戦略はもちろん、それ以上に、それを読む読者の側での受容行動、その時に行なわれる解釈行為が重要になる。そこに受容美学や解釈学の知見にも学ばなければならない必然性が生じてくる。本文を「象徴的相互行為」として分析するとは、そういうことである。

もちろん、前記のステップの区分は理念型的なものである。それに従って行なわれる具体的な分析は、原始キリスト教の社会学的研究というさらに上位の全体枠の中では、言わば個別データの収集という身分に留まる。それによって、原始キリスト教の社会的行為の類型学は、それだけ豊かな素材を手にすることになる。文学社会学的研究は、そのためのきわめて限られた部分作業に過ぎないが、どうしても欠くことのできない作業なのである。「神の国」についてのイエスのイメージ・ネットワークを取り出すという、私が前著『イエスという経験』で行なった試みは、その延長線上にある。すでに『福音書研究と文学社会学』のある箇所で、私は次のように書いている。

奇蹟物語伝承のみならず、イエス伝承の全体を文学社会学的な方法によって分析し、生前のイエスの活動を、彼を取り巻いた全体社会およびさまざまな人々との社会的相互行為として、しかも、彼の「神の国」のメッセージとも深く関わるはずの「内的な」動機(意味)付けの連関とともに、一つの理解可能な全体像に集約すること、——これは、新約聖書の研究を志す者の一人として私が抱く夢である。いつの日か、この夢を実現すべく手を付ける時が到来し、前述の未決の論点に対しても、より十分な応答が可能となることを念願している。(二九七頁)

確かに荒井氏も、自分の文学社会学的方法について、それは新約聖書の本文を「象徴的相互行為」として分析するものだと説明してきた。そうであれば、本文がどのような内的動機づけのプロセスとして働くかの分析をないがしろにすることはできないはずである。しかし、実際には、荒井氏の言う文学社会学において、その初期から圧倒的に優勢なのは、前述のステップ区分で言えば、ステップ1の要因分析、つまり「外側から」の視点なのである〔6/55〕。そのため、ステップ4への目配りが行き届かなくなっている。

イエスの「神の国」のイメージ・ネットワークが、彼の言動を内側からどう動機づけたかの解明は、資料的にも十分可能であり、方法論的にも不可欠である。もちろん、厳密に言えば、その解明のために、前述の四つのステップでの作業がどこまで有効かはいささか疑問かも知れない。なぜなら、前述の四ステップは、著者(語り手)が読者(聴衆)に本文を媒介として行なう動機づけのプロセスを問題にしている。それに対して、イエスの「神の国」のイメージ・ネットワークが、彼の言動を内側からどう動機づけたかという問いでは、そのイメージ・ネットワークがそれを紡ぎ出したイエス自身の社会的行動にどのような動機づけをフィードバックしたかが問題になっているからである。しかし、内側からの動機づけのプロセスを問題にする点では変わらない。

そして、実はこの「内側から」の視点は、今や作品としての福音書の分析の方法として揺るぎなく定着している編集史的研究方法においても、まったく変わりがないことに、改めて注意が必要である。そこでは、実際の著者が自分の作品に込めている神学的構想の抽出(再構成)が試みられると同時に、著者が本文を通して達成したい効用論的戦略も繰り返し分析される。それを条件づけた社会的・政治的・文化的要因と同時に、その戦略の成功と失敗という結果も仮説的に分析される。このことは、福音書研究に限らない。パウロの手紙の場合にも同じである。例えば、パウロがエルサレム教会とのさまざまな葛藤にもかかわらず、彼らの中の貧しい者たちのための献金集めに最後まで奔走したのは何故なのか。使徒会議での決定(ガラ二10)という要因もあったかも知れない。しかし同時に、その動機づけに、パウロの「イスラエル」の神学(例えばロマ九―一一章)が働いていることも明白である。「内側から」の動機づけのプロセスへの目配りなしには、そもそも新約聖書神学も原始キリスト教史も叙述できないことになるであろう。

最後に、荒井氏は「内的動機づけ」の問題に関連して、「歴史は結果によって評価されるのであって、歴史にかかわる動機の解明は歴史の再構成にとって必ずしも不可欠ではない」とも言う〔7/5-6〕。おそらく、これは歴史的研究一般についての発言と思われる。

残念ながら、私はこの見方を受け入れることができない。それでは、例えば、資本主義が成立したという結果が重要であって、そのために最初に必要であったはずの原資本の蓄積が、ピューリタニズムの予定論と禁欲主義の結果であったのか、あるいは唯物論的な動機によるものであったのかは、経済史の研究にとって、第二義的な問いだったのだろうか。それでは、二〇〇一年九月一一日のニューヨーク貿易センタービルの惨劇、その二年後のイラク開戦についても、結果で評価すべきであって、それぞれの行為への決断にイスラムおよびキリスト教原理主義がどのように関与しているかの解明は「必ずしも不可欠ではない」ことになるのだろうか。それでは、歴史研究の論理は、政治の論理とどう違うと言えるのか。

何よりも、イエスの生涯は十字架上の絶叫という結果に終わった。イエスの生涯もその動機によってではなく、結果によって評価されるべきなのだろうか。

第Ⅵ章　「謎の死」としての十字架

一　「謎の死」と「覚悟の死」

私は前著『イエスという経験』で、イエスの十字架上の最期の絶叫を、文字通りの神への懸命な問いだと解した。その絶叫は、イエスがそれまで「神の国」について編み上げ、それによって自分のすべての言動を意味づけてきたイメージ・ネットワークが破裂した叫びにほかならない。「イエスは、遠藤周作が言うような予定の死を死んだのではない。覚悟の死を死んだのでもない。自分自身にとって意味不明の謎の死を死んだのである。否、謎の殺害を受けたのである」(二一五頁)。

このとき私がイエスの「内側から」問いを立てていることに注意していただきたい。私の解答は、より一般的に言えば、イエス自身が最期に臨んで、自分の死に何らかの意味を、また、どのような意味を結びつけたのかという問題に答えているのである。イエスの「内側から」と「外側から」という研究者の視点の問題がここでも継続しているのである。

私と同じように、十字架上の最期の絶叫の意味をイエスの「内側から」問うた研究者は、もちろん他にもいる。まず、E・ユンゲルがそうである。

イエス自身が自分の死に対してとった態度について、私たちはほとんど何も知らない。イエスは死人の復活について、多くのユダヤの同時代の人々と同様に、それを信じていた。しかし彼は、それとの関連において自分自身の死を語ることはしなかったし、あるいは自分自身の死との関連においてそのことを語ることもしなかった。〔中略〕いずれにしてもイエスは、絶叫しつつ死んだのである。イエスが絶望に満ちて死んだということを排除することはできない。〔82／177－178〕

青野太潮氏はユンゲルのこの見方を受け取って、「最後にイエスは十字架上で絶望の叫びをあげた。それはとりもなおさず神の不在をそこにみることであっただろう。イエスの十字架の最期を史的に語るとするならば、それがすべてであったのだと思う」〔1／259〕と述べている。

しかし、研究者の間では、これとは対照的に、そして、むしろ遠藤周作と同じように、イエスの十字架上の刑死を「覚悟の死」と解する者が少なくない。いや、そう解することが、もともと欧米の研究者の間では、実は伝統的に優勢なのである。もっとも最近のところでは、U・ルツがこの立場である。彼はルカ福音書一三章32節「行って、あの狐（＝ヘロデ・アンティパス）に言うがよい、『見よ、私は今日も明日も、悪霊どもを追い出し、癒しを行ない続ける。そして三日目には全うされるだろう（死ぬ）』」と、マルコ福音書八章34節「もし人が私の後ろから従って来たいと望むならば、自分自身を否み、自分の十字架を担って私に従って来るがよい」から、生前のイエスが来たるべきエルサレムでの死をあらかじめ意識的に受け入れていたことを読み取る。それだけではない。最期の晩餐の席でイエスが一つの杯を弟子たち全員に回して飲ませた事実（マコ一四23、ルカ二二17）は、ルツによれば、イエスが自分の死を「弟子たちのため、あるいはイスラエルのために命を捨てる」行為と解釈していたことを示していると言う。そして、イエスのこのような最期は、彼の死後の原始教会の復活信仰に向けて、「道備え」をするものであったとも言う〔85/47〕。

ここではイエスの死は彼の自覚的な生の一様式となり、イエスの生の内部に収まっている。G・アガンベンの別の文脈での表現を借りれば、「死ぬことができる死」であったと解されている。それと引き換えに、十字架上の絶叫の意味をイエスの「内側から」問う問いはルツには不在である。

いつか来たるべき自分の死が、「死ぬことができる死」、つまり「決意の死」の尊厳を具えたものであってもらいたいと願うのは、おそらく人間というものがほとんど本能的に抱いている潜在的な欲求であろう。この欲求がどれほど強いものであるかは、アガンベンがハイデガーの倫理学全体について鋭く指摘している。アガンベンはまずハイデガーの『存在と時間』において「死」に与えられてる「特別な役割」について、次のように言う。

> 死は決意の体験であり、「死に向かう存在」の名のもとに、おそらくはハイデガーの倫理学の究極の意図を体現している。〔中略〕それ(死)はただ単にあらゆる行動とあらゆる実存の不可能性の、可能性である。しかし、まさにこのために、死に向かう存在のうちで、この不可能性とこの空虚を根本から体験するものである決意は、いかなる不決断からも解放され、はじめて完全にみずからの非本来性を自分本来のものとする。いいかえれば、実存の果てしない不可能性を体験することは、人間が世人の世界に踏み迷うことから解放されて、自分自身に自分本来の事実的な実存を

可能にしてやる方法なのである。〔5/98〕

アガンベンは続けて、ところがアウシュヴィッツで殺害されたユダヤ人たちの死は、それでは何であったのかと問う。それはおよそ「死ぬことができる死」ではなかった。それはハイデガーの言う「本来的な決意の可能性そのものをあやうくするような」、「かくてはハイデガーの倫理学の土台そのものを揺るがすような」死、決意の死にとっては「死のおとしめ」にほかならないような死の形であった。

前著『イエスという経験』の読者と論評者の中には、イエスの最期の絶叫についての前述のような私の見方に躓きを覚えた人が少なくない。彼らは何に躓くのだろうか。彼らは決して新約聖書の歴史的・批判的研究に通じない人々ばかりではない。だから、研究の方法に躓くのではない。彼らの躓きの原因は、むしろ、イエスは究極的には自分の「死を死ぬ」存在でなければならないという確信にあるのだと私には思われる。彼らにとって、イエスは意味不明のまま、凄惨な十字架刑をもって殺害される存在であってはならないのである。「神の国」の切迫性は妄想に憑かれた男の思い込みであったのではならず、イエスのエルサレム上京は自らの神話的物語に憑かれた男の暴挙になってしまってはならないのである。そうでなければ、イエスの十字架の死の叫びも自業自得、もはや共感できるものにならないからである。

二　イエスの「内側」と「外側」、キリスト教信仰の「内側」と「外側」

私にはこの困惑がよく理解できる。しかし、注意していただきたいのだが、それはすでにキリスト教信仰の枠内からの困惑なのである。「キリスト教は嫌いだが、キリストはすばらしい」式の世の知識人たちの困惑でもあるかも知れない。忘れてはならないが、イエスは、キリスト教信仰の外側から見れば、紛れもなく一人の「妄想に憑かれた男」として処刑されたのである。それは、マルコ福音書一五章29-31節の「へぇー。神殿を壊して三日後で建てるお方よ、十字架から降りて、自分を救ってみろ。〔中略〕ほかの者たちは救ったが、自分は救うことはできないざまだ」という嘲りがよく伝えている通りである。権力の側から見れば、イエスは政治と宗教を混同した妄想家という点で、彼の時代に前後して相次いだ政治主義的メシア運動のリーダーたちと何ら選ぶところがなかったのである。当時の権力ならずとも、現代のわれわれも含めて第三者の視点から、つまり「外側から」客観的に眺める時、当時のユダヤ社会でイエスのような言動を貫けば、非業の最期は必然的な帰結であることが容易に了解される。

ところが、その同じ「妄想家」の処刑に至る生涯全体の中に、隠された神の働きを認める者たちが出現する。それが原始キリスト教の成立した瞬間であった。前掲のマルコ福音書一五章29-31節の最後の文章「ほかの者たちは救ったのに、自分は救うことはできない」は、キリスト教信仰の外側からイエスを妄想家と嘲るだけの言葉ではない。そのまま同時に、だからこそイエスは「真に神の子」(マコ一五39参照)だというキリスト教信仰の内側からの告白なのである。

「妄想家」と見るのであれ、「真に神の子」と言い表すのであれ、そのいずれも十字架上に絶叫して息を引き取るイエス自身から見れば「外側から」の見方である。しかし、もう一度繰り返すが、イエスは「自分自身にとって意味不明の謎の死を死んだのである。否、謎の殺害を受けたのである」(前著二一五頁)と私が言う時、私はイエスの「内側から」見ているのである。この「内側から」の見方を先の二つの「外側から」の見方と混同しないことが大切である。イエス自身が自分を「神の子」と考えていたはずがない以上に、自分の最期を一人の妄想家の最期とみていたはずはない。それはちょうど、同じように処刑された政治主義的なメシア運動の指導者たちが自分を妄想家と考えていたはずがないのと同じである。もちろん、「内側から」の見方は、直接イエス本人にインタヴューはできないから、私のような研究者の解釈であることに違いはない。しかし、解釈の視点としては明瞭に異なる。二つの視点を取り違えるのは初歩的な誤りである。

こうして、今やわれわれは二組の「内側」と「外側」の交点にさしかかった。一つは歴史上の存在としてのイエスを軸にして、その「内側」と「外側」、もう一つはキリスト教信仰を軸にして、その「内側」と「外側」である。前者を横軸、後者を縦軸として交差させれば、次頁のような四象限の図が得られる。

縦軸の右側はキリスト教の成立した後であるから、キリスト教信仰の「内側」とも言うことができる。「後・内」としてあるのはそのためである。左側はイエスがまだ生きていたときであるから、キリスト教の成立以前である。それもキリスト教信仰の「外側」と呼ぶことができる。「前・外」とあ

図表6

キリスト教信仰

	前・外	後・内
内	① ・預言者 ・アバ，父よ （マコ 14:36） 沈黙と謎の死（大貫）	③ ・マコ 15:34（エロイ，～） ・ルカ 23:46 （父よ，私の霊を～） ・ヨハ 19:30（完成）
イエス 外	② ・悪霊の頭（マコ 12:24） ・妄想家（マコ 15:29-32） ・大食漢（マコ 11:19） ・預言者 ・メシア（マコ 12:23）	④ ・キリスト論 ・他人を救ったが，自分を救えない（マコ 15:30） ・マコ 15:39

るのはその意味である。右側のキリスト教信仰の「内側から」見ると、イエスは「神の子」であり、「主」であり、「人の子」である。今や信仰の対象なのである。そのような信仰告白の発言は図の第4象限からの発言である。キリスト教信仰の「内側から」見れば、イエスの十字架の死は必然の出来事である。そのことを福音書の物語の主人公イエス自身の「内側から」の発言の形で言い表すのが、第3象限の視点である。

縦軸の一番下の部分が右に折れて、左側の「前・外」のスペース(第2象限)がそのまま右へつながっている。それは、当然ながら、キリスト教が成立した後にも、キリスト教信徒ではない者が存在していることを表わしている。

イエスは絶叫しながら自分自身にとって「謎の死」を死んだのだという私の発言を、この図の中でもう一度見直せば、それが第1象限に視点を定めた上での判断であることは明らかであろう。私の見方では、イエスは妄想家になってしまうのではないかという困惑は、自らを象限3に置きながら、象限1を象限2あるいは3と混同しているのである。

第1象限において見れば、彼の最期の絶叫は、文字通り、神への懸命な問いであったのだ。懸命な問いとは何か。それは絶望と信頼のギリギリの境界線上の問い、言わば「ヨブの問い」である。しかし、十字架の最期に至るまでのイエスの「神の国」の宣教活動全体を同じ第1象限で見れば、イエスは創造論的普遍救済主義であり、従ってこの世界に破局的な断絶が来るとはもはや考えていなかったのではないのか(『イエスという経験』七四頁)。しかし他方では、三日後に神殿の倒壊なり、世界の秩序の逆転があると自ら予言し、それを心底信じていた。だからこそ、それがそうならないまま十字架上の最期に臨んだとき、イエスは「謎」の意味を求めて、「ヨブの問い」を神に投げ返して絶命したことになる。しかし、そのような切迫した破局の予告は、果たして前者の創造論的普遍救済主義と、あるいは私が言う「全時的今」というイエスの時間理解と矛盾なく結びつくのだろうか。これは前著『イエスという経験』に対する論評の中では、とりわけ並木浩一氏によって提出された問いかけである。

三　再びイエスの沈黙と絶叫について――非神話化への臨界

提起されたこの問いは重要である。前著においてこの点が十分考え抜かれていなかったことを私は認めざるを得ない。指摘される通り、私の見方では、「神の国」の最終的な実現を黙示文学的に表象することが、イエスにおいて、「全時的今」の時間理解にもかかわらず、なお残っていることになる。もちろん、「全時的今」はイエス自身の用語ではない。私がイエスの「今」の理解を非神話化して現代へ移すために採用した表現である。しかし、用語とは別に、「全時的今」の事態そのものは、間違いなくイエスにおいて働いていると思う。すると問題はこうなる。すなわち、「神の国」の最終的な実現——特にそれに先立つ宇宙的な破局——についての神話的な表象を、イエス自身は一体どこまで非神話化できていたのか。

この点で私に一つの示唆を与えてくれるのが、職場の同僚でもある湯浅博雄氏(フランス文学・現代思想)の著作『聖なるものと〈永遠回帰〉』〔80〕である。氏がJ・デリダ、M・ブランショ、E・レヴィナスなどのフランス現代思想の読解から語るところによれば、「聖なるもの」とは、「私にとってまったく異なる他者」であるがゆえに、それとの「関係を無限に再開始してやまない」ものである。それは主体の知、日常的な時間(クロノス)の中へと現前化し切らず、そのような現前性を超え出た「非知の領域」あるいは「余白」を含んでいる。それに直面すると人間の主体性は「宙吊り」になる。それは「反復的・永劫回帰的にのみ生きられるもの」であり、「私がそれへと到達できないまま、その切迫のうちにとどまり、いつまでも経験し続けるほかない出来事」である。その対極は、もともと〈起源の出来事〉(オリジン)が過去に現前していたと考えて、それをどこまでも同一なものとして繰り返すこと、すなわち、〈同一なるものの反復〉というイリュージョンである。

湯浅氏はこの「聖なるもの」を「死」の経験と類比させているが、内容的にはむしろ「いのち」に類比させるべきだと私は考える。そして、生前のイエスが「神の国」として告知したものは実はそのことに他ならなかった。イエスの「神の国」は文字通り、「私がそれへと到達できないまま、その切迫のうちにとどまり、いつまでも経験し続けるほかない出来事」、人間の主体を宙吊りにする「非知」

なるもの、「純粋な贈与」と言い換えることができる。

しかし、忘れてはならないのは、これがすでに一つの非神話化の言説だという点である。本書の最後(第XI章五節)でも立ち入って述べるが、確かにイエスは自分が宣べ伝えている「神の国」を「いのち」と言い換えていた。この言い換えは、ほとんど非神話化の言説である。生前のイエスはこの点で、非神話化への臨界点に到達していたと言える。しかし、それでもなお、彼は古代人として、われわれの言う非神話化の側へ飛び越えてくることはなかった。その手前に留まったのである。生前のイエスを現代の哲学者や神学者にしてはならない。哲学や非神話化の言説の範囲に留まっているかぎり、人は処刑されることはない。反対に、イエスが処刑されたのは、彼の「聖なるもの」すなわち「神の国」が、現実に地上に現前化する——もちろん彼自身の力ではなく、どこまでも神の力によって(マコ九1)——と確信して、それに殉じたからだと私は思う。それは客観的にイエスの「外側から」見れば、現代人ならぬ古代人イエスの「誤算」であったと言うことができる。私たちは、イエスにそのような誤算とそのための揺らぎを認めることにやぶさかであってはならない。その必要もない。イエスもまた、パウロの言葉を使えば、「土の器」(IIコリ四7)であったはずだからだ。ここでは、イエスは一切の誤謬ましてや夢想から解放された存在であってもらいたいという弁証的思考に陥らないように注意が必要である。

イエスの「全時的今」の時間理解は、彼が「神の国」にかかわる神話的表象の非神話化まであと一歩のところに到達していたことを意味している。もちろん、このことは歴史的個体としてのイエス自身がそれを「非神話化」の歩みとして意識していたということではない。あくまで、現代のわれわれという「外側から」見るとき、「非神話化」と呼び得る事態がそこに始まっているという意味である。二回の裁判を貫いて変わることがなかったイエスの深い沈黙も、同じ意味で、言わば非神話化の闘いであり、十字架上の最期の絶叫は非神話化への臨界線上での叫びであった。

第三部　パウロとイエス

——現代思想との対話——

第Ⅶ章　原始エルサレム教会の復活信仰と贖罪信仰

一　復活信仰の成立をめぐる問題

前著『イエスという経験』で私は、原始キリスト教の成立を一つの覚醒体験、あるいは目覚めの体験から説明した。ペトロを筆頭として、イエスの処刑後に残された者たちは、いずことは知れず逃亡した先に蟄居しながら、神不在の暗黒の極みの中で、イエス自身にも「謎」であった十字架の出来事の意味を必死に問い続けた。その中で、イザヤ書五三章(「苦難の僕」の歌)をはじめとする旧約聖書の光に照らされて、「謎」と見えたイエスの刑死が、実は神の永遠の救済計画の中にはじめから含まれ、旧約聖書の中でも予言されていた出来事として了解し直されたのである。旧約聖書そのものの新しい読解としての「謎」の解明、それを私は解釈学的な出来事とも呼んだ。

生の内側に収まらない深刻な問いを抱えてしまった人間が、それまで自分がその中で育ち、教育されてきた民族の古来の伝承に立ち帰り、答えを求めて、それを繰り返し読み直す。問う者が答えを発見したと思う瞬間は、その伝承に対する全く新たな読解が成立する瞬間と同じなのである。その瞬間、世界全体が変貌する。自己と世界についての新しい了解が出現するからである。

（『イエスという経験』二二一頁）

もちろん、当事者である弟子たち自身は、彼らのこの経験を「解釈学的」などという現代的な表現では呼ばず、「啓示」と呼んだ。神が霊を通して彼らに与えてくれた認識だと理解したのである。聖書の世界で「啓示」とは、ただ単に「知」の問題ではない。むしろ、人間の「存在」全体にかかわる出来事を意味し、「生」の変革を引き起こす。それを現代的、人間中心的に解釈学的な出来事と言い直すことは、果たして適切なのか、と思われる向きもあるかも知れない。しかし、この懸念には特定の思い込みが働いているように思われる。すなわち、解釈とは所詮一定の与えられたテクストあるいは伝承を読解する「知的な」出来事、あるいは「頭」の中の出来事であり、解釈学とはその技法を解明してくれる「知の技法」に過ぎないという見方である。そのような主知主義的な「解釈」では、人間は変わらないというのである。しかし、この見方は、「解釈」と「解釈学」を不当に矮小化するものと言わなければならない。M・ハイデガー、H・G・ガダマー、P・リクールの解釈学の目指すところは、いずれも、人間の「存在」に関わる出来事としての「解釈」である。「解釈」は人を変えることがあるというのが彼らの解釈学の共通の前提なのだと私は理解している。

私が一九八四年にドイツ語で公刊した学位論文『ヨハネ福音書における教会共同体と世――ヨハネの「二元論」の神学的および効用論的機能について』は、特にH・G・ガダマーの解釈学から決定的な示唆を受けている〔13/163–166〕。とりわけ、私がヨハネ福音書のキリスト論の特徴と指摘した「キリスト論的内包」(あるいは「人格的内包」)という事態〔13/202–218〕、またその後の私がヨハネ福音書の時間論について語るようになった「全時的今」という事態〔15/234–243〕は、ガダマーの解釈学で言う有名な「地平の融合」を考慮することなしには理解不可能である。ガダマーによれば、それぞれの解釈者はそれぞれの「地平」を引きずりながら、同じようにそれぞれの「地平」を引きずったテクストと出会うのである。解釈者の「地平」もテクストの「地平」も歴史的に限定されており、当然、相互に異なる。にもかかわらず、どうしてある解釈者にある時間を隔てたテクストが「分かる」ということが起き得るのか。ある解釈者が「分かった」という経験をするとき、それは彼の頭の中だけの出来事では断じてない。彼は大地の上に立って生きている一人の人間である。「地平」というのは、大地の上に立たなければ広がらない。大地の上に立っている人間は肉体を具えて立っている。それゆえ、ガダマーの言う「地平」には、そのまま身体性の問題が含まれる。身体にかかわる生老病死があり、喜びがあり、悲しみがあり、飲み食いがある。そういう経験を踏まえて、それまで何度も読んできたはずのテクストが——例えば聖書に限っても、誰しもそれぞれそのような箇所があるはずである——ある別の機会にふと「分かる」ということが現実に起きるのである。なぜなら、身体性の次元を含めた解釈者の「自分」が、その間に別の「自分」になっているからなのである。テクストは変わらなくても、それに出会う「自分」の方が変わっている。だから、テクストとの新しい出会いがそこに起きる。解釈学的経験に身体性が欠けるというのは、それこそ主知主義的な誤った判断である。「解釈」は「存在」にかかわる出来事という意味で、存在論的出来事なのである。

もう一つありうるかも知れない懸念は、原始教団における復活信仰の成立が解釈学的な出来事として説明される場合には、イエスを見捨てて逃亡してしまった弟子たちの「罪責感」という心理学的問題はどうなるのかという点である。特にこの点にこだわるのが、佐藤研氏である。氏は原始キリスト教の復活信仰の成立を、弟子たちが自分たちの「罪責」を乗り越えるために行なった「喪の作業」として説明する〔36/114-128〕。

弟子たちが自分たちの逃亡行為に深い罪責感を覚えたことは間違いないであろう。しかし、それはいつどのように自覚され、弟子たちを苛んだのか。イエスの十字架の処刑に直面して逃げたとき、すでにその逃亡の道すがら、まさにその逃亡行為を「罪責」として自覚していたとは考えられない。私の見方では、反対に、「自分たちはイエスともども神から見捨てられた」という意識、「神の不在」の経験が弟子たちの逃亡を引き起こした最初の原因であったはずである。彼らがその逃亡を自分たちが犯した「罪」——イエスを「見捨てた」罪——と了解し直すのは、凶事と見えたイエスの刑死が実は神の摂理による救済行動として了解され直された瞬間、つまり復活信仰の成立と同時かつ不可分であったと考えるべきである。罪責の自覚は、一般にそうであるように、この場合にも、赦しの自覚と同時かつ不可分なのである。神が不在であるところに、罪責感は発生しようがないであろう。罪責感は「神の面前に」(coram Deo) おいてこそ成立する。残された弟子たちが十字架の処刑に救済論的意義を発見した出来事と彼らの罪責意識の発生は、同じ事柄の両面として、同時的な出来事と考えるべきである。罪責意識の方がそれだけで解釈学的経験に先行するとは考えられない。

私が言うように、そこで生前のイエスの「神の国」が潰えたと見えた十字架の刑死が、今や原始キリスト教の復活信仰においては、実は神が当初から計画していた救済行動であったのだ、と解釈し直されたのだとすれば、原始キリスト教の復活信仰の成立は明らかに一つの逆転劇であったことになる。事実、これが私の見方である。それは、あれほど残虐なイエスの「謎」の刑死も初めから神の救済計画の中にあったのだと見る点では、単なる逆転の発想であるのみならず、一つの神義論であるとも言えよう。この解釈学的事件から原始キリスト教の思考の「基本文法」の成立までの道のりについては、すでに前著で詳細に論じたとおりである。そこでは同時に、その「基本文法」の枠内で、生前のイエスが「神の国」について紡ぎ出していたイメージ・ネットワークがどのように組み替えられていったかについても明らかにされている(『イエスという経験』二二九―二三三頁)。

しかし、このような私の見方とはきわめて対照的な見方がある。前章の第一節でも引いたU・ルツは、この点について次のように言う。

原始キリスト教がイエスの死をきわめて特別の事柄として解釈したのは単に、イエスの十字架刑という失敗に対する困惑の表現だとか、その失敗を何らかの仕方で克服する必要があったためということではおそらくありませんでした。むしろ、復活の後にイエスの死が救いの出来事と解釈されたという事実は、すでにイエス自身によって道備えされていたのです。イエスの救済死を告げる宣教はおそらく、復活信仰が後からもたらした事実に過ぎないのではなく、十中八九、挫折を逆転させるべく解釈し直そうという人間の試み以上のものなのです。〔85/46-47〕

すでに生前のイエス自身が最後の日々に、死の危険を察知していたのみならず、その死に「弟子たちのため、あるいはイスラエルのために命を捨てる」という意味を認め、覚悟の上でその死を死んだというルツの解釈からすれば、このように言うことは筋が通っていると言えよう。しかし、この解釈では、弟子たちの無理解が一段と際立つことになる。十字架の刑死は、イエス自身にとってではなく、ただ弟子たちにとってのみ挫折であったのだ。生前のイエスがすでに行なっていた「道備え」に対して、彼らはそこまで無理解であったのだ。現在の福音書の物語では、イエスはエルサレムに上る道すがら三度繰り返して、自分の来たるべき受難を予告したことになっている（マコ八31–32、九30–32、一〇32–34）。ルツはさすがに、このいわゆる「受難予告」が生前のイエスにまでさかのぼる可能性はほとんどないという判断である。しかし、ルツの考えるイエスの最後の歩みは、私が考えるそれに比べて、はるかにこの「受難予告」に添うものとなっていることは間違いない。「受難予告」が弟子たちの無理解を強調する点（マコ九32、一〇32）も含めて、そのように言うことができる。

そうなると、弟子たちが最後の最後にイエスを十字架上に見捨てて逃げ去った行為は、弟子たちの人間としての弱さといったものから説明されるほかはないであろう。おそらく彼らの逃亡は、ギリギリのところ、「怖かった」からなのだ（マコ九32、一〇32）。その分、この解釈は復活信仰の成立に関連して、弟子たちの「罪責感」を強調する前述の見方と親和的であり得るであろう。

しかし、それでは、彼らは逃亡後、どのようにして、イエスがあらかじめ備えていた道に立ち戻り、彼の死を救済死と見る解釈へ到達することができたのだろうか。さらには、原始キリスト教の「基本文法」を編成するところまで進むことができたのだろうか。その「基本文法」の成立は、旧約聖書の引照なしには不可能だった。それは解釈学的説明なしにはすまない出来事である。仮に、罪責の心理学が先にあって、解釈は「後追い」で生じたことと説明される場合には、心理学から解釈学の間に広がる深い溝が同時に説明されなければならない。

二 「贖罪信仰」をめぐる問題

イエスの死を「救済死」と見ることは、そのままそれを「贖罪死」と見ることと同じではない。しかし、二つを無造作に混同しながら、「贖罪信仰」がキリスト教信仰の核心だとする見方は、わが国においても、キリスト教会の枠を超えて一般的に定着しているように思われる。ごく大雑把に言えば、イエスは人間の罪を贖うために、身代わりとなって死んだという見方である。この見方を以下では「贖罪信仰」と呼ぶことにしたい。この贖罪信仰をもってキリスト教信仰の特徴とすることは、あながち間違いではない。しかし、それだけでは、ほとんどまだ何も言っていないに等しい。なぜなら、「贖罪」というときの「罪」の内容と「誰」の罪なのかが、まったく不明なままだからである。

新約聖書に見られる贖罪信仰は、「罪」の内容的な定義に即して見るとき、ユダヤ教伝来のモーセ律法を規準あるいは前提とするタイプと、モーセ律法とは原理的にはもはや無関係なタイプの二つに大別される。

1 モーセ律法と無関係なタイプ

モーセ律法と無関係なタイプの代表はヨハネ福音書である。この福音書の物語が始まったばかりの一章29節で、洗礼者ヨハネはイエスがやってくるのを見て、「見よ、世の罪を取り除く神の子羊だ」と言う。「罪を取り除く」という言い方が贖罪信仰に属するものであることは明らかである。しかし、この「罪」をヨハネ福音書はモーセ律法に対する違反のことだとは定義しない。その証拠に、この福音書には、イエスがユダヤ教の律法学者とモーセ律法の個々の規定をめぐって論争する記事がほとんどない。マタイ、マルコ、ルカ福音書にそれが頻繁に見られるのとは好対照である。ヨハネ福音書では、「罪」はむしろ、父なる神を啓示するために世に到来した救い主イエスを、そのような者として受け入れないこと、つまり不信仰として定義される。「罪について、人々が私を信じようとしないこと」(一六9)と言われるとおりである(その他に九41、一五22、24参照)。

そして、この意味での「罪」はその対極である「信仰」と同じように、イエスの言葉に直面する個々人の決断であることが、何人かの登場人物たち(三章のニコデモ、四章のサマリアの女、九章の盲人など)の言動を通して描き出される。しかし同時に、イエスの救いのわざは個々人を超えて、「世」をその「不信仰」から呼び出すわざであることが明言される。その最もよい例が、「神は、独り子を与えるほどに世を愛したのである。独り子を信じる者が一人も滅びることなく、永遠の生命を得るためである」(三16)という有名な文言である。「神は、独り子を与えるほどに」という表現には、すでにイエスの十字架上の最期が含まれている。前述の「世の罪を取り除く神の子羊」も同じ意味に解さなければならない。つまり、十字架上に完成するイエスの救いのわざ(一九30)が「取り除く」のは、個々人を超えた「世」全体の「罪」、すなわち「不信仰」なのである。この「罪」には言わば宇宙論的な次元が含まれている。なぜなら、その背後にはある超個人的な力が想定されるからである。ヨハネ福音書はこの力を「この世の支配者」(一二31、一四30)あるいは「邪悪な者」(一七15)と呼ぶ。それはサタンのことである。それはユダヤ教徒とローマ帝国を道具として、全世界を支配している力である(八44、一四30)。イエスの十字架上の死は、そのサタンの支配を武装解除する勝利の出来事なのである。「今が、この世のさばきの時である。今、この世の支配者が外へ追い出されることになる。そして、私は地から挙げられるなら、その時はすべての人をこの私の方へ引き寄せることになる」(一二31-32)とあるのは、そのことを意味している。ヨハネ福音書の「贖罪信仰」について語るとすれば、それは以上のような意味でなければならない。

ヨハネ福音書に代表される贖罪信仰は、キリスト教がパレスティナのユダヤ社会を離れて、モーセ律法とは直接関わりのないヘレニズム文化の領域に伝播した段階の産物である。ヨハネ福音書の成立は一世紀の末のことであったと考えられる。しかし、そのような段階に至る前の原始キリスト教においては、モーセ律法とどう関われればよいのかが、重大問題であり続けた。当然ながら、そこでの贖罪信仰は、モーセ律法という前提抜きには到底理解することができない。

2 モーセ律法を前提とするタイプ

イエスの逮捕、裁判、処刑という予期せざる出来事に直面して、いずこかへと逃亡してしまっていた直弟子たち(マコ一四50)は、前述のような「復活信仰」に到達した後、再びエルサレムに結集する。そうして成立した小さな群れのことを「原始エルサレム教会」と呼ぶ。今や彼らは、イエスを単なる人間であることを超えた存在、「救い主」、「キリスト」あるいは「神の独り子」と信じ、ユダヤ教の聖典(キリスト教の言う旧約聖書)を、そのイエスをあらかじめ指し示していた予言の書として読み始めている。それはユダヤ教徒から見れば、とんでもない読み方であったに違いない。しかし、原始エルサレム教会の自意識としては、自分たちはまだユダヤ教の中にいるのだと思っている。つまり、この時点で、自分たちはキリスト教という新しい信仰(宗教)を始めているという意識は彼らにはまだないのである。当然のことながら、事はそんなに早くも簡単にも運ばなかった。「妙な連中が現れてきた」というようにユダヤ教徒の側が排除を始めて、排除されるキリスト教徒たちの方も、「どうもわれわれは彼らとは違うらしい」というようにして、お互いの間の違いが認識されるためには、まだこのあと何十年か経たなくてはならなかった。例えば、使徒行伝一一章19-26節には、エルサレムからシリアのアンティオキアにキリスト教が伝わったこと、そのアンティオキアで初めて「弟子たちが『キリスト者』(クリスティアノイ)と呼ばれるようになった」(26節)と記されている。しかし、そうなるまでには、かなりの年月が経っていると考えなければならない。逆に今問題になっている段階では、ユダヤ教徒の方では「妙な連中が現れてきたな」程度に思っていたであろうし、原始エルサレム教会の信徒たちの側でも、自分たちはまだユダヤ教の中にいると考えていたはずである。しかし、反対に、時代が進展して、キリスト教がユダヤ教からはっきりと独立した段階から回顧する場合には、キリスト教の起源はその原始エルサレム教会までさかのぼるとすることにも間違いはない。

その原始エルサレム教会のメンバーのほとんどは、もともとユダヤ教徒であった。そのようなキリスト教徒のことを研究上は「ユダヤ人キリスト教徒」と呼び、やがてキリスト教が前述のシリアのアンティオキアを初めとするヘレニズム世界にまで広まった段階で、異教(ユダヤ教以外の宗教)から直接キリスト教徒になった者たちと区別する。後者の方は「異邦人キリスト教徒」と呼ばれる。

ユダヤ人キリスト教徒たちの贖罪信仰の考え方は、明示的であれ暗示的であれ、モーセ律法を大前提としている。モーセ律法の中心は、「モーセ五書」であるが、イエスと原始エルサレム教会およびパウロから見ても、少なくとも五百年ほど前には現在のような形に編纂されていた。

法律というものは、いったん書き下ろされてしまうと、条文の文言そのものを変えるのは容易なことではない。しかし、現実の社会とその中での人間の生活は不断に変わってゆく。五百年間、それが同じままであるはずがない。社会のシステム自体が変わっていったからである。しかし、律法(法律)の条項をそのつど書き換えることは不可能であった。とりわけ「モーセ五書」を通常のユダヤ教徒たちは、普通の法律と違うのはもちろん、(旧約)聖書の中でさえ最も神聖な部分であると考えていたわけであるから、安易な書き換えは問題にもならなかった。そこで、後追いの「解釈」によって切り抜ける他に道はなかった。「モーセ五書」の条項が定められたときには考えられていなかったような事件が、システムそのものが変わってしまっている社会の日常生活の中で、突然起きてくる。そうすると、その度に「こんなことが起きてしまった。どの条項で解決したらいいだろうか」という話になる。

ここにこそ、ユダヤ教において律法の専門家(律法学者)が必要とされるに至った根源がある。すなすなわち、その律法学者がそのつど介入して、「そうか、そういう場合については」と言って、どこかに書かれている条項を、「解釈」によって変更しながら、現実に当てはめて問題を解決するのである。そわの「解釈」はそれはまたそれで、口伝として、その後も長い間伝えられ、やがて蓄積されてゆく。ファリサイ派の「父祖伝来」の慣習法とはそのようなものであった。「判例法」と言ってもよいのかもしれない。パウロはそのような「解釈」の専門家になる道を人一倍熱心に邁進する学生だった(使三3、ガラ一14参照)。他方、原始エルサレム教会のリーダーになっていったペトロ(ケファ)、それから「主(イエス)の兄弟ヤコブ」やヨハネと言った者たち(ガラ二9)は、もちろんパウロのように律法学者になるためのエリート街道を歩んでいたわけではない。しかし、幼少の頃からユダヤ教徒として教育を受ける中で、特に会堂(シュナゴーグ)で行なわれる礼拝を通して、モーセ律法の少なくとも重要な箇所には通じていたのである。

原始エルサレム教会の贖罪信仰がモーセ律法という大前提抜きに理解できないわけは、まさに「罪」の定義自体がモーセ律法を規準としているからである。パウロはやがてシリアのアンティオキアを出発点として、地中海のヘレニズム世界へ一大伝道旅行を敢行したが、その原始エルサレム教会の贖罪信仰も十分に承知していた。その上で、いわゆる「十字架の神学」と呼ばれる彼独自の神学へ脱出して行った。そのパウロについては、次章で述べるとして、次節ではまず原始エルサレム教会の贖罪信仰の論理を明らかにすることにしたい。

三　原始エルサレム教会の贖罪信仰の論理

1　「罪」の定義

話を分かりやすくするために、原始エルサレム教会の贖罪信仰の論理を次頁の図表7によって説明しよう。

図表7

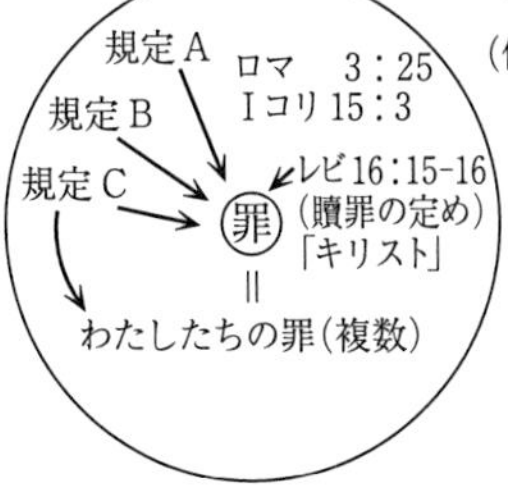

モーセ律法(創，出，レビ，民，申)

(例)	創17章	：割礼の定め
	出20章	：安息日の定め
	レビ11章	：食物規定
	レビ17章	：「血を食べてはならぬ」
	申13章	：「(偽)予言者，夢見る者」
	申17：2-7	：異教的占い，ことよせ
	申21：18-21	：酒乱者
	申22：22-24	；レビ20：10
	以下	：姦通

中央の円はモーセ律法を表す。周知のように、モーセ律法には数えきれないほどの規定が含まれる。その個々の規定をここでは、「規定A、B、C……」と表示している。そのごく一部の例として、円の右側に、創世記一七章の「割礼の定め」、出エジプト記二〇章の「安息日の定め」など、いくつかあげてある。

この円(モーセ律法)の中に一体どれほどの数の規定の条項が内包されるかは、当然のことながら、円の半径をどう設定するかによって違ってくる。新約聖書の時代のユダヤ教では、律法解釈の立場として、サドカイ派とファリサイ派の二つがあった。サドカイ派は「モーセ五書」に実際に書かれている条項(言わば成文法)にだけその半径を限定していたが、ファリサイ派は父祖伝来の慣習法もそれに加えていた。ファリサイ派の円の半径の方が圧倒的に大きかったのである。

円(モーセ律法)の中に含まれる規定A、B、C……の例として、円の右側に挙げられた箇所を順番に見てみよう。まず創世記一七章の「割礼の定め」は、すでに第I章二節で取り上げたアブラハムへのヤハウェの約束に直接続く記事(9-12節)である。

9神はまたアブラハムに言った、「あなたとあなたの後の子孫は、代々にわたり、わが契約を守
らなければならない。10あなたがたが、わたしとあなたがた、およびあなたの後の子孫との間で
守らなければならないわが契約は次の通りである。あなたがたの男子はすべて割礼を受けよ。
11あなたがたは包皮の肉に割礼を受けなければならない。それがわたしとあなたがたの間の契約
のしるしとなろう。12あなたがたの男子はすべて、代々にわたり、生まれて八日目に割礼を受け
なければならない、家で生まれた者も、あなたの子孫の出ではないあらゆる外国人から銀で買い
取った者も。

（創世記一七章9–12節）

次は出エジプト記二〇章である。苦役の地エジプトを脱出したイスラエルの民が、紅海を越えて、シナイ半島の先端にあるシナイ山まで到達し、そこで神（ヤハウェ）から「律法」を授けられる場面である。その律法の最初に置かれているのがいわゆる「モーセの十戒」で、その内の一つが「安息日の定め」である。

8安息日を覚え、これを聖別しなさい。9六日間あなたは働き、あなたのすべての仕事をしなさい。
10だが七日目は、あなたの神ヤハウェのための安息日であり、あなたはいかなる仕事もしてはな
らない。あなただけでなく、あなたの息子と娘も、あなたの男奴隷と女奴隷も、あなたの家畜も、
あなたの門の中にいるあなたの寄留者も、いかなる仕事もしてはならない。11なぜなら六日かけ
てヤハウェは、天と地、海、そしてそれらの中のすべてのものを作り、七日目に休息したからで

ある。それゆえヤハウェは安息日を祝福し、それを聖別した。（出エジプト記二〇章8－11節）

この後には、「父母を重んじなさい」、「殺してはならない」、「姦淫してはならない」、「盗んではならない」という誡めが続く。その後少し飛んで、22節から先には、研究上「契約の書」と呼ばれる法文集が置かれている。そこには、一段と細かいことを扱う条文が並んでいる。例えば、人を誤って殺した場合(二一12－14)、他者の財産を損なった場合(二一33－34、二一37－二二14)、自分の牛が隣人の牛を突いて殺した場合(二一35－36)などである。当時のイスラエルの社会システムを窺わせるものとして、大変興味深い。

三番目はレビ記一一章である。ここはおそらく通常の読者にはなじみが薄い箇所ではないかと思われる。しかし、歴史的には、現在のユダヤ教にまで影響を及ぼしている重要な規定がいくつか含まれている。問題になっているのは、宗教儀礼的な意味での「浄」と「穢れ」である。

2b陸に棲むすべての動物のうち、あなたたちが食べてもよい生き物は、次の通りである。3すなわち、動物の中ですべて蹄が割れており、しかも蹄の割れ目が完全に分かれていて、かつ反芻するものは、あなたたちは食べてもよい。4しかし次のもの、すなわち、反芻するだけか、蹄が割れているだけの動物は、あなたたちは食べてはならない。らくだは、反芻するが蹄が分かれていないので、あなたたちには穢れたものである。（レビ記一一章2－4節）

この後さらに、「反芻するが、蹄が分かれていないから穢れたもの」として、岩狸、野うさぎ、逆に「蹄が割れており、しかも蹄の割れ目が完全に分かれている」が、反芻しないから穢れたものとして、豚が挙げられている。正統的なユダヤ教徒は今日でも豚肉を食べないことは、よく知られている。仮に豚肉でなくても、血の入ったソーセージでも、正当派のユダヤ教徒は絶対に食べない。その理由は、図表7で次に挙げたレビ記一七章に関係する。10節からの段落では、「血の摂取」が禁じられる。その意味は、食べてよい動物をほふってその肉を食べるときに、あらかじめ血抜きを完全に行なわなければならないということである。血抜きが不十分な肉を食べてはいけないのである。

そのほか、申命記一三章には、偽りの預言者、夢見る者、何かあらぬことを口走る者、将来を予言しても当たらない者は殺されなければならないという定めがある。同じ申命記一七章2-7節には、異教的な占いやことよせ(霊媒)についての定めがある。「異教的」と言うわけは、古代イスラエル民族(ユダヤ教徒)の周辺には、いろいろな異民族が存在していて、それぞれの神を崇拝していたのみならず、いろいろな占いやことよせ(霊媒)の技術と習慣を持っていたからである。イスラエル人(ユダヤ教徒)たちの中には、時代と場所によって、それに惹かれて、少なからず影響される者たちが繰り返し現れた。そのような者たちには、石打ち刑が定められている。さらに、二一章では、「頑で反抗し、(父と母の)声にも聞き従わず、放蕩者で大酒飲み」の息子についても同じことが定められている(20節)。親不孝な上に、酒乱の息子は、大昔からいたのである。

最後に、申命記二二章22-24節、およびとりわけレビ記二〇章10-21節には、隣人の妻との性交、「父の妻」、つまり一夫多妻制であるから、父の妻ではあっても、自分の母親とは違う女性との性交、嫁との性交、男色、母およびその娘と同時に交わることなど、実にさまざまな婚外性交が禁忌とされている。いずれの場合も、それを犯す者は死刑と定められている。

モーセ律法のその他の規定をいちいち見ていけば、文字通りきりがない。それらの条項はすべて図表7の円の中に含まれる。

さて、同じ円の中央には「罪」とある。重要なのは、この「罪」が実は複数形であることである。どうして複数形になるのか。その理由は、規定A、B、Cからきている矢印と関係する。すなわち、この考え方では、まず規定Aに違反した罪が一つ、次に規定Bに違反した罪がまた一つ、さらに規定Cに違反した罪がまた一つという具合に「罪」が定義されている。従って、律法の規定のほうが複数、否、無数にあるのに応じて、当然、「罪」のほうも複数あることになる。この場合、別の言い方をすると、罪は一つ、二つと「数えられるもの」になっている。数えられるということは、「多い、少ない」という「量」の概念になっているということでもある。「罪」が「より多い」人間と「より少ない」人間という発想と差別が、そこから生まれてくる。「罪」がこのように定義されるところでは、人間は内心きわめて不安な存在になってしまう。とりわけ、日々の生活に追われ、モーセ律法のいちいちを知った上で暮らしているわけではない庶民の身になって考えてみればよい。創世記一七章の定め通り割礼は受けているにしても、レビ記一一章の食べ物規定などのもっと細かい規定になると、つい何かの拍子に、自分でも意識しないで、何か食べてはいけないものを食べてしまったことがあるかもしれないという話になりかねない。自分は一体どれほど「罪深い」のか、自分でもよく分からなくなるわけである。「律法主義」には常にそういう不安がついてまわるのである。

2 「贖罪」の定義

ところが、同じ円の中心の「罪」に向かって、もう一つ反対側からも矢印が来ている。その矢印の出所はレビ記一六章15-16節である。レビ記はモーセ五書の三番目の文書、つまり「モーセ五書」の一部であるから、この円の中に入っている。その一六章全体で問題になっているのは「贖罪日」の定めである。その前後に定められているさまざまな誡めに違反する「罪」(複数)を共同体イスラエルに所属する者が犯した場合のために、その「罪」を「贖う」ための手続きが定められているのである。その「贖い」の仲立ちをする専門職が祭司で、モーセの兄のアロンがその頭領という話になっている。つまり、モーセ五書は、一方でほとんど無数の法律的な条項を定めると同時に、ていねいにも他方では、それらの条項に違反する「罪」が犯された場合を想定し、その「罪」の種類に応じたさまざまな「贖罪」の仕方まで定めているのである。問題のレビ記一六章15-16節にはこうある。

> 15それから彼(アロン)は、贖罪の供犠にする民の雄山羊を屠り、その血の一部を垂れ幕の内側に運び入れる。そして彼はその血を、雄牛の血にしたのと同じように扱う。すなわち、彼はそれを贖いの蓋の上と、贖いの蓋の正面に向けて振りかける。16このように、彼は聖所のために、イスラエルの子らのもろもろの穢れと、彼らのすべての罪に関わるもろもろの背きからの贖いの儀式を行なう。彼はまた、彼らの穢れの只中にあって彼らと共に宿っている会見の幕屋のためにも、同じように行なう。

雄山羊をほふって、その血を、神が臨在していると考えられている聖なる場所の前に、振りまくのである。ここで「会見の幕屋」とあるわけは、モーセ五書全体を貫いている物語の筋の上では、この場面はすべて、エジプトを脱出してきたイスラエルの民がまだシナイ山を含む荒野を放浪中で、神も彼らと共に歩み、彼らが宿営を張るときには、神も神殿ではなく、「幕屋」に留まるという話になっているからである。ほふられる雄山羊は身代わりである。本来ならば、「罪」を犯した当人が、場合により自分の血を流して「罪」を贖うほかはないのだが、それでは命がいくつあっても足りないから、雄山羊にその「罪」を転嫁して、その血、つまり「いのち」を身代わりとするわけである。そうすることによって、「罪」を犯した当人の罪は贖われるという「代贖」の定めである。

さて、図表7ではレビ記一六章15-16節からの矢印の近くに、ローマ人への手紙三章25節とも記してある。それは、「神はその彼(キリスト)を、信仰をとおしての、また彼の血による贖罪の供え物として立てた」という文章である。この文章で問題になっているのは、十字架上でイエスが処刑されたことである。と同時に、「彼の血による贖罪の供え物」という文言の背後には、確実に、レビ記の前述の箇所が潜んでいる。引用であるとは明言されてはいないが、それがレビ記一六章15-16節からの暗黙の引用であることは、パウロの手紙の読み手が少しでもモーセ律法に通じた者であれば、容易に了解できたのである。専門的にもう少し厳密に言えば、ロマ書三章25節の前記の文章を現在の箇所に書き留めたのは確かにパウロであるに違いはないのだが、パウロはこの文章を自分で創作したのではなく、すでに彼以前のユダヤ人キリスト教徒の間で、それもおそらくは原始エルサレム教会において語り出されていたものを、伝承として受け取ったのである。彼らの間では、それがレビ記一六章15–16節からの暗黙の引用であることを了解した上でのコミュニケーションが可能であった。この文章では、イエス・キリストの死は、レビ記一六章15–16節に基づいて、自分たち（わたしたち）の「罪」（複数）を「その血によって贖う」ための死、すなわち、贖罪死と見なされている。これが原始エルサレム教会の贖罪信仰と呼ばれるものである。

原始エルサレム教会のこの贖罪信仰は、もう一箇所、コリント人への第一の手紙の一五章からも知ることができる。やはりパウロが書いている手紙である。まず1節から3節前半まで読んでみよう。

1さて、兄弟たちよ、私（パウロ）は、あなたがた（コリントの人々）に告げ知らせた福音を、ここで
もう一度あなたがたに告げる。すなわち、あなたがたが受け容れ、その内に立っている福音のこ
とである。2もしもあなたがたが、私がどんな言葉によってあなたがたに福音を告げ知らせたか
を堅く保持し、空しく信じたのでないなら、その福音によってあなたがたは、救われるのである。
3aなぜならば、私はあなたがたに、まず第一に、私も受け継いだことを伝えたからである。

初めの方に「もう一度」とあるのは、パウロはこの手紙を執筆する前にすでに一度コリントに足を運んでいて、その最初の訪問の際に知らせたことを、ここで「もう一度」繰り返すという意味である。この手紙を書いているとき、パウロはコリントとはエーゲ海を挟んで対岸のエフェソにいたので、手紙でそのことを思い出させようとしているわけである。続いて3節後半以下を読んでみよう。

3bすなわち、キリストは、聖書に従って、私たちの罪(複数)のために死んだこと、4そして葬られ
たこと、そして聖書に従って、三日目に〔死者たちの中から〕起こされていること、5そしてケフ
ァ(ペトロ)に現れ、次に十二人に現れたことである。6次いで彼は、五百人以上の兄弟たちに一
度に現れた。そのうち大部分は今に至るまで残っているが、しかしある者たちは眠りについた。
7次いで、ヤコブ(十二弟子の一人であるヤコブではなく、イエスと血を分けた兄弟ヤコブ)に現れ、次に
すべての使徒たちに現れた。8そして、すべての者の最後に、ちょうど「未熟児」のごとき私に
も現れたのである。

3節後半(3b)の「すなわち」という表現に注意が必要である。パウロがコリントの信徒に「もう一度」想起させたい最も大切な部分は、ここから先なのである。それをパウロは「私も受け継いだこと」(3a)と言っている。つまり、パウロがこの手紙を書いているその時その場で勝手に創作したものではなくて、彼よりも前にすでにまとめられていたもの、彼自身も最も重要な伝承として受け取ったものだと言うのである。その伝承の起源は、「ケファ」(ペトロ)の名前が出ていることから明らかであるが、先のロマ書三章25節の場合以上の蓋然性をもって、原始エルサレム教会に求めることができる。ただし、パウロ自身が受け取った形での古い伝承は7節までだったはずである。というわけは、次の8節はパウロが言わば駆け込みで、自分自身のことを付け加えた文章だからである。その古伝承には「聖書に従って」と二度出てくる(3b、4節)。当然のことながら、原始エルサレム教会とパウロの

時代には、新約聖書はまだ影も形もなかったから、ここで言う「聖書」とは、後のキリスト教の言い方で言う「旧約聖書」のことである。二回の「聖書に従って」によって暗黙の内に示唆されているのは、大部な旧約聖書の内のどの文書のどの箇所なのか。研究上の定説によれば、その答えはそれぞれイザヤ書五三章とホセア書六章2節である。その内、目下のわれわれの問題にとって重要なのは、イザヤ書五三章のほうである。

[5]ところが彼は何と、われらの不義のゆえに刺し貫かれ、われらの咎(罪)のゆえに、砕かれていたのだ。われらの平安のための懲罰は、彼の上にあり、彼の打ち傷によって、われら自身は癒されていたのだ。[6]われらは皆、羊のようにさ迷い、おのおの己が道に向かった。ところがヤハウェは、彼に執り成しをさせた、われら皆の咎(罪)に対して。

(イザヤ書五三章5-6節)

イザヤ書五三章は、ロマ書三章25節で暗黙の内に引用されていたレビ記とは違って、モーセ五書の枠外である。しかし、暗黙の内の指示という点、そして贖罪信仰という点でも、コリント人への第一の手紙の目下の箇所の古伝承は、ロマ書三章25節に保持されている古伝承の場合と何の違いもない。「私たちの罪のために死んだ」と明瞭に言われており、しかも、その場合の「罪」は、原語のギリシア語では、やはり複数形である。キリストの死は「私たちの罪々」を贖うための死だったというのである。

因みに、原始キリスト教の登場は、前述した通り、正統的なユダヤ教徒の目からみれば、神聖な聖書(旧約聖書)をとんでもない仕方で読むとんでもない連中の出現にほかならなかったはずである。目下の箇所の「聖書に従って」というのは、そのもっとも見やすい実例である。イザヤにしてもホセアにしても、当時ユダヤ人にとってすでに八百年前後も過去の預言者であった。原始エルサレム教会の信徒たちは、そのような預言者の発言を、数百年の時間を飛び越えて、イエスの処刑の出来事に当てはめているのである。

もっとも、この複数形の「罪」については、別の解釈があり得るかも知れない。すなわち、イザヤ書五三章の「苦難の僕」の歌の一節には「われらは皆、羊のようにさ迷い、おのおの己が道に向かった。ところがヤハウェは、彼に執り成しをさせた、われら皆の咎(罪、複数)に対して」(五三6)とあることを根拠に、弟子たち(原始エルサレム教会)も「私たちの罪(複数)」という表現で、イエスの処刑に先立って彼を見捨てて逃げてしまった自分たちの行為を指しているのだとする解釈である。この場合、「私たちの罪」が複数形であるのは、意味上の主語(私たち)が複数であることによるもの、つまり配分的複数であり、「罪」の中身そのものはイエスを見捨てたという単一の行為を指すと説明されることになるであろう。イエス(キリスト)が死んだ原因は、「私たちの罪のため」、すなわち、弟子たちがイエスを見捨てたからだ、という論理になる。つまり、イエスの死の原因を述べるものであって、イエスの死の贖罪論的な意義を述べるものではないことになる。すでに見たような、原始エルサレム教会の復活信仰の成立を弟子たちの罪責感から説明しようとする心理学的見方にとっては、この解釈は好都合であろう。

しかし、私は少なくとも二つの理由から、この解釈に賛成できない。まず第一に、弟子たちがイエスの死の原因を自分たちが彼を見捨てたことに見たというのは、非常にありそうもない。自分たちが体を張ってイエスを守れば、イエスは死なずに済んだものを、と彼らは考えたのだろうか。第二に、前掲のイザヤ書五三章6節そのものについて見ると、「私たちの罪（複数）」は「私たち」が「苦難の僕」を見捨てて「おのおの己が道に向かった」ことそのことを指しているのではなく、すでにそれに先立って「私たち」が負っている「不義」、「咎」、「罪」（ギリシア語訳旧約聖書『七十人訳』では5、8、11、12節）を指している。そして、これらさまざまな類語で表現されるものの中身は、神との契約に対する背き、具体的にはモーセ律法に対する違反のことだと考える他はない。イザヤ書五三章の「苦難の僕」は何よりもまず贖罪論的イメージなのである。

とすれば、原始エルサレム教会も、このイメージを当てはめることによって、イエスの死を贖罪死として解釈していると見るべきである。彼らの信仰告白伝承に言う「私たちの罪のために」の「ために」（ギリシア語では前置詞hyper）は、少なくとも第一義的には、前述の解釈のように原因の意味ではなく、「贖うために」の目的の意味に解するべきである。この贖罪論的解釈は、ローマ人への手紙三章25節にパウロが保存している古伝承、「神はその彼（キリスト）を、信仰をとおしての、また彼の血による、贖罪の供え物として立てた」ともよく合致する。この古伝承の背後には、レビ記一六章15－16節に定められた贖罪の儀式がある。

以上、原始エルサレム教会に代表されるユダヤ人キリスト教徒たちの考え方の基本線を明らかにしてきた。話をパウロに進める前に、彼らの贖罪信仰に内在する深刻な問題点を二つ指摘しておかなければならない。

四　原始エルサレム教会の贖罪信仰の問題点

1　「罪」の量概念化

深刻と思われる問題点の一つは、すでに途中で触れたように、「罪」が一つ二つと「数えられるもの」、従って「多い、少ない」で量られるものになってしまっていることである。当然のことであるが、「罪」の「多い、少ない」は、裏返せば、「信仰」が「少ない、多い」、「深い、浅い」という考え方に直結する。「信仰」もまた量的に計測可能なものとなっていく。そこからは容易に、自分の信心深さを絶えず周囲の人間のそれと比較して、できればそれを凌ぎたいという、言わば「信仰的まじめさの競争」が始まる。いったんそうなると、この種の「信仰」の良心はもう安まることがない。他者との不断の比較と競争、これは人間の根源的なエゴイズムに根ざしている。「信仰的まじめさの競争」もその例外ではありえない。しかし、生前のイエスが宣べ伝えた「神の国」は、まさに人間のそのエゴイズムをさばく神の無条件の招きにほかならなかったのではないか。そのことはすでに前著『イエスという経験』で立ち入って述べたので、ここでは繰り返さないが、そうだとすると、原始エルサレム教会の贖罪信仰はどこまで生前のイエスの「神の国」のメッセージにつながっていると言えるのか、少なからず疑問だと言わなければならない。

なぜ、こういうことになるのか。その原因は「罪」をケース・バイ・ケースで定義しようとすることにある。これが私の解答である。モーセ律法に限らず、一般に「罪」が法律的な条文を規準として定義されるときには、その定義はかならずケース・バイ・ケースのものとならざるをえない。そのような法の運用と「罪」の定義の仕方は、私が知る研究上の用語では、「決疑法」と呼ばれる。疑わしい事件が起きるその度ごとに、該当する既存の法律の中から該当する条文を探し、それに照らして「疑い」を決してゆくやり方のことである。これは英語では、カズイスティック(casuistic)と呼ばれる。この英語はcase「場合」という名詞と同根である。すなわち、「決疑法」とは、「場合ごと」に法を運用してゆくやり方のことなのである。

ところが、すでに述べたとおり、法のほうは、放っておけば、時間の経過とともに古びてしまう。制定されたときの社会のシステムはとうの昔になくなり、まったく別の社会システムが出現してしまっている。その中で、旧来の法を神聖なるものとして保持しようとすれば、後追いの「解釈」によって古い法を新しい社会関係に応用することが必要になる。まさにこのことがモーセ五書の場合に起きたのである。ファリサイ派は考えられるあらゆる場合をあらかじめ数え上げて、それに対する法の判断を用意しておこうと、代々超人的な努力を重ねてきた。その結果が、すでに述べたとおり、常人にはとても見渡すことができないほどに膨れ上がった父祖伝来の口伝律法の山であった。M・ウェーバーはファリサイ派のそのような法解釈を、彼の言う「合理化」の一つの現れと見ていていた。

しかし、どのような「合理的解釈」を積み重ねようと、それには明らかに限界がある。古代であれ、現代であれ、実際の社会生活の中で何が起きてくるかは予測し切れない。「事実は小説より奇なり」だからである。どれほどがんばってみても、所詮は「法の隙間」が残ってしまう。すなわち、既存の法に照らして、どう判断すればよいのか分からないような事件が起きてくるのである。ファリサイ派のモーセ五書の運用の場合もそうであった。私はそれを「律法の隙間」と呼んでいる〔16〕。その隙間に落ち込むような事件が起きたときに、何が始まるだろうか。イエスとパウロの時代のユダヤ教社会であれば、律法学者が出てきて、あるいは現在キリスト教文化圏で優勢な原理主義的なキリスト教であれば、自分は人よりも信仰があると自負する人間が出てきて、「この場合はこうすること(あるいは、そうしないこと)が、神の御心なのだ」と言い始めるに違いない。その際、その人が「自分の判断では」と明言した上でそうするのであれば、まだ救いがある。しかし、多くの場合は、「そう神は命じられる」というように、神の名の下に自分の判断を宣言するのである。まさに、これが原理主義の最大の特徴である。神の名において、しかし、実際には一人の人間が新しい誡めを作り出すわけである。しかも、当然のなりゆきとして、そうして作り出される誡めが過酷なものであればあるほど、それを宣言する人間の敬虔さの証とされやすい。

もちろん、原始エルサレム教会の贖罪信仰が実際にそこまで行ってしまったというのではない。しかし、彼らの贖罪信仰の論理には、モーセ律法を「信仰的まじめさの競争」の手段としてしまう危険性、言い換えれば、律法主義の危険性が、本質的には超克されないまま残されている。そのことをわれわれは直視しなければならない。

2　律法主義の論理の胚胎

さて、律法主義へのこの危険性を本質的には超克できないということ、このことがまさに、原始エルサレム教会の贖罪信仰が抱える第二の問題点である。その原因をもう少し根本的なところから、説明してみたい。前掲の図表7の円をもう一度よく見ていただきたい。規定A、B、C……は円の中に含まれている。それに対する違反が「罪」(複数)であるから、「罪」も当然同じ円の内側、しかも中心にある。原始エルサレム教会の贖罪信仰では、「私たちの罪(複数)」はこの意味で理解されている。さらに、その「罪(複数)」がイエス・キリストの死によって贖われたと信じられるわけであるが、そのイエス・キリストの死は、自分ではレビ記一六章15-16節の贖罪の供犠の定めを満足することができない「私たち」に代わって、ほかでもない神が自分の独り子を死に渡した出来事と解釈されている。そのレビ記もまさに同じ円、すなわち、モーセ律法の枠内にある。つまり、ここでは、すべてが円の中で始まって、円の中で終わっているのである。この点がきわめて重要なポイントである。この結果、図の円そのものの有効性は存続してしまう。イエス・キリストの贖罪死も、円そのものの内部での出来事となり、円(モーセ律法)を成就するものではあっても、それを破棄するものではない。モーセの律法は原理的に有効であり続ける。

このことは、原始エルサレム教会がその後たどることになった歴史によっても証明される。今ここで詳しくは述べられないが、やがて彼らは多くの点で、彼らを取り巻くユダヤ教の立場に妥協していった。彼らはもともとユダヤ教徒だった。しかし、今やキリスト教徒としても、モーセ律法が定める例えば割礼や食物規定を遵守しなければならないという考え方になっていったのである。パウロがガラテヤ書二章11-14節で報告しているいわゆる「アンティオキアの衝突」事件もほかでもないそのような背景の下で起きた事件なのである。

エルサレムは西暦七〇年に、ローマ軍によって炎上し陥落した。原始エルサレム教会の信徒たちは、遅くともその時までには、エルサレムを脱出したはずである。その行く先については、多少の伝説が残ってはいるものの、確かなことは分からない。彼らの思想だけは、その後も一定の影響力を保ったにしても、組織体としてのエルサレム教会は歴史の表舞台からは間もなく消えていくこととなった。

第Ⅷ章　パウロの「十字架の神学」

一　「死」と「十字架」の違い

その間に、パウロが登場して、地中海世界を股にかけての伝道活動を繰り広げていった。そのお陰で、キリスト教は原始エルサレム教会という拠点を失ったにもかかわらず、以後現在まで生き延びてきたと言うことができる。

そのパウロの話をするためには、通常はまずパウロの生涯のあらましを確認することから始めなければならない。しかし、今はそれには立ち入る余裕がない。少し古いが、佐竹明『使徒パウロ――伝道にかけた生涯』〔35〕という格好の本を指示するにとどめたい。ここでは一点だけ確認すれば、パウロはファリサイ派の律法学者になろうとして誰よりも熱心であった。そのころ、彼は「サウロ」という名前だったと伝えられる。そのサウロがある時突然「回心」して、今度は誰よりも伝道熱心なキリスト教徒になった。ただし、パウロは殺される前のイエスに直接会ったことがない。この点には改めて注意が必要である。年齢的には、イエスとパウロとどちらが年長なのかは微妙なところである。ヨーロッパの博物館や美術館に行くと、イエスは青年、反対にパウロとペトロはひげをはやした老境の姿で描かれていることがよくある。しかし、実際には、おそらくそういう関係ではなかったはずであ

図表８

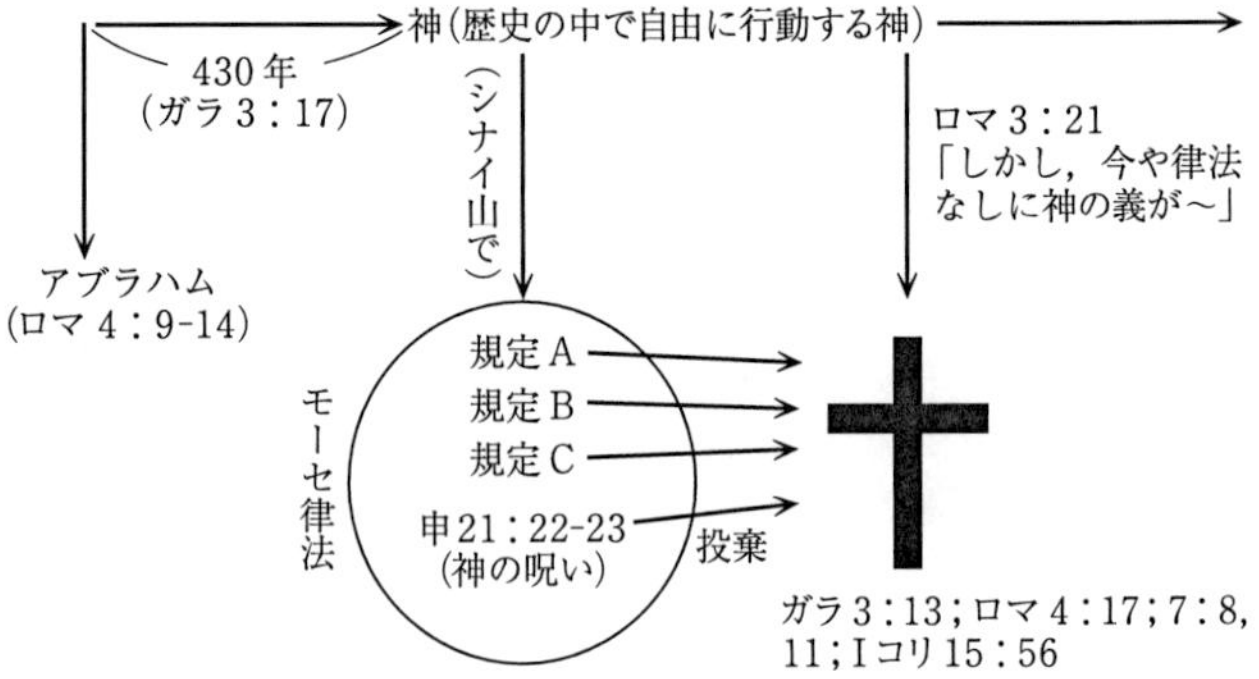

る。

キリスト教への回心とともに、パウロはイエスの刑死の出来事をどう受け止めたのか。そのことを可能な限り分かりやすく説明するために、ここでも図解を試みたい。

上の図表8でも、円はモーセ律法を表わしている。原始エルサレム教会の贖罪信仰を説明するために掲げた図表7の円と同じ半径(大きさ)のものと理解していただきたい。しかし、図表7の円との違いも明瞭である。図表7の原始エルサレム教会の贖罪信仰では、イエス・キリストの「贖罪死」の出来事を初めとして、すべてが円の内部に収まってしまっていた。ところが、この図表8の場合には、イエスの十字架の出来事が円の外側に書かれている。これがポイントである。円の外側に何かが書かれるということは、その円そのものが、文字通り相対化されるということである。図表7の場合のように、外側に並び立つものが何もないならば、円は文字通り「絶対的」な位置を占める。ところが、自分の外側に自分と並び立つものが存在するようになった瞬間、円は文字通り「相対的」な位置に後退する。パウロにおいては、イエス・キリストの十字架上の刑死は、モーセ律法の枠の外で起きた出来事、それも、こともあろうか、ほかでもない神自身によって引き起こされた出来事なのである。図表8の十字架に向かって、神を表わす上部の水平線から垂直に矢印が下ろしてあるのは、そのことを示している。十字架の出来事は、今や神がモーセ律法の外側で起こした新しい行動にほかならないということを表している。

今、私は繰り返し「十字架の出来事」という表現を用いた。この点も、原始エルサレム教会の贖罪信仰に対するパウロの際立った違いとして重要である。原始エルサレム教会の贖罪信仰では、Ｉコリント書一五章3bに「キリストは、聖書に従って、私たちの罪(複数)のために死んだ」とあったように、イエスの「死」について語られることはあっても、それが「十字架上の刑死」であったことが明言されることはほとんどない。例えば、同じ箇所が「キリストは、聖書に従って、私たちの罪のために十字架上に殺された」というように表現されることがほとんどないのである。

その程度の違いに一体どれほどの意味があるのかと、いぶかしく思う読者もいるかも知れない。しかし、この違いの意味は重大である。まず、「死」という表現はきわめて抽象的な言い方であることに注意が必要である。なぜなら、死にはいろいろな「形」があるからである。地震や洪水での落命もあれば、交通事故による死もあり、自殺もあれば、戦死もあり、日本の封建時代ならば、切腹も殉死もあった。イエスの場合に戻れば、十字架刑はローマ法が定めていたさまざまな処刑法の中でも、もっとも凄惨な処刑法であった。つまり、そのようにさまざまありうる死に方、「死の形」の中でも凄惨さにおいて際立ったものであった。

ところが原始エルサレム教会の贖罪信仰では、反対に「十字架」についての言及が早々と消えていった。なぜなら、そこではイエスの「死の形」(十字架による凄惨な刑死)ではなく、イエス・キリストは「私たちの罪のために」死んでくださったという、出来事の有意味性の方へ重心が移動してしまったからである。イエスの「死」は救いの出来事、とりわけ贖罪の出来事だということが強調されていった。そのことが強調されればされるほど、そのイエスの死は残酷極まりない方法での処刑であったという「死の形」が忘却されていき、逆にイエス・キリストの「死」という抽象的な表現が定着してしまった。原始エルサレム教会の信仰においても、イエスの死は「死ぬことができる死」、すなわち「決意の死」となっていったのである。彼らはその「決意の死」を貶めるようなイエスの死に方に焦点を合わせ続けることができなかった。ここにも、自分の死が「死ぬことができる死」であってもらいたいと願う、前述のほとんど本能的な欲求が働いている。

それでは、パウロはどうか。確かに彼もイエス・キリストの「死」という言い方をする。しかし、それは彼以前から伝えられてきた伝承(それこそ原始エルサレム教会に発する伝承)を引き合いに出すような文脈でのことが多い。彼自身の固有な言葉遣いをする場合には、「十字架」という語にこだわっていると言うことができる。パウロは、イエス・キリストの「死」という抽象的事実にではなく、その死の具体的な形、すなわち、それが十字架の刑死であったことをしっかり見据えている。そのことを示す重要な箇所が図表8では十字架の下に挙げてある。

1　ガラテヤ書三章13節

その中でもまず重要な箇所はガラテヤ人への手紙三章13節である。

キリストは私たちのために呪いとなって、私たちを律法の呪いから贖い出して下さった。というのも、「木にかけられる者はみな呪われている」と書かれているからである。

ここにも「贖い」という表現が出るが、すでに述べた原始エルサレム教会の贖罪信仰で言う「贖い」と直ちに同定しないよう注意が必要である。まず、「私たち」がそこから「贖い」出されるべきものは、エルサレム教会の贖罪信仰の場合のように複数形の「罪」ではない。そうではなくて、「律法の呪い」である。イエス・キリストはレビ記一六章15-16節に定められた贖罪の雄山羊となったのではなく、「私たち」のために「律法の呪い」となったのである。「呪い」とは尋常な表現ではない。明らかに、パウロはすでにこの表現でイエスの「死の形」、つまり十字架上の凄惨な刑死を含意している。事実、十字架刑は「呪われた」と呼ばれるにふさわしい残虐きわまりない処刑法であった。ローマ市民たちの目には、「奴隷の処刑法」として唾棄すべきものであった。

パウロがここでイエスの十字架刑を意識していることは、続く『『木にかけられる者はみな呪われている』と書かれているからである」という文章に端的に明らかである。パウロがここで部分的ながら引用しているのは、申命記二一章22-23節の次の文章である。

22ある人に死刑にあたる罪があり、その人が処刑される場合、あなたはその人を木に架けなければならない。23あなたはその死体を木の上に留め置いたまま夜を過ごしてはならない。あなたはその日のうちに、必ずその死体を葬らなければならない。木に架けられた者は神に呪われた者だからである。あなたは、あなたの神ヤハウェが嗣業としてあなたに与える土地を、穢してはならない。

22節に「ある人に死刑にあたる罪があり、その人が処刑される場合、あなたはその人を木に架けなければならない」とある文章を厳密に取れば、ある者がモーセ律法に違反して、例えば石打ち刑で処刑された場合(処刑の方法は、犯された「罪」の種類による)、その死体をおそらくみせしめのためにさらに「木に架ける」ということであったのだと思われる。この規定を含めて申命記は、すでに本書第I章で確かめた通り、おそらく紀元前六世紀の末には現在の形に編纂され終わっていた。他方、ローマが最初に小さな都市国家として産声を挙げたのは、ローマのいわゆる建国神話に従えば、紀元前七五三年であるが、パレスティナも含む地中海世界全体を覆う一大世界帝国となるのは、その後約七百年余を待たねばならない。従って、当然ながら、申命記の前述の条項は、ローマの処刑法である十字架刑とは歴史的には全く無関係である。申命記のこの箇所に「木」とあるのは、形の上でも十字形ではなく、むしろ一本の立杭だったと考えられている。技術的にどう処理されたのかはイメージしにくいが、いずれにせよ被処刑者をその上に吊るし上げたに違いない。しかし、そのように吊るし上げた後は、死体を必ずその日のうちに埋めろというのが、申命記のこの規定である。そうしないと、神がイスラエルの共同体に代々の財産(嗣業)として与えた土地が、死体によって「穢れる」からというのである。

パウロは、すでに触れた通り、律法学者になろうとして懸命に励んでいた人間であったから、当然、モーセ五書の一部である申命記のこともよく知っていた。他方では、生前のイエスその人に直接会ったことはないものの、その最期が十字架による処刑であったことは、原始エルサレム教会の信徒たちから聞いていたに違いない。パウロは今やこの二つの事実をドッキングして解釈する。十字架は確かに木でできているから、イエスが十字架上に吊るし上げられて処刑された出来事を、申命記二一章22-23節から、「木に架けられて呪われた者」の「呪われた死」として解釈しているわけである。

その解釈のポイントは、「呪い」という表現にある。いささか細かい話になるが、パウロはガラテヤ書三章13節で申命記二一章23節を部分的に引用する際、申命記の方の言葉遣いを微妙に変更している。申命記二一章23節では、木にかけられた者は「神に呪われた者」と書かれている。「呪う」の主語は神(主)である。ところが、ガラテヤ書三章13節のパウロはこれを「律法の呪い」と言い直す。すなわち、「呪う」の主語を神からモーセ律法に変えているのである。何と小さな違いかと思われるかも知れないが、この変更の意味はきわめて重大である。

イエス・キリストの十字架上の刑死はモーセ律法によって「呪われた」死なのだという事情を何とか図解しようとすると、図表8のように、十字架の出来事を円(モーセ律法)の外側に描くほかはない。「律法の呪い」というのは、律法を表す円の内部にはもはやとどめおかれずに、その外部へ棄却されるというのと同じことである。「律法の呪い」(ガラ三13)の「呪い」という名詞は、ギリシア語の原語では、「カタラー」(katarā)と言う。他方「外へ投げ捨てる」は「カタラッソー」(katarassō)と言う。二つのギリシア語は必ずしも同根とは言いがたいが、少なくとも発音上はきわめて似ている。そこに、何か偶然とは思えないものが感じられる。さきほど私は、イエスの十字架の出来事は、パウロによれば、ほかでもない神自身が今やモーセ律法の外側で起こした新しい行動にほかならないと述べた。それゆえ、パウロにとって、十字架にかけられたイエス・キリストが「神に呪われた者」であるはずはない。パウロがガラテヤ書三章13節で申命記二一章23節を引用する際に、前述のように、「呪う」の主語を「神」から「律法」に変えているのは、この理由によるのである。十字架の出来事こそはパウロの考え方の中心である。とすれば、一見ささいなものと見えるこの主語変更は、彼の神学全体と関連していると考えなければならない。

原始エルサレム教会の贖罪信仰においてイエスの死がどのように意味づけされていたか、ここでもう一度思い起こそう。イエス・キリストはレビ記一六章15-16節の贖罪の雄山羊として、円(モーセ律法)の内部に留まっている。それによって、不特定多数の「罪」(律法違反)を犯した者も、その「罪」を帳消しにされて、同じ円の中に留まることができる。ところがパウロの場合には、イエス・キリストは律法によって「呪われた」者として、円の外へ捨て去られ、もはや円の中へ戻る道はない。しかも、それが神自身の行動だと言うのである。神が自分の独り子を円の外側へ棄却した行動は、神が自分自身を棄却した行動だとも言えるわけである。

2　ロマ書三章21-24節

十字架の出来事を神自身がモーセ律法の枠外で起こした新しい行動と見るパウロの見方は、ロマ書三章21-24節に明言されている。

21しかし今や、律法なしに、しかも律法と預言者たちによって証しされて、神の義が明白にされ
てしまっている。22すなわち、イエス・キリストへの信仰をとおしての、そして信じるすべての
者たちへの、神の義である。実際、そこでは差別はまったくない。23すべての者が罪を犯したか
らであり、それゆえに神の栄光を受けるのに不十分だからである。24むしろ彼らは神の恵みによ
り、キリスト・イエスにおける贖いをとおして、無償で義とされているのである。

まず注意しなければならないのは、冒頭の「しかし今や」である。明らかに、ここでは「今」がそれまでの時と対比されている。この「今」を過去から分けるものこそ、イエス・キリストが十字架上で処刑された出来事である。繰り返しになるが、それはモーセ律法という円の外側で起きた出来事であった。そのことがここでは、続く「律法なしに」という文言で言い表されている。「なしに」に当たるギリシア語は「コーリス」(chōris)という前置詞で、英語のapart fromに相当する。「律法を離れて」と訳すこともできる。続く「神の義」はパウロにおいてきわめて重要なキータームで、簡単には説明できない。しかし、重要なことは、神と人間の間のあるべき関係を表わす関係概念だということである。その「神の義」が「今や」、モーセ律法の枠外で、十字架の出来事を通して、神の側からの新しい行動として与えられたというのである。

3　ロマ書四章1-12節

以上から明らかなように、それこそ「今や」モーセ律法は相対化されてしまう。決定的なことは「今や」その外側で起きてしまっているからである。パウロは同じ相対化を別の角度からも行なう。すなわち、モーセ律法が存在するようになる前にも、神はアブラハムに対して同じように行動したことがあるというのである。図表8では上部の水平線(神)の左端から垂直に下ろしてある矢印がそのことを示すもので、アブラハムに向かっている。このことについて述べるのがロマ書四章1-12節である。

1それでは、肉による私たちの父祖アブラハムは何を見いだすに至ったと言うべきであろうか。
2もしもアブラハムが業によって義とされたのなら、彼は誇ることができる。しかし、神に対し
てはそれはできない。3なぜなら、聖書は何と言っているか。「アブラハムは神を信じた。そして、
そのことが彼にとって義とみなされた」。〔中略〕
9さて、この幸いは、割礼を受けた者にだけ臨むのか、それとも無割礼の者の上にも臨むのか。
実際、私たちはこう言う、「アブラハムにとっては、その信仰が義とみなされたのだ」と。10では、
どのようにして、彼は義とみなされたのか。割礼を受けてからか、それとも、割礼を受ける前か。
割礼を受けてからではなく、割礼を受ける前のことである。11アブラハムは、割礼を受ける前に
信仰によって義とされた証として、割礼の徴を受けたのである。それは彼が、無割礼のままで信
じたすべての者たちの父となるためであり、彼らもまた義と認められるためである。12そして彼

は、ただ割礼を受けた者たちにとって父となっただけではなく、さらにまた、「私たちの父アブラハム」が無割礼の時にもっていた信仰の足跡に従って歩んでいる者たちにとっても、同様に割礼の父となったのである。

「聖書は何と言っているか。『アブラハムは神を信じた。そして、そのことが彼にとって義とみなされた』」という3節の引用文は、創世記一五章6節を指している。創世記のその前後では、すでに老境に達して子供がないアブラハムに向かって、神が天の星のような数の子孫を約束すると、アブラハムは「主を信じた」ことが物語られている。神はアブラハムのその信仰を「義と認めた」というのである。それに先立つ創世記一二章では、同じアブラハムが神に命じられるままに、行方定かならぬ旅に出発している。反対に、一五章より後の一七章では、神がアブラハムを多くの子孫の父に選んだ契約の印として、彼の子孫(男子)に割礼が課されることになる。すべて本書の第I章一節のはじめで見たとおりである。ただし、パウロが創世記一五章6節から行なっている「アブラハムは神を信じた。そして、そのことが彼にとって義とみなされた」という引用は、よく注意してみると、本書第I章一節に掲出した邦訳の該当箇所「彼(アブラハム)はヤハウェを信じた。そして彼(アブラハム)は、それが自分にとって義しいことだ、と考えた」と異なっている。ヘブライ語の本文に基づけばこのように訳すことが可能であるのに対して、パウロの引用はギリシア語訳(七十人訳)の旧約聖書に基づいている。

パウロはアブラハムについてのこの一連の話をよく知っていて、その順番に注目するのである。アブラハムが神を信じた(創一二章と一五6)のは、割礼(創一七10-14)を受ける前であって、その後ではなかったという順番である。ロマ書四章10-11節が「どのようにして、彼は義とみなされたのか。割礼を受けてからか、それとも、割礼を受ける前か。割礼を受けてからではなく、割礼を受ける前のことである。アブラハムは、割礼を受ける前に信仰によって義とされた証として、割礼の徴を受けたのである」と述べるのは、その順番にこだわっているのである。

なぜ、パウロにとって、その順番がそれほど重要なのか。その理由は、そもそも人間が「神によって義とみなされる」のは、「神の誡め」を守ることを条件とするものではなく、信仰のみによるのだというのがパウロの考えだからである。ここで問題になっている「誡め」(割礼)は、モーセよりもはるか以前のものであるから、モーセ律法と同じではない。しかし、パウロはこのアブラハムの事例を証拠として、モーセ律法を相対化する。モーセ律法が存在するようになるはるか以前に、神はアブラハムの信仰を、「誡め」とは無関係に、「義」と認めた。それゆえ、その後に与えられたモーセ律法は、人間が神に義とされるための絶対的な条件ではない。これがパウロの論旨である。

すでに見たように、同じ神は「今や」イエス・キリストの十字架の出来事によって、モーセ律法の円の外側で、まったく新しい行動を起こしているのであった。とすると、モーセ律法は、歴史的に見て、それ以前とそれ以後の両方における神の行動——「誡め」と「律法」とは無関係な神の行動——によって挟まれたもの、その挟まれた期間だけ存在を許されたものに過ぎないのである。それ以前と以後の両方を貫くものは、パウロによれば、むしろ神がアブラハムに対して行なった「子孫」の約束である。パウロはこの「子孫」が(集合的)単数にも読める(創一三15、一七8参照)ことに依拠して、それはのである。

「キリストのことである」(ガラ三16)と言う。「神によってあらかじめ有効なものとされている契約を、四百三十年後にできあがった律法が無効にして、約束を無効にするようなことはない」ということである(ガラ三17)。「子孫」、すなわちキリストの「約束」のほうが、「律法」よりも上位に置かれているのである。

このことを理解するためには、(旧約)聖書の世界の神(ヤハウェ)が、終始、自然のもろもろの力を神格化したような神ではないこと、従って、何らかの形で自然の中に鎮座まします神ではなく、言葉(意志)によって人間の歴史の中に介入し、行動する神であったことを想起しなければならない。旧約聖書の神ヤハウェは意志の神であり、地上の人間の歴史を行動の舞台とする神なのである。しかも、その舞台でこの神は絶対的に自由に行動する。「絶対的に自由に」という意味は、一度ある行動を起こしたら、以後それにいつまでも拘束されるというような神ではないということ、場合によっては、かつての自分の行動を自由に撤回あるいは変更することもある神だということである。図表8の上部の水平線に「歴史の中で自由に行動する神」と書いてあるのは、パウロもまたそのような神の自由を前提していることを示している。イエス・キリストの十字架上の刑死は、神が自分の独り子を「呪われた」死に棄却した出来事であった。それは神の自己放棄に等しい出来事である。神は自己自身からも絶対的に自由なのである。この自由によって、神は「今や」「律法なしに」、その枠外で新しい行動を起こすことによって、モーセ律法そのものの拘束力を無効にし、かつてアブラハムに対して発せられた約束を実現した。これがパウロの見方である。モーセ律法の拘束力を論理的にも実際的にも廃棄できなかった原始エルサレム教会の贖罪信仰との違いは明瞭である。

4　ロマ書四章16-18節

しかし、まだ決定的に重要な問いが一つ残っている。なぜ、神は「今や」そのような過激な行動に出たのか。その答えはロマ書四章16b-18節にある。これは前項で見たロマ書四章1-12節の続きの部分である。

16b このアブラハムこそ、私たちすべての者の父である。17 次のように書かれている。すなわち、「私は多くの民の父として、あなたを立てた」と。この方を彼は信じたのである。それは死者たちを生かし、無なるものを有なるものとして呼び出す神である。18 彼は希望するすべもなかったときに、なおも望みを抱いて、信じた。そして、「あなたの子孫はこのようになるであろう」と言われているように、彼は多くの民の父となったのである。

17節の「死者たちを生かし、無なるものを有なるものとして呼び出す神」がここでのポイントである。「死者たちを生かし」とあるのは、アブラハムはその時まだ実際に死んでいたわけではないから、明らかに比喩的な言い方である。人間としてはもはや何ら「希望するすべもない」とき、すなわち、その意味で人間がすでに「死んでいる」とき、肉体的・生理的な意味では生きていても、真の意味ではもはや「無なるもの」であるとき、――そのとき、そのような人間に「有なるもの」と呼びかける神、それがすなわち「死者たちを生かす神」なのである。「無なるものを有なるものとして呼び出す神」という表現は、安易に読むと、創世記の冒頭の天地創造神話が言うように「無から万物を創造した神」のことかと思われるかも知れない。しかし、そうではない。ここで問題になっているのは、神と人間の関係である。哲学用語で言えば、神の前での人間の実存的状況である。

二　根源的な「罪」(単数)とパウロの回心

パウロはほかでもない自分自身を、ロマ書四章17節で比喩的な意味で言われている「死者」だと思っていた。確かに肉体的・生理的には生きてはいるが、神との関係では、「無なるもの」、「存在していない」者だと思っていた。それは彼が抱えた深刻な自己分裂と関わっている。すでに繰り返し述べたように、パウロはファリサイ派の律法学者になろうとして、「同年輩の者たちにまさって」熱心であった(ガラ一14)。「信仰的まじめさの競争」ということについては、すでに原始エルサレム教会の贖罪信仰の問題点として前述した(第Ⅶ章四節1)。ファリサイ派のエリート学徒であったパウロも同じ競争に精を出していたのである。しかし、そのような信仰的敬虔の競争は、人間の根源的エゴイズムを助長するものであっても、決してそれを超克するものではありえない。すべて他者との競争による自己実現はエゴイズムを発動させずにはおかないからである。パウロはそこから深刻な自己分裂に陥った。それは彼自身がロマ書の七章7-24節で赤裸々に吐露しているとおりである。

7それでは、私たちは何と言うのであろうか。律法は罪であるとでも言うのだろうか。断じてそんなことがあってはならない。しかし私は、律法をとおしてでなければ、罪を知ることはなかったであろう。実際、もしも律法が「あなたはむさぼってはならない」と言わなかったならば、私は欲望なるものを知らなかったであろう。[8]しかし罪は誡めによって機会を得て、私の内にあらゆるむさぼりを生じさせたのである。なぜならば、律法がなければ罪は死んでいるからである。[9]私は、かつては律法によらずに生きていた。しかし、誡めがやってきた時、罪は生き返り、[10]私は逆に死んだ。そして生命へと至るはずの誡めそのものが、死へと導く誡めであることを私は見出したのである。[11]罪は誡めによって機会を得、私を欺き、そしてその誡めによって、私を殺したのだからである。〔中略〕[13b]そのために、罪は誡めによって、はなはだしく罪深いものとなった。〔中略〕[19]私は自分が欲する善いことは行なわず、むしろ自分が欲しない悪いことをこそ行なっている。[20]もしも私が自分の欲しないことを行なっているとするなら、もはやこの私がそれを行なっているのではなく、私の内に住んでいる罪がそれを行なっているのである。〔中略〕[24]私はなんと惨めな人間なのか。誰がこの死のからだから、私を救ってくれるのだろうか。

一読して明らかなように、「罪」という語が頻繁に出ている。しかも、原語のギリシア語では、そのすべてが例外なく単数形なのである。日本語では名詞の単数と複数の区別がないので、日本語の聖書語句索引では用がたりないが、英語でも何でもよいから、横文字訳の聖書語句索引(これは沢山あって、簡単に手に入る)で調べれば、パウロの手紙全体について、「罪」の単数形と複数形の使われ方の分布がすぐに分かる。すでに述べたように、パウロも原始エルサレム教会から受けた伝承(Iコリ一五3b−

7)を報告するようなときには、そこにあった複数形の「罪」をそのままにしている。しかし、目下のロマ書七章のように、自分自身の言葉で発言する時には、ほとんど例外なく単数形の「罪」について語る。

単数形での「罪」は、ここでパウロが問題にしているのが、一つ二つと数えることのできない、はるかに根源的な「罪」であることを示している。それはもはや、モーセ律法の個々の規定——パウロはそれをここでは「誡め」と表現している——を規準にして判定できるものではない。従って、「多い」、「少ない」と量的な測定ができるようなものでもない。そうではなくて、まさにそのような「多い」と「少ない」にこだわる生き方、人一倍熱心に律法の掟を守ることによって、神の前に自分を立てようとしていたこと、まさにそのことこそが根源的な「罪」、すなわちエゴイズムのなせるわざであることにパウロは気づいたのである。人一倍熱心に律法の遵守に励みながらも、おそらくパウロは常に自分自身との不一致に苦しんでいたに違いない。そのことが「私は自分が欲する善いことは行なわず、むしろ自分が欲しない悪いことをこそ行なっている」という文章(19節)で告白されている。今や、パウロはその原因を「もはやこの私がそれを行なっているのではなく、私の内に住んでいる罪がそれを行なっているのである」(20節)と言い表す。

特に注意したいのは、ここで「罪」はパウロという個人の意志を超える超主体的な、あるいは一種の根源的な「力」のようなものとして表象されていることである。それは、すでに見たガラテヤ書三章13節で、「律法の呪い」と言われていたのと通じている。そこでも律法は人間を呪う主体であった。同じことは、「罪は誡めによって機会を得」という前後二回(8、11節)繰り返される表現からも明らかである。この言葉の意味は一見難解かも知れない。しかし、今述べた消息をじっくり考え合わせれば、実に筋の通った発言であることが分かるであろう。「誡め」とは、モーセ律法に含まれる、ほとんど無数の個々の条項が信仰的まじめさの尺度とされている在り方のことである。それは容易に人間を「信仰的まじめさの競争」に誘うことによって、人間のエゴイズム、つまり、パウロが単数形で言う根源的な「罪」を誘発する力となる。「罪は誡めによって機会を得」とは、そのような事態を指している。

Iコリント書一五章56節には、「死の棘は罪であり、罪の力は律法である」というパウロの別のよく知られた言葉がある。ここでは「罪」が個々の人間を越える超主体的・根源的「力」であることが明言されるにとどまらず、さらにその上位に「死」が置かれている。その「死」は「罪」以上の超主体的な「力」と考えられている。上位から下位へ順に言えば、「死」が「罪」を道具(「棘」)として使う。その「罪」は「律法」(の誡め)を道具として用いる(「機会を得る」)。こうして、「死」の力が人間を縛りつけるのである。パウロは自分がまさにそのような「死」の力の支配の下に縛られていることを、「私はなんと惨めな人間なのか。誰がこの死のからだから、私を救ってくれるのだろうか」(ロマ七24)と言い表している。

そのパウロはある時突然に、エルサレム教会の信徒たちから伝え聞いていたイエスの十字架の刑死という出来事に思い至る。そして、すでに見たような意味での神の全く新しい行動をその中に認めたのである。繰り返しになるが、それは神が自分の独り子を、とはつまり神が自分自身を、凄惨きわまりない十字架の刑死に棄却してまで、パウロの「この死のからだ」、つまり現にあるがままのパウロ

――自分で自分を評価して「無なるもの」、「存在していないもの」と思い込んでいるパウロ――に向かって、「お前は現に存在している」、「有なるものなのだ」と呼びかける行動であった。パウロは、このことに気づいたとき初めて、「律法の呪い」から解放されたのである。この意味で、神はパウロにとっても、かつてのアブラハムにとってと同じように、「死者たちを生かす神」(ロマ四17)なのである。

ここでは出来事の時間的な順番も重要なポイントである。パウロがそうと気づいたときには、十字架の出来事はすでに起きてしまっていたのである。前述のように、パウロは生前のイエスに会ったことがなく、その十字架上の最期を見てもいない。それは純粋に時間的にはすでに起きてしまった過去の事件である。もちろん、それは単純な過去として過ぎ去ってしまってはいない。それはパウロにとって、決定的な救いの出来事であり、それによって彼は今現に立つことができている。パウロが繰り返し「十字架につけられたキリスト」について語るとき、ギリシア語の文法で言う現在完了受動分詞(estaurōmenos)を用いるのは決して偶然ではない。それはすでに起きた出来事でありながら、その影響が現在にまで及んでいることを表現している。文字通りには、「十字架につけられたままのキリスト」ということになる(Iコリ一23、二2、ガラ三1)。

しかし同時に、十字架の出来事が時間的にすでに先に起きてしまっているということも重要である。それは本質的な意味での先行性を意味している。すなわち、パウロが「律法の呪い」の下に、自分の内部で堂々巡りの苦悩を繰り返していたこととは無関係に、かつそれに先立って、すでに神の側からの行動が起きてしまっているのである。パウロからみれば、気づいた時には、すでに神が和解の手を先に向こうから差し伸べてくれていたということである。パウロ自身、あるいは人間がなすべきことは、その神の先行的な招きを受け入れるかどうかの決断だけである。それを受け入れる決断が信仰にほかならない。「信仰(のみ)による義」についてパウロが繰り返し語るのは(ロマ三28-30、四5、13、五1、一〇6、ガラ二16、三24、フィリ三9他)、そのことを意味している。あらかじめ律法遵守の業績を証明することは、神の側から一切求められていない。神の招きは無条件なのである。しかし、受け入れるという決断だけは、誰もがしなくてはならない。パウロの「十字架の神学」が「信仰義認論」とも呼ばれるのはこの理由による。

パウロの伝道活動は、この意味で神の側から無条件で今現に差し出されている「和解」を述べ伝える任務にほかならなかった。そのことを彼はⅡコリント書五章18-21節で次のように述べている。

> 18しかし、すべてのものは、キリストをとおして私たちをご自身に和解させ、そして私たちに和
> 解のための奉仕を与えられた神から出ている。19なぜならば、神はキリストにあってこの世界を
> ご自身に和解させ続けてきたからである。その際神は、人間の罪過を彼らに帰すことをせず、私
> たちに和解の言葉を託されたからである。20それゆえに、神が私たちをとおして勧めておられる
> ので、キリストに代わって私たちは、その使者としての務めをする。私たちは、キリストに代わ
> って請い求める、あなたがたが神と和解するように。21神は罪を知らない方を、私たちのために
> 罪とされたのである。それは私たちが、その方にあって神の義となるためである。

しかし、パウロはその伝道活動の多くの局面で、モーセ律法に決疑法的にこだわる立場と繰り返し

対決しなければならなかった。それも、ユダヤ教の中のそのような律法論との衝突のことではない。むしろ、原始エルサレム教会の影響下にあったとおぼしき他のキリスト教徒あるいは伝道者たちとの直接間接の衝突である。パウロが地中海世界を股にかけた伝道旅行に出て行く直前、彼の母教会であったシリアのアンティオキア教会で起きたペトロとの衝突事件、いわゆる「アンティオキアの衝突」がすでにそうであった。パウロはこの事件について、ガラテヤ書二章11-14節に書き記している。それがどのような具体的な事情と経過で起きたものなのか、また、その根底にはどのような神学的な違いが働いているのか。これらの点についてては、私はすでに別のところで詳しく論じているので、ここでは立ち入らないことにする〔16〕(および〔29/16-26〕も参照)。ここではただガラテヤ書の結びの部分にだけ注意しておきたい。この手紙でパウロが対峙している論敵も、おそらくは原始エルサレム教会の狭義の贖罪信仰の延長線上で、再びユダヤ教への順応を進めつつある立場の伝道者たちであったと推定される。その彼らについて、パウロはガラテヤ書六章12-13節でこう述べる。

12肉においていい顔をしたいと欲しているあの者たちはすべて、割礼を受けることをあなたがたに強要しているが、それはただ、彼らがキリストの十字架を宣べ伝えることによって迫害されるのを避けるためにすぎない。13実際、割礼を受けている者たち自身が、実は律法を守ってはいないない。むしろ彼らは、あなたがたの肉によって誇るために、あなたがたが割礼を受けることを欲しているにすぎない。

「割礼を受けている者たち自身」とは、パウロの論敵のことである。彼らはユダヤ教出身のキリスト教徒である。それがガラテヤの異邦人出身の信徒たちにも、改めてユダヤ教の「割礼」を求めているという構図である。パウロは彼らの思惑を評して、「ただ、キリストの十字架を宣べ伝えることによって迫害されるのを避けるために」と言う。ここで「十字架を宣べ伝えることによって迫害される」とあるのは、ローマ帝国からの迫害のことではない。そうではなくて、ユダヤ教徒たちからの迫害のことと考えなければならない。イエスの十字架上の処刑という出来事を、ここまで縷々見てきたようなパウロの「十字架の神学」の意味に解して、神との和解を生きようとすれば、ユダヤ教の律法論との衝突は不可避である。論敵たちはそれを恐れている、というのがパウロの見方である。そこで、ガラテヤの異邦人出身の信徒たちの「肉体」をだしにして、それに割礼を施すことで、自分たちがモーセ律法に忠実であるふりをしているにすぎない、というのである。「彼らは、あなたがた（ガラテヤ人）の肉によって誇るために、あなたがたが割礼を受けることを欲している」とは、そういう意味である。それに対してパウロは前掲の引用に続けて、「しかし、私にとっては、私たちの主イエス・キリストの十字架以外のものを誇ることは、断じてあってはならない。そのキリストをとおして、世界は私に対して、私も世界に対して、十字架につけられてしまっているのである」（ガラ六14）と言う。ここでは、Ⅱコリント書四章10節に「常にイエスの殺害をこのからだに負って歩き回っている」とあるのと同じことが言われている。「イエスの焼き印を私のからだに負っている」というガラテヤ書六章17節の表現も、Ⅱコリント書四章10節の「イエスの殺害」と同じ意味に解することができる。

以上で、原始エルサレム教会の贖罪信仰の論理とパウロの「十字架の神学」の構造的な違いが明らかになったはずである。しかし、なお一つ、重要な問題が残っている。それは、モーセ律法が今や「十字架の神学」の視点から、パウロの目にどのように新しく見え始めているかという問題である。

三　パウロの律法論

パウロはロマ書三章31節では、「それでは、私たちは、その信仰のゆえに律法を無効にするのか。断じてそうではない。むしろ、私たちは律法を確立するのである」、さらにロマ書七章7節では、すでに見たように、「それでは、私たちは何というのであろうか。律法は罪であるとでも言うのだろうか。断じてそんなことがあってはならない」と断言する。まず自分に対するあり得べき問いを設定して、次にそれに応答するという表現法は、当時のギリシア・ローマ文化圏によく知られていた修辞法(ディアトリベー)である。しかし、パウロは前節で触れたような論争の中で、実際に繰り返しこの種の詰問を受けたに違いない。

それに対するパウロのこの断言はどう理解すればよいのか。例えば、「律法そのものは聖いものであり、そして誡めも聖く、そして義しく、そして善いものなのである」(ロマ七12)、あるいはその他、「そもそも私たちは、律法は霊的なものであることを知っている」(ロマ七14)のような発言も含めて、パウロはその詰問に説得的な解答を提示できているのだろうか。否、それができていない、むしろ前記の断言はモーセ律法が十字架の出来事によって棄却されてしまったことを述べる発言と、論理的に調停されないまま残っている、とする見解がすでに古代教父の時代から存在する。例えば、オリゲネス

『ローマ人への手紙講解』第三巻一一が、「しかし、使徒（パウロ）はここ（ロマ三31）で自分自身と矛盾することを言っていると誰かが反論する可能性は看過できないであろう」と述べるのが一例である。

この問題について、最近G・アガンベンが『残りの時――パウロ講義』〔4〕で述べていることを参照してみたい。アガンベンはパウロの律法論の文脈で、「例外事例は、国家的権威の本質をもっとも明瞭にあらわす。〔中略〕例外は通常の事例よりも興味深い。通常の事例はなにも証明せず、例外がすべてを証明する。例外は規則を裏づけるだけではない。規則はそもそも例外によってのみ生きるのである」という、ナチス時代のドイツの国法学者C・シュミットの有名な命題を引いている。アガンベンがパウロの律法論として述べるところは、このシュミットの命題を、十字架上のイエスの凄惨な刑死とモーセ律法の関係にあてはめたものと言うことができる。イエスの十字架の刑死が「律法に呪われた」死として、モーセ律法からみれば「例外中の例外」事例であることに何人も異論はないであろう。その「例外中の例外」事例こそがモーセ律法を――シュミット的に言えば――「裏づけるだけではない。モーセ律法はそもそもこの例外によってのみ生きるのである」ということになる。

このことを言うために、アガンベンは「例外」を意味するラテン語「エクスケプティオー」(exceptio)について、面白い議論を展開する。前綴りの「エクス」は「……から外へ」、後半の「ケプティオー」は、元になっている動詞「カピオー」(capio)に準じて、「取ること」の意味に解して、単語全体では「……を外へ取り出す」の意味に取るのが通常である。しかし、アガンベンは逆に、「エクス」＝「外にあるもの」を「ケプティオー」＝「(自分の内側に)捕らえること」という意味に読む。その結果、例外状態とは「包摂的な排除」なのだという命題となる〔4/170〕。そのことによって、例外事例は本体のほうの「本質をもっとも明瞭にあらわす」ことになる。

事実、このように見るとき、パウロの律法論にかかわる前述の謎がよく解けるように思われる。十字架の出来事は確かにモーセ律法の拘束力を廃棄する。しかし、その拘束力とは、モーセ律法が決疑法的に「誡め」として運用されている限りでの拘束力のことである。そこでは、パウロの表現を使えば、「罪の力」としてのモーセ律法が問題なのである。すなわち、「誡め」(規範、ギリシア語ではentolē)としてだけ読まれることによって、人間を「信仰的まじめさ」の競争という根源的な「罪」に引きずり込む「力」に堕してしまっているかぎりでのモーセ律法が問題なのである。あるいは、「罪が誡めによって機会を得て」いる在り方(ロマ七8、11)のことである。

モーセ律法が十字架の出来事によって蒙るこの廃棄を、パウロは「カタルゲオー」(katargeō)という動詞で言い表す。新約聖書全体で二七回用例があるが、その内の二二回がパウロの真筆に現れるから、パウロ独特の用語であることは端的に明らかである。そのすべてが律法に関連するわけではない。しかし、すでに引いたロマ書三章31節で、「それでは、私たちは、その信仰のゆえに律法を無効にするのか」と言われるときの「無効にする」に当たるのがこの動詞である。その他、ロマ書六章6節、七章6節、Ⅱコリント書三章13節の用例も律法論の文脈に属する。

アガンベンは律法論の文脈でのこの「カタルゲオー」を「非活性化」あるいは「無効化」と解して、「メシア的なものとは、律法の破壊ではなく、非活性化であり、遂行不可能性なのだ」、「それ(文脈上「メシア的能力」を指す)は律法とその行為の領域に、それらをたんに否定したり無化したりするのではなく、それらを働かなくし、機能不全で、もはや作動していない状態にすることによって、効力をおよぼす。これがカタルゲオーという動詞の意味である」という〔4/156〕。この「非活性化」(無効化)はもちろんモーセ律法に「終わり」をもたらす。しかし、それは同時にモーセ律法をその本来の本質へ向かって活性化する。「例外」が「本体」の本質を活性化するように。ここからアガンベンは、しばしば律法の「終わり」と訳すべきか、律法の「成就」(あるいは「目標」)と訳すべきか議論となる箇所のギリシア語「テロス」(telos)について、これを「思慮に欠ける」議論だと言う。

その箇所の一つはⅡコリント書三章13節である。新共同訳は「モーセが、消え去るべきものの最後をイスラエルの子らに見られまいとして、自分の顔に覆いをかけた……」、岩波版新約聖書(青野太潮)は「イスラエルの子らが壊されゆくものの最後をみつめることがないようにと、モーセが自分の顔に覆いをかけた……」と訳している。ここで「消え去るべきもの」(新共同訳)あるいは「壊されゆくもの」(青野太潮)とあるのが、ギリシア語では「カタルゲオー」という動詞を用いている。内容的には、それはモーセ律法(後続14節の「古い契約」)を指している。14節によれば、それは「キリストにおいて初めて無力にされる」、つまり無効化されて「最後」を迎える。(新共同訳は14節の後半の「カタルゲオー」の受動態の主語をモーセの顔にかけられた「覆い」と取って、「キリストにおいて初めて取り除かれるもの」と訳している。これは文法的に無理な読解である。)しかし、それはまさにモーセ(つまりモーセ律法)にかけられてきた「覆い」が初めて取り除かれて、モーセ律法の素顔、すなわち、「無力なものとされていること」が「見つめられ」うるものとなった瞬間なのである。アガンベンによれば、それはモーセ律法の「終わり」であると同時に「成就」、すなわち、新しい可能性に向けての解放である。アガンベンは同じことをロマ書一〇章4節についても、こう指摘する。「テロスはここでは『終焉』なのか『成就』なのか、と——実をいえば思慮に欠ける事にも——問う者がいる。メシアが律法を働かなくさせ、働きから逃れ出させ、可能態に差し戻すかぎりにおいてのみ、それは終焉であるとともに成就であるようなテロスを表象することができるのだ」〔4/159〕。

もともとモーセ律法の真義は、人間をどれだけの「誡め」を遵守できているかと互いに競わせる律法主義にあったのではない。そのことは、シナイ山での律法授与の場面が現在のモーセ五書の中で置かれている位置からも明瞭である。それはエジプトを脱出してきたイスラエルの民が紅海の「奇蹟」によって救われた出来事(出エジプト記一四章)の後(二〇章以下)に置かれている。取るに足りない弱小の民イスラエルを救ったのは、ひとえに神ヤハウェの側の言わば理由なき無条件の愛と選びによるのである。「十誡」を初めとするモーセ律法は、そのようにして選ばれたイスラエルがその後ヤハウェとのあるべき関係(契約)を保持してゆくために与えられたものにすぎない。それを遵守することが救いを根拠づけることになるような「誡め」(規範)集ではなかったのである。

パウロ時代のユダヤ教においても、モーセ律法のこの真義はしっかり認識され、生きられていたとする最近のパウロ研究(E・P・サンダース)については、すでに触れた(第Ⅱ章「まとめ」)。しかし、同時代のユダヤ教が実際にどこまで「律法主義」であったと言いうるかとは別に、ファリサイ派の律法学者になるべく人一倍熱心であった当のパウロ自身が、自分を「律法の呪い」の下に縛られた存在と見ていた事実こそが重大である。モーセ律法がひとたび「決疑法」的に運用される時に「信仰的まじめさの競争」が始まるという病理に、パウロは誰よりも早く気づいていたと言うべきであろう。この意味で、間違いなくパウロの内なる律法主義について語ることができる。

「律法の呪い」から解放された後のパウロは、今度はそのモーセ律法の真義を新しく受け取り直す。それが「律法そのものは聖いものであり、そして誡めも聖く、そして義しく、そして善いものなのである」(ロマ七12)、あるいは、「そもそも私たちは、律法が霊的なものであることを知っている」(ロマ七14)という発言の趣旨である。「それでは、私たちは、その信仰のゆえに律法を無効にするのか。断じてそうではない。むしろ、私たちは律法を確立するのである」(ロマ三31)についても同じことである。この「律法を確立する」という言い方には、子供が不幸な親子関係の呪縛から何らかのきっかけで解放された後、同じ親との関係を新しく確立してゆくような関係を想わせるところがある。事実パウロはガラテヤ書三章23-25節でこう語る。

> 23信仰が到来する以前は、私たちは律法のもとに閉じ込められて監視されていた。来たるべき信
> 仰が啓示されるに至るためである。24こうして律法は、キリストへと導く私たちの養育係となっ
> ているのである。それは私たちが信仰によって義とされるためである。25しかし信仰が到来した
> からには、私たちはもはや養育係のもとにはいない。

真に自立した子が「親の前で、親と共に、しかし、親なしで生きる」ように、今やパウロは「律法の前で、律法と共に、しかし、律法なしで生きる」のである。そこにモーセ律法を新しく「用いる」可能性が開けてくる。

そのようにして、十字架の出来事によって新しい可能性へと差し戻されたモーセ律法のことを、パ

ウロは「神の律法」(ロマ七22、25、八7)、あるいは「キリストの律法」(ガラ六2)と呼ぶ。「信仰の律法」(ロマ三27)、「心の律法」(ロマ七23)、「霊の律法」(ロマ八2)という言い方の指示するところも同じである。それとは逆に、本来の真義を離れて、「誡め」(entolē)、すなわち「行ないの規範」に矮小化されて非活性化した状態が「行ないの律法」(ロマ三27)、「罪の律法」(ロマ七23、25)あるいは「罪と死の律法」(ロマ八2)と呼ばれる。アガンベンが言うとおり、ここでは二つの別々の律法が問題にされているのではない。同一のモーセ律法の二つの在り方の間の弁証法的な緊張関係が問題なのである。

> 二律背反(「行ないの律法」と「信仰の律法」のこと)は無関係でまったく異質な原理にかんしてのものではなく、律法自体に内在する対立、すなわち、規範としての要素と約束としての要素との対立なのだ。律法のうちには、なにか構成上規範を超え出ていて、規範に還元されえないものがある。そして、パウロが「約束」(これに関連するのが「信仰」である)と「律法」(これに関連するのが「行ない」である)の対をつうじて言及しているのは、この過剰なのであり、律法に内在するこの弁証法なのである。
>
> (G・アガンベン)〔4/154〕

新共同訳も岩波版新約聖書もこの関連では、「信仰の法則」、「心の法則」、「霊の法則」、「行ないの法則」、「罪の法則」、「罪と死の法則」という訳語を採用している。確かに、パウロの特にローマ人の手紙の宛先の教会には、異邦人キリスト教徒が少なからずいたに違いない。パウロは「律法」という特殊ユダヤ教的な用語が彼らにとってはなじみが薄いであろうと慮って、単語としてはそれと同じギリシア語(nomos)を用いながら、それが「法則」という彼らにとって通常の意味で理解されるに委ねているのかも知れない。しかし、他方でパウロは「神の律法」という表現では、新共同訳でも岩波版新約聖書でも、同じギリシア語が「律法」の意味で理解されることを求めていることになるわけだから、「法則」と「律法」の訳し分けにはあまり説得力がない。加えて、このように訳し分けると、アガンベンの言う弁証法的な緊張関係が読み取りにくくなる。

四　パウロの「苦難の神学」

パウロの「十字架の神学」は、さらに、独特な「苦難の神学」とでもよぶべきものをもたらしている。そこには、モーセ律法が「誡め」へと非活性化された在り方から今や新しい「使用」へと解放されている事態と似た響きがある。すなわち、パウロは苦難を「用いる」という言い方をすることができる。パウロが地中海世界を股にかけた伝道の生涯において繰り返し経験しなければならなかったさまざまな苦難の数々については、ここで枚挙に暇がない。それらの苦難について、パウロは「私たちは患難の中にあっても誇っている」(ロマ五3)、あるいは「患難において忍耐し」(一二12)、「私自身については、もろもろの弱さ以外は、誇るつもりはない」(IIコリ一二5)とさえ言うことができた(他にIIコリ一一30、一二9、10も参照)。その可能根拠は何であったのか。パウロの「十字架の神学」として以上に述べてきたところが、この問いに対する解答である。もう一度だけ繰り返せば、パウロの苦難は、十字架上のイエスの呪われた「殺害」を自分の身に負う出来事であった(IIコリ四10)。パウロは同じことを

「キリストの苦難が私たちのうちに満ち溢れている」(Ⅱコリ一5)とも言う。

ここで改めて注目したいのは、むしろ「苦難を誇る」という言い方に含まれた独特の弁証法的な「距離感」である。パウロは次々と生じてくる苦難を「用いる」ことによって、苦難を乗り越えようとしているのではないか。苦難の現実は現実として容易には変わらない。それを嘆き悲しむことは、それに「所有」されることである。その「所有」を脱する道は、唯一それを逆手にとって「用いる」ことである。

このことが読み取れるパウロの発言を二つ挙げよう。一つはⅡコリント書六章8-10節である。それに先行する部分(Ⅱコリ六3-7)では、パウロが伝道の途中で経てきたさまざまな苦難が列挙される。それに続けて彼はこう述べる。

8私たちは栄光と恥辱とによって、悪評と好評とによって、(神奉仕者として自分を示してい
る。)私たちは人を惑わす者のようでいて、同時に真実な者であり、9人に知られていない者の
ようでいて、同時に認められた者であり、死んでいる者のようでいて、同時に、見よ、生きてい
る者であり、懲らしめられている者のようでいて、同時に殺されることのない者であり、10悲し
んでいる者のようでいて、しかし常に喜んでいる者であり、物乞いのようでいて、多くの人を富
ませる者であり、何ももたない者のようでいて、同時にすべてをもっている者である。

この発言に、ルカ福音書六章20-26節/マタイ福音書五章3-12節にイエスのものとして伝えられる

言葉を彷彿とさせるものがあることは、すでに青野太潮氏によって指摘されている通りである〔41/561〕。Ⅰコリント書四章13節にも、ほぼ同じことが言及された後、「私たちは今に至るまで、この世界の塵芥、すべての者のうちの屑のようになったのである」とあることも、これと並行している。ただし、Ⅱコリント書の目下の箇所で新しいのは、「……のようでいて、（実は）……ではない／……である」という言い方である。「……のようで」のギリシア語はhōsで、英語のas ifに当たる。語り手（パウロ）自身の意見ではなく、他者の意見を代わって報告する言い方である。しかし、目下の箇所で合計七回繰り返される用例の内のいくつかは現にパウロの現実そのものであると考えなければならない。パウロは事実「人に知られていない」のであり、死にかかっているのであり、「懲らしめられている」のであり、時に「悲しんでいる」のであり、現に「物乞いの」ようであり、「無一物」なのである。パウロはそのすべてを「この奉仕」の務め（Ⅱコリ六3）のために「用いている」のである。「……のようで」(hōs/as if)は現実の有様を否定しているのではない。それを「用いる」ことによって目の前の現実を乗り越えるパウロの内面的な距離を表現している。

同じことはもう一つⅡコリント書一二章7－10節についても言える。これはパウロが自分が経てきた苦難を列挙するⅡコリント書一一章23－27節と一連の文脈に属している。

7bそのため、私が高慢にならないようにと、私の肉体に棘が与えられた。それは、私が高慢にならないようにと、私を拳で打つための、サタンの使いである。8この使いについて私は、彼が私から離れ去るようにと、三度主に懇願した。9すると主は、私に言われたのである。「私の恵みはあなたにとって十分である。なぜならば、力は弱さにおいて完全になるからである」。そこで私は、むしろ大いに喜んで自分のもろもろの弱さを誇ることにしよう。それは、キリストの力が私の上に宿るためである。
10それだから私は、もろもろの弱さと、侮辱と、危機と、迫害と、そして行き詰まりとを、キリストのために喜ぶ。なぜならば、私が弱い時、その時にこそ私は力ある者だからである。

ここで言われる「サタンの使い」としての「棘」が何を意味するかについては、古くから多くの議論がある。今ここではそれに立ち入らない。われわれにとって肝腎なのは、「力は弱さにおいて完全になるからである」(9節)という言い方に、「弱さ」を「用いる」という事態が鮮明だということである。「使命」は「弱さ」を事実として滅却したところで遂行されるのではない。「弱さ」を「用いて」遂行されるのである。そうして初めて、使命は苦難を乗り越える。

以上はいずれも、パウロが伝道者としての自分の苦難に焦点を当てながら語っている箇所である。それとは別に、パウロが個々の信徒が信徒となったときのこと、現に信徒として生きようとしていること、この意味での「召命」について語る有名な箇所がある。Ⅰコリント書七章29-31節がそれである。

29兄弟たちよ、私はこのことを言っておく。時は縮められてしまっている。これから(残された時)は、妻をもつ者たちは、あたかももたないかのようになり、
30泣き叫んでいる者たちは、あたかも泣き叫ばないかのように、そして喜んでいる者たちは、あたかも喜んでいないかのように、

そして買い物をして何かを所有する者たちは、あたかも所有しないかのように、31 そしてこの世を利用している者たちは、あたかもそれを十分には利用していないかのようになりなさい。なぜならば、この世の姿かたちは過ぎ去るからである。

ここでは「……する者たちは、あたかも……しないかのように」という言い回しが前後五回繰り返される。すでに見たⅡコリント書六章8-10節で、「……のようでいて、(実は)……ではない/……である」という言い方が合計七回繰り返されていたのと非常によく似ている。違いはただ、こちらでは英語の as if に相当するギリシア語 hōs が「あたかも……しないかのように」という否定形のフレーズ(hōs me)で、文の後半に現れていることである。しかし、ここでも問題になっている事柄はおなじである。「あたかも……しないかのように」したところで、「……する者たち」の現実そのものが実体として変わるわけではない。「泣き叫ぶ者たち」の現実が泣き叫ぶ必要のないものに直ちに変わるわけではない。問題はその現実に「所有」されてしまわずに、逆に同じ現実を「用いる」ことである。それを「用いるようになる」ことが召命にほかならない。ロマ書四章17節の「無なるものを有なるものとして(ta me onta hōs onta)呼ぶ神」では、句の前半が否定形の分詞(ta me onta)、後半が hōs に導かれた肯定形の分詞(hōs onta)である点で、Ⅰコリント書七章29-31節で五回繰り返される「……する者たちは、あたかも……しないかのように」と逆対応になっている。しかし、意味されている事柄には違いはないと思われる。「無き」に等しい自分の存在を神は「有る」と判断してくれている。召命とはその「有」を「用いる」ことである。

召命がそのようなものであることを、パウロは前掲の引用箇所に先立つIコリント書七章17-24節で集中的に論じている。

[17]むしろ、主がそれぞれに分け与えられたものに応じ、また神が召されてここに至っている今に応じて、それぞれは歩みなさい。〔中略〕[20]各自はそれぞれが召された召し、まさにその召しの中に留まっていなさい。[21]あなたが奴隷として召されたのなら、そのことで悩まないようにしなさい。しかし、たとえあなたが自由人になることができるとしても、あなたはむしろ神の召しそのものは大切に用いなさい。[22]なぜならば、主にあって奴隷として召された者は、主の自由人であり、同様に、自由人として召された者は、キリストの奴隷だからである。[23]あなたがたは、代価を払って買い取られたのだ。あなたがたは人間の奴隷になってはいけない。[24]兄弟たちよ、神の前では、それぞれが召されたところ、まさにそこに留まっていなさい。

アガンベンによれば、一九二〇年代の初めに、M・ハイデガーは『宗教現象学序論』のなかで、他でもないIコリント書七章20-31節を注解して、「『なること』は『(現にそうであるところに)とどまること』である」と述べたと言う〔4/55〕。アガンベン自身の言葉を引けば、キリスト教信仰への「召命」は「なんらの特殊な内容をもつものではない。それは召された時点や召された状態と同じ事実的または法律的状態を再開したものでしかない」〔4/37〕。「召命は、なにものかのほうへも、また、どんな場所に向かっても、召し出さない。このために、召命は各自が召し出されるときに在った事実的状態と合致しうる。しかし、まさにそれゆえに、それはその事実的状態を徹頭徹尾棄却するのである。メシア的召命はおよそいっさいの召命の棄却である」〔4/38〕。日本では、青野太潮氏がアガンベンはもちろん、おそらくはハイデガーとも無関係に、「(現に)すでにそうである者になる」ことに、キリスト教信仰の真髄を見ている〔2/64, 92, 95〕。

前掲のIコリント書七章29-31節からの引用文中に、「時は縮められてしまっている」「なぜならば、この世の姿かたちは過ぎ去るからである」とあることが明瞭に示すとおり、パウロの「苦難の神学」と召命論は、彼固有の終末論と密接不可分にむすびついている。パウロはどのように「今」を理解して生きたのか。そして、それは生前のイエスの「全時的今」とどう異なるのか。これがわれわれの次の問いである。

第Ⅸ章　パウロの「今」——パウロの時間論1

パウロも原始キリスト教信仰の「基本文法」を内面化している。以下、パウロの時間論を論じるための便宜として、繰り返しを厭わず、まずその図式をもう一度掲出しておかなければならない（次頁の図表9参照）。

もちろん、パウロはこの図式をそれ自体として論述の対象にすることはない。彼の七通の真筆（ロマ、Ⅰ・Ⅱコリ、ガラ、フィリ、Ⅰテサ、フィレ）のほとんどは宛先の教会が抱えたさまざまな問題を解決するために書かれたものだからである。しかし、パウロの頭の中にこの「基本文法」の図式がインプットされていることは、彼がそのようなさまざまな問題について論じる行間から、明瞭に読み取ることができる。「基本文法」を構成する要素①から⑪までについて、もっとも明瞭な該当発言のみを例として挙げれば、次のようになる。

① フィリピ書二章6節「キリストは神の形のうちにあったが、神と等しくあることを固守すべきものとはみなさず」

② フィリピ書二章7節「むしろ己れ自身を空しくした、奴隷の形をとりつつ。さらに人間と似たものになりつつ、人間としての姿において現れつつ」

③ ガラテヤ書四章4節「しかし、時が満ちた時、神は一人の女から生まれ、律法のもとに生まれ

図表9

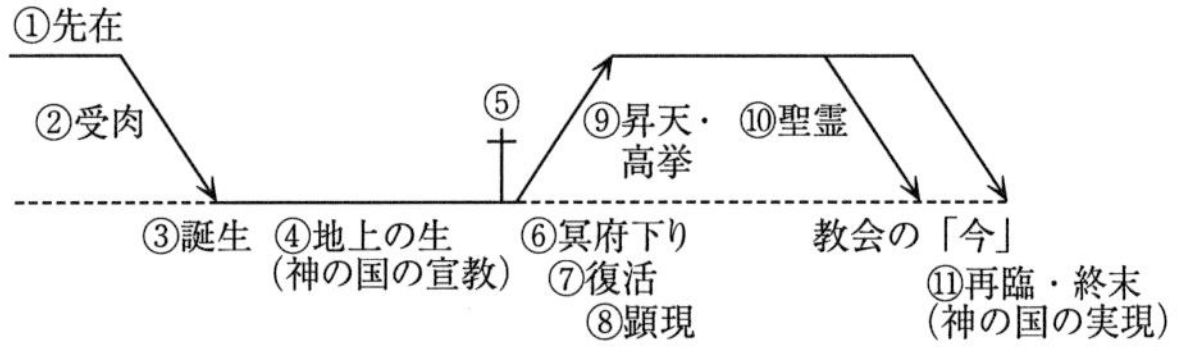

た自らの子を、送って下さった」

④ ロマ書一章3b節「(主イエス・キリストは)肉によればダビデの子孫から生まれ」

⑤ Ⅰコリント書一章23節「それに対して私たちは、十字架につけられてしまっているキリストを宣教するからである」

⑥ 欠

⑦ ロマ書四章25節「イエスは、私たちの罪過のゆえに死へと引き渡され、そして私たちの義のために死者たちの中から起こされたのである」

⑧ Ⅰコリント書一五章8節「しかし彼(復活のキリスト)は、すべての者の最後に、ちょうど『未熟児』のごとき私にも現れたのである」

⑨ フィリピ書二章9節「それゆえほかならぬ神は、彼を高く挙げ、すべての名にまさる名を彼に賜った」

⑩ ロマ書八章23節「それのみならず、霊の初穂をもっている者たち自身、すなわち私たち自身も、子とされること、すなわち私たちのからだの贖いを待望しながら、自分自身のうちでうめいている」

⑪ Ⅰテサロニケ書四章15-17節「主の来臨まで生き残る私たちが、眠った者たちよりも先になることはない。なぜならば、主自らが、指令の呼び声と、筆頭の御使いの声と、神のラッパの響きと共に、天か

ら降りて来られ、そしてキリストにある死者たちが最初に甦り、次いではじめて私たち生き残っている者たちが、死者たちと一緒に、雲の中へ運び挙げられて、空中で主と邂逅するからである。そしてこのようにして、私たちはいつも主と共にいるであろう」

⑥の「冥府下り」は後六世紀の「使徒信条」以降のキリスト教の「標準文法」の中で初めて確認されるもので、それ以前の原始キリスト教の「基本文法」にはまだ現れない。従って、パウロはこの「基本文法」をほぼフル・スパンで身につけているわけである。もちろん、ほぼフル・スパンでこれを身につけているのは、原始キリスト教の中でもパウロだけではない。例えば、ヨハネ福音書とヨハネ黙示録の著者もそうしている。重要なのは、それぞれほぼフル・スパンで身につけているこの図式のどこに重心が置かれるかである。それによって、神学的な個性が決まってくる。ヨハネ福音書の場合は、ある有力な解釈によれば、②の「受肉」に重心がある。ヨハネ黙示録の場合は、⑨の「高挙」(即位)に重心があると見るのが定説である。仮に今それぞれ②と⑨から下向きに支点を取りつけて、指先の上にヤジロベエのように載せれば、全体が水平に釣り合うのである。そこから、ヨハネ福音書は「受肉の神学」、ヨハネ黙示録は「即位の神学」という言い方で、それぞれの特徴が言い表されることになる。パウロの場合は、すでに前章で見た通り、⑤の「十字架」に重心がある。仮にそこに支点をつけて、指の上に乗せれば、全体が水平に釣り合うのである。彼の神学が「十字架の神学」と呼ばれるゆえんである。

さて、それではパウロはこの図式の中で「教会の今」と記したところをどう理解しているのであろうか。彼は自分の「今」を過去および未来とどう関係づけているのか。

一　「今」、「今この時」

パウロが「今」について行なう発言には、副詞による場合と名詞による場合がある。副詞は「ニュン」(nyn) と「アルティ」(arti) の二種類である。七通のパウロの真筆全体で、「ニュン」は四六回（その内一〇回は、「ニュニ」nyni の形）、「アルティ」は一一回用いられている。両者の間にほとんど意味上の違いはない。従って、厳密な使い分けがされているわけでもない。名詞は「ホ・ニュン・カイロス」(ho nyn kairos) である。これは男性単数の定冠詞 (ho) と男性名詞 (kairos) で副詞「ニュン」を挟んだものである。この場合、「ニュン」は形容詞的に働くことになる。また、「カイロス」は「クロノス」が線分的な長さをもつ時間を意味するのに対して、時の点、すなわち「時機」を表す。従って、「ホ・ニュン・カイロス」は「今この時（時機）」と訳すことができる。これはわずかにロマ書三章26節、八章18節、一一章5節の三回しか用いられない。しかし、すぐに見るように、パウロの時間論との関連では、いずれもきわめて重要な箇所である。それに対して、「ニュン」と「アルティ」の用例の中には、パウロ固有の時間論と直接関係せず、むしろきわめて一般的・日常的な語法に数えられるべきものも少なくない。話題を変える際の「さて」、「だから」、「そこで」（Iコリ一四6）、「当面は」（ロマ一五23、25）、旅の途中の、あるいは手紙を書いている「ちょうど今」（Iコリ一六7、12、ガラ四20、Iテサ三6）に相当する。その他、「以前」あるいは「未来」とのごく一般的な対照（IIコリ七9、八11、14、22、一三2、ガラ一9－10、23）を表すこともある。以下ではこれらの用例は除外して、パウロの時間論にとって有意味な箇所を、可能な限り主題的にまとめながら検討してみよう。

1　神の義の啓示――ロマ書三章21-26節

[21]しかし、今や(nyni)、律法なしに、しかも律法と預言者たちとによって証しされて、神の義が
明白にされてしまっている。[22]すなわちイエス・キリストへの信仰をとおしての、そして信じる
すべての者たちへの、神の義である。実際、そこでは差別はまったくない。[23]すべての者が罪を
犯したからであり、そのゆえに神の栄光を受けるのに不十分だからである。[24]むしろ彼らは神の
恵みにより、キリスト・イエスにおける贖いをとおして、無償で義とされている。[25]神はその彼
(キリスト・イエス)を、信仰をとおしての、また彼の血による贖罪の供え物として立てた。それは
すでに起きてしまった罪過を神は忍耐して見逃すことによって、自ら(神)の義を示すためであっ
た。[26]それは今この時(ho nyn kairos)に神の義を示すためであった。それによって、神は義なる方
であり、イエスへの信仰によって生きる者を義とする方である、ということが明らかになったの
である。

この二カ所の「今」の理解には、これに先行する部分でのパウロの筆の運び(文脈)がきわめて重要である。そのことは冒頭の「しかし、今や」という言い方からして明白である。ただし、パウロの手紙の場合は、常にそうだが、文脈を確認するのはなかなか骨が折れる。福音書のように、物語になっていれば、文脈は「場面」や語り手の交替などを手掛かりにして、比較的容易に確認することができ

る。パウロの場合には、時としてかなり難解な行論を綿密に辿ることが必要になる。21節の「しかし、今や」は先行する三章20節までの段落に対して、対照的な論旨を新しく導入しようとしている。その先行段落は、すでに多くの研究者が指摘しているように、ロマ書一章16-17節から始まっている。ロマ書一章16-17節は手紙の宛先であるローマの教会への挨拶部分の結びであると同時に、続く一章18節から三章20節までの段落への導入句でもある。

[16]事実、私は福音を恥じはしない。なぜならば、それはすべての信じる者たちにとって、ユダヤ人をはじめとしてギリシア人にとっても、救いへと至る神の力だからである。[17]神からの義はその福音において啓示されるのであり、それは信仰から出て信仰へと至るのである。次のように書かれている。「信仰によって義とされた者は生きるであろう」。

ここには、一章18節から三章20節までで取り上げられる複数の主題が凝縮されている。(1)福音、(2)「すべての信じる者たち」、(3)「ユダヤ人」、(4)「ギリシア人」、(5)「神の力」、「神からの義」の「啓示」、(6)信仰による義、(7)いのち(動詞の未来形)。

まず一章18節—二章16節では、この内の(2)が反対側から主題化される。すなわち、「すべての神なき不信心や不義」の者たちにも、「神について知られていることがら」は明らかであるから、彼らも神の怒りを免れない(一18-19、二1、12)。続く二章17節—三章20節は(3)の「ユダヤ人」を主題化する。特に彼らとモーセ律法の関係に焦点が当てられる。三章20節はその結びで、「なぜならば、律法の業によっては、いかなる人も神の前で義とされることはないからである。実際、律法によっては、罪(単数)の認識が生じるのみである」。前述の三章21節の「しかし、今や」はこの文章に反接するのである。

パウロの時間論の側面からまず注意したいのは、一章16節から三章20節の段落全体が終始、原則として現在形で書かれていることである。つまり、ここでは「すべての人」にとっての現実あるいは現実的可能性が問題にされているのである。その全体の導入句に当たる一章16-17節も、最後の「信仰によって義とされた者は生きるであろう」(これは旧約聖書ハバ二4からの引用である)の未来形以外はすべて現在形である。福音は「神の力である」。「神の義は福音において啓示される」のである。われわれの段落冒頭の三章21節の「しかし今や」の「今」は、その一章16-17節の現在形をもう一度受け取り直すものである。同じ三章21節は続けて、「神の義が明白にされてしまっている」と言うが、これは時称的には現在完了形である。三章21節はこのように強く現在に焦点を絞っている点で、一章16-17節との間に枠構造を構成しているのである。枠構造と言う点では、その他に、三章22節が「神の義」と「信じる者すべて」について語ることも、一章16-17節が提示している主題の内の(2)と(7)に対応している。

もちろん、三章21節は同時に、一章16-17節を超える新しい主題も導入する。それは(A)「律法なしに」と(B)「しかも律法と預言者たちとによって証しされて」の二つである。この内(A)は、三章27節「それではユダヤ人の誇りはどこにあるのか。それは排除されたのである」に始まる段落以下、八章までにわたって展開される。それでは(B)はどう扱われるのか。まさにこの点と関連する重要な問題が、三章21節と三章27節の間に挟まれた三章22-26節をどう読解するかである。その内、三章22-23節については、問題はない。この部分は先行する一章18節—三章20節の結論をまとめているのである。問題は続く三章24-26節である。研究上の定説によれば、この部分の背後には、パウロよりも古い伝承、それも狭義の贖罪信仰に由来する伝承が存在する。私の判断で、その伝承にパウロが自分の責任で手を加えていると思われる部分に傍点を付して示すと、ほぼ次のようになる。

24〔むしろ〕彼らは神の恵みにより、キリスト・イエスにおける贖いをとおして、無償で義とされている。25神はその彼（キリスト・イエス）を、信仰をとおしての、また彼の血による贖罪の供え物として立てた。それはすでに起きてしまった罪過を神は忍耐して見逃すことによって、自ら（神）の義を示すためであった。26それは今この時(ho nyn kairos)に神の義を示すためであった。それによって、神は義なる方であり、イエスへの信仰によって生きる者を義とする方である、ということが明らかになったのである。

傍点のない部分でパウロは自分よりも古い伝承を用いていると考えられる。25節の「贖罪の供え物」(hilastērion)という表現は、パウロではここ以外には用例がない。新約聖書全体について見ても、他にはヘブル書九章5節の「贖いの座」に同じ単語が一回だけ現れるに過ぎない。ヘブル書のこの箇所では、贖罪の儀式に使われる台座（出二五18、22）が問題になっているが、ロマ書三章25節はその台座に供えられる犠牲の方が問題になっている。Iヨハネ書二章2節、四章10節では復活して神のもとへ高挙されたイエス・キリストが「贖いの供え物」(hilasmos)と呼ばれている。いずれも、すでに本書の第Ⅶ章三―四節で論じた原始エルサレム教会の贖罪信仰に源を発する伝承と見て差し支えない。もう一点、ロマ書三章25節の「神の忍耐」も、他にはロマ書二章4節に一回現れるのみで、新約聖書全体でもその他には用例がない。従って、パウロが古い伝承を使っていること、その伝承が伝統的な贖罪信仰の系譜に連なるものであることは明らかであろう。

では、なぜパウロはそのほかでもないまさにこの場所で用いるのか。私の見るところでは、パウロはこの伝承によって、三章21節で新たに導入した主題の内の(B)を解説したい、というのがその理由である。というのは、この伝承は「贖罪の供え物」という表現が示すように、レビ記一六章15-16節の贖罪の儀式の規定を暗黙の前提としているからである。レビ記はもちろんモーセ律法の固有の一部である。イエスはあらかじめ「律法(と預言者たちと)によって証しされて」、「贖罪の供え物」となったというのである。

しかし、パウロは同時に、傍点部分を挿入することによって、その伝承の贖罪信仰を懸命に(A)に向かって牽引しているのだと見なければならない。傍点部分は、すでに別項で明らかにしたパウロの「十字架の神学」あるいは「信仰義認論」から無理なく読むことができる。つまり、この部分は(A)への解説なのである。パウロは三章24-26節という同一の文章の内部で、(A)と(B)の解説を同時に行なおうとしているわけである。その結果、この文章は詰め込み過ぎの、実に難解なものとなってしまっている。

すでに触れたように、パウロは三章27節以下では、(A)の「律法なしに」の方に焦点を絞る形で発言する。しかし、その発言は、「それでは私たちは、その信仰のゆえに律法を無効にするのか。断じてそうではない。むしろ私たちは、律法を確立するのである」(三31)という命題で結ばれる。ここで「律法を確立する」というのは、27節でのパウロの表現を使えば、モーセ律法を「人間の業のための律法」から解き放って、「信仰のための律法」へ、「行ないの律法」から「信仰の律法」へ転換させることにほかならない。「律法なしに」信仰のみによって義とされた者は、同じモーセ律法を新しく「用いる」ことができる。その時初めて、律法は神からの義を「証し」するという本来の役割を果たすことになる。

ロマ書三章21節の「しかし、今や」と三章26節の「今この時に」は、お互いがお互いを指示しあって枠構造を構成している。ここで強調される「今」とは、神が「今や」、「法律なしに」——すなわちモーセ律法の枠外で——全く新たに起こした行動が完了している現在である。その神の行動とは、すでに別項で詳論したように(第Ⅷ章一節4)、神がその独り子を凄惨な十字架上の刑死に遺棄した出来事にほかならない。前掲図表9の「基本文法」の図式で言えば、⑤はすでに完了した過去の出来事なのである。

しかし、それが不信心な者を義とする神の行動であることを信じる者にとっては、その出来事に啓示された「神からの義」は、過去として過ぎ去ることなく、今なお「明白にされてしまっている」(三21現在完了形!)、つまり、新しい現実として継続している。このように、ロマ書三章21-26節では、「今」への視線が優勢である。

しかし、三章21節と枠構造を構成する一章17節の「信仰によって義とされた者は生きるであろう」には、すでに触れた通り、未来への視線も明瞭である。それは同じ前掲の図式では⑪への視線である。

パウロの「今」は過去から根拠づけられながら、未来に向かって開かれている。

2　神との和解、新しい創造――IIコリント書五章16－21節、ガラテヤ書二章15－21節

[16]かくして私たちは、今後は(apo tou nyn)、誰をも肉に従って知るということはしない。たとえ
私たちが肉に従ってキリストを知ってしまっていたとしても、しかし今は(nyn)もはやそのよう
には知るということをしない。[17]かくして、もしもある人がキリストのうちにあるのなら、その
人は新しく創造された者なのである。古きものは過ぎ去った。見よ、新しくなってしまったので
ある。[18]しかし、すべてのものは、キリストをとおして私たちをご自身に和解させ、そして私た
ちに和解のための奉仕を与えられた神から出ている。[19]なぜならば、神はキリストにあってこの
世界をご自身に和解させ続けてきたからである。その際神は、人間の罪過を彼らに帰すことをせ
ず、私たちのうちに和解の言葉を託されたからである。
[20]それゆえに、神が私たちをとおして勧めておられるので、キリストに代わって私たちは、その
使者としての務めをする。私たちは、キリストに代わって請い求める、あなたがたが神と和解す
るように。[21]神は罪を知らない方を、私たちのために罪とされたのである。それは私たちが、そ
の方にあって神の義となるためである。

ここでの「今」は、これまでの「肉による」知の在り方からの訣別の時である。「たとえ私たちが肉に従ってキリストを知ってしまっていたとしても、しかし今は(nyn)もはやそのようには知るとい

うことをしない」は、不用意に読み流すと、今やパウロは肉によるキリスト、つまり生前のイエス(図表9の④)への関心を放棄することを宣言しているかのように誤解されやすい。しかし、パウロがこの関心を放棄していないことは、すでに見たように、ロマ書一章3b節「(私たちの主イエス・キリストは)肉によればダビデの子孫から生まれ」という発言に明瞭である。加えて、パウロが稀にではあるが、福音書に伝えられる生前のイエスの発言を知っていたかのように思われる書き方をしている事実(Iコリ四11-13、七10、一一23-25、IIコリ六8-10他)も同じ関心を証明する。むしろ、「肉による」は認識の対象を限定するのではなく、認識の仕方に関わっている。特にパウロが念頭においているのは、コリントの教会に「自己推薦」(12節)をして、自分たちの由来と能力を「誇っている」論敵たちの振舞いである(一一章参照)。人間の価値と無価値をそのような由来や能力で量ることが「(誰かを)肉によって知る」という行為である。

パウロがそれに対置するのが、17節の「新しく創造された者」である。パウロの時間論の上で注意したいのは、それに続く「古きものは過ぎ去った。見よ、新しくなってしまったのである」という文章である。「新しくなってしまったのである」は、ギリシア語の原文でも現在完了形(gegonen kaina)である。パウロはすでに過去において起きた出来事の結果が現在にまで継続していると見ているのである。その過去の出来事は、21節で「神は罪を知らない方を、私たちのために罪とされたのである」と語られる。すなわち、神が独り子を「律法の呪い」としての十字架(ガラ三13)に遺棄した出来事(図表9の⑤)にほかならない。この出来事が目下の段落では、神の側から実現された「和解」の出来事(18-19節)として述べられる。この和解の出来事を受け入れた者は、すでに新しく造り直された存在だと言うのである。

人間を含む被造物のすべてが新しく造り直されるというのは、元来、ユダヤ教黙示思想の終末論に特徴的な観念である。例えば、すでに本書の第Ⅱ章で繰り返し取り上げた第四エズラ記（エズラ記ラテン語）では、名目上の語り手エズラが万物の主に向かって、こう問うていた。「主よ、もし、御好意にあずかっているのでしたら、僕に教えてください。死んだ後でも、あるいは今でも、もし、わたしたちがおのおの自分の魂をお返ししたなら、あなたが新たに天地を創造されるときまで、わたしたちは安らぎの中でしっかり守られることになるのでしょうか。あるいは、すぐに懲らしめを受けるのでしょうか」（七75）。終末時の万物の更新（新しい創造）というこの観念は、やがてキリスト教の終末論の中にも場所を占めることとなった（Ⅱペト三8‐13、黙二一章）。ただし、そこではそれは常にまだ未来のこととして表象されている。

パウロはもちろんこの表象を知っていた。ところが彼は今や「新しい創造」について現在完了形で語るのである。時間論として見る時、ここでパウロの視点はきわめて複線的・重層的である。これまで未来のこととして待望されてきたことが、すでに過去の十字架の出来事において、起きてしまっている。それを「和解」の出来事として受け入れる者は、すでに「新しくなってしまったのである」。ここでは、未来がすでに過去において実現し、それが過去から現在まで継続している。「新しくなってしまったのである」の現在完了形には、この意味で未来完了の視線が含まれていると言うべきかも知れない。しかも、パウロは同じ「新しい創造」がなおかつ現在から未来にかけての可能性であり続けていることもしっかり見据えている。それはガラテヤ書六章15節「新しく創造されることこそが重要なのである」という文章に明らかであろう。つまり、パウロのここでの視線は、未来↓過去↓現在↓未来と動いている。未来がすでに過去において実現し、そこから現在へ継続し、しかもなお未来の可能性であり続ける。

これと同じ視線の複合は、目下の段落Ⅱコリント書五章16-21節の直前の五章10-11節にも認められる。まず五章10節は、これから来るはずの最後の審判(図表9の⑪)について、「私たちすべては、キリストのさばきの座の前で、露わにされなくてはならないからである。それは、善であれ、悪であれ、自分が為したことに対しては、からだをとおして為されたことへの報いをそれぞれが受け取るためである」と言う。ところが続く11節は「しかし、神に対しては、私たちは露わにされてしまっているのである」と現在完了形で語る。ここでも、未来がすでに過去において実現し、そこから現在へ継続し、しかもなお未来の可能性であり続けるのである。

さて、目下の段落Ⅱコリント書五章16-21節は、最後の21節で「神の義」について語る。この点ですでに扱ったロマ書三章21-26節につながっている一方、ガラテヤ書二章15-21節にもつながっている。これは「信仰による義」を主題とする重要なテクストであるが、その20節に「今」が現れる。19節からのつながりで読んでみよう。

19実際私は、神に対して生きるために、律法をとおして律法に対して死んだのである。私はキリ
ストと共に十字架につけられてしまっている。20もはや私が生きているのではなく、キリストが
私のうちで生きておられるのである。今(nyn)、私が肉において生きているこのいのちを、私を

愛し、私のために自らを死に引き渡された神の子への信仰において、私は生きているのである。

ここで興味深いことに、19節の「私はキリストと共に十字架につけられてしまっている」という文章は、ギリシア語の原文では、再び現在完了形(synestaurōmai)である。十字架の出来事によってすでに提供されている神との和解を受け入れることは、受け入れる者にとっては、「キリストと共に十字架につけられる」ことにほかならない。逆にそのことによって、十字架の出来事はそれぞれの信徒の現在であり続ける。そこから、間もなく見るとおり、「十字架につけられたままのキリスト」(Ⅰコリ一23、二2、ガラ三1)という表現が現れてくる。ただし、この二つの現在完了形の場合は、未来がすでに過去において実現し、そこから現在へ継続し、しかもなお未来の可能性であり続けるという複線性・重層性は認められない。キリストの十字架はすでに歴史的に一度限り確定した事件であり、未来になお待望され続けるものではあり得ないからである。この意味で、「私はキリストと共に十字架につけられてしまっている」と「十字架につけられたままのキリスト」という二つの現在完了形は、単純に過去が現在まで継続していることを表しているに過ぎない。言わば、単線的・単層的な現在完了と言うことができるかも知れない。

パウロは「キリストと共に十字架につけられてしまっている」ことを、20節で「もはや私が生きているのではなく、キリストが私のうちで生きておられるのである」と言い換える。この時、パウロの「今(nyn)、肉において生きているこの命」は、それまでと全く同じ「肉」の命でありながら、今や一つの超越的次元を獲得する。Ⅱコリント書五章17節とガラテヤ書六章15節が言う「新しい創造」とはそのことを言うのである。

3　罪と誡めからの解放

――ロマ書六章19‐22節、七章6、17節、八章1‐2節、ガラテヤ書四章4‐9節

「キリストと共に十字架につけられてしまっている」パウロは、「神に対して生きるために、律法をとおして律法に対して死んだのである」（ガラ二19）と言う。すでに繰り返し見てきたように、パウロがこのように言う場合の「律法」とは、行ないの規範、すなわち「誡め」へと頽落し、「罪」に機会を与えるものとなってしまっている限りでの律法のことである。ロマ書八章2節は「罪と死の律法」と表現する。同じロマ書八章2節によれば、信じる者は「生命《いのち》と霊の律法」によって、その「罪と死の律法」からすでに解放されている。「それゆえに、キリスト・イエスのうちにある者たちにとっては、今や（nyn）神による断罪はない」（同八1）。注意しなければならないのは、この場合の「生命と霊の律法」が「罪と死の律法」と並ぶもう一つ別の律法なのではないという点である。それはむしろ、本書の第Ⅷ章三節で明らかにしたとおり、イエス・キリストの十字架の出来事という「例外」事例から逆に照射されて、本来の姿において捉え直された――パウロの言い方では、「確立」（ロマ三31）された――かぎりでのモーセ律法のことである。パウロが続くロマ書八章4節で「律法の義なる定めが、肉に従ってではなく霊に従って歩んでいる私たちにおいて、満たされるためである」と語り、さらには八章7節で「神の律法」について語ることができるのは、そのためである。

パウロは自分の「今」を、「罪と死の律法」への隷属から「生命と霊の律法」へと解き放たれた時

として理解している（ロマ六19、21、22）。彼が繰り返し、古い隷属状態へ逆戻りしてはならないと訓戒するのはこの理由からである。例えば、ガラテヤ書四章9節では次のように言う。

8しかし、未成年者であったその時、あなたがたは神を知らずに、本性上神ではない神々に奴隷
として仕えたのである。9それなのに、今や（nyn）あなたがたは神を知りながら、否、むしろ神に
よって知られておりながら、どうして再びあの弱々しくて貧しい諸力へと立ち帰ろうとし、再び
新たに奴隷としてそれらに仕えることを欲するのか。10あなたがたは日を、そして月を、そして
季節を、そして年を、守ろうとするのか。11私は、自分があなたがたに対して無駄な労力を費や
してしまったのではないかと、あなたがたのことが心配でならない。

パウロがここで「律法」という用語は用いずに、「本性上神ではない神々」という言い方をしているのは、おそらく異邦人出身のキリスト教徒を念頭においてのことであろう。
「今」は、異教的な慣習であれ、モーセ律法の「誡め」であれ、それらに奴隷として縛られていた「未成年」が、神を「アバ、父よ」と呼ぶことが赦される「子」の身分へと、「贖い」出されている時である。そのことは前掲の引用に先立つガラテヤ書四章4-5節でこう述べられる。

4しかし、時が満ちた時、神は一人の女から生まれ、律法のもとに生まれた自らの子を、送って
下さった。5それは、律法のもとにある者たちを彼が贖い出すためであり、私たちが神の子とし

ての身分を受けるためであった。

ただし、ここでは十字架の出来事にではなく、イエス・キリストの誕生の出来事(「女から生まれ」)の方に焦点が合わせられている。しかも、「時が満ちた時」(to plērōma tou chronou)という言い方では、一定の長さを持った、言わば線分的な時間が意識されている。これが救済史的な歴史観に属することは否定できない。そういう目で見れば、ガラテヤ書三章17節がアブラハムに与えられた神の約束とモーセ律法の関係について、次のように述べることにも注意が必要である。「しかし、私の言いたいのは次のことである。すなわち神によってあらかじめ有効とされている契約(＝アブラハムへの約束のこと)を、四百三十年後にできあがった律法が無効にして、約束を破壊するようなことはないのである」。おそらくパウロはこのような発言に際しては、当時のユダヤ教の律法学者の間に知られていた共通の見解を前提にしているのだと思われる。アブラハムとモーセの間の時間的な開きを四百三十年だと規定するのは、明らかに救済史的な見方に属する(出一二40参照)。パウロは歴史を一定の長さから成る救済史と見る見方を知っているのである。Iコリント書二章7節が「むしろ私たちは、奥義の中にあって今に至るまで隠されてきた神の知恵を語るのであって、それを神は、世々の創造以前に、私たちの栄光のために、あらかじめ定めておかれたのである」と言うときも同じである。ここで言う「神の知恵」とはイエス・キリストのことにほかならない。イエス・キリストにおいて起きたことは、神によって「あらかじめ定めておかれた」(proōrisen)ことだと言うのである。この見方は摂理史的と呼ぶことができる。

パウロがこのように救済史的・摂理史的に捉えているのは、前掲の「基本文法」の図式に戻って言えば、図の一番左側で、③「誕生」のさらに左側に点線で示した部分に相当する。それは、ユダヤ人は「罪と死の律法」に、異教徒は「本性上神ではない神々」に奴隷として仕えていた時であった。しかし「今や」、イエス・キリストの出来事、とりわけ十字架の出来事によって、同じモーセ律法を「生命《いのち》と霊の律法」として受け取り直す道がすでに開かれている。しかし、パウロが繰り返し同じ奴隷状態へ逆戻りしないように訓戒するのはもう一つ訳がある。すなわち、律法は今なおいつでも「罪と死の律法」に頽落し得るからである。それはロマ書七章6節と17節から読み取られる。ロマ書七章6節は「しかし今や(nyni)、私たちが拘束されていたもの、すなわち律法に対して死んで、律法から解放された」と言う。七章17節ではパウロは、律法は「霊的なもの」、「良いもの」であることを知りながら、自分では欲しないことをしてしまっている自分について、「しかし今や(nyni)、もはや私がそれを行なっているのではなく、むしろ私のうちに住んでいる罪がそれを行なっているのである」と言う。ここでは、律法が「誡め」として「罪」の働く機会となる「今」と、そのような律法からすでに解放されている「今」、この二つの「今」が同時に成り立っていると見るほかはないであろう。

4　進展する時と認識
――ロマ書一三章11-12節、フィリピ書一章5節、Ⅰコリント書一三章12節他

さらに、パウロの「今」についての発言には、前掲の「基本文法」の図式に即して言うと、⑤の十字架の出来事から、あるいはより正確に言えば、それを個々の信徒が自分自身も「キリストと共に十

字架につけられてしまった」出来事として受け取った時点、つまり、それぞれの信徒の信仰告白の時点から一定の幅の進展を経た時機と見ているものがある。「今や(nyn)私たちの救いは、私たちが信仰に入った時よりも、さらに近づいている。夜はふけた。日が近づいている。それゆえに私たちは、闇の業を脱ぎ捨てようではないか。そして光の武具を着けようではないか」(ロマ一三11-12)、「あなたがたがキリストを信じるに至ったはじめの日から今(nyn)に至るまで」(フィリ一5)。この視点は特にフィリピ書に顕著で、信仰の持続性を強調している(その他に一20、30、二12、三18)。

反対に、同じ「基本文法」の図式で言えば、パウロが自分の「今」から来たるべき完成⑪を望見する視線もある。

> 実際私たちは、今は(arti)鏡において謎のようなかたちを見ているが、しかしその時には、顔と顔とを合わせて見るであろう。今、私は部分的に見ているが、しかしその時には、顔と顔とを合わせて見るであろう。今(arti)、私は部分的に知っているにすぎないが、しかしその時には、私が知り尽くされたように、私も知り尽くすことであろう。
>
> (Iコリント書一三章12節)

この文章を含むIコリント書一三章8-12節全体が、現在与えられている「知識」の部分性を「愛」の全体性と対照させている。「愛」は今のまま廃れることなく存続するのに対し、今ある「知識」はやがて完全なる知識が到来するときには(10節)、機能不全になる。

これからなお来たるべき終末へのこの視線を、われわれは以下では終末論的視線と呼ぶことにしたい。この意味での終末論的視線は、もちろん知識論だけにとどまらない。パウロの苦難論と「残りの者」の表象にも同じ視線が認められる。

5　苦難論——Ⅰコリント書四章11、13節、Ⅱコリント書六章2節、ロマ書八章18、22節

パウロの苦難論については、すでに本書第Ⅷ章四節で論じたとおりである。そこで取り上げられた重要なテクストのいくつかは、「今」についてのパウロの言表を含んでいる。まず、Ⅰコリント書四章11-13節は、コリント教会でパウロが対峙した論敵たちの「強さ」に、「今この時にいたるまで」パウロが経てきた苦難が、「弱さ」と「恥辱」の徴として対置される。

> 11今(arti)この時に至るまで、私たちは飢え、そして渇き、そして裸同然であり、そして殴られ、そして放浪し、12そして自らの手で働きながら苦労している。罵られながら祝福し、迫害されながら耐え忍び、13誹謗されながら慰めの言葉をかけている。私たちは今(arti)に至るまで、この世界の塵芥、すべての者のうちの屑のようになったのである。

Ⅱコリント書六章3-10節でも、パウロは自分が経て来た苦難の数々を列挙した後、Ⅰコリント書四章11-13節と似た言い回しで、「私たちは人を惑わす者のようでいて、同時に真実な者であり、人に知られていない者のようでいて、同時に認められたものであり、死んでいる者のようでいて、同時に、見よ、生きている者であり、懲らしめられている者のようでいて、同時に殺されることのない者であ

り、悲しんでいる者のようでいて、しかし常に喜んでいる者であり、物乞いのようでいて、多くの人を富ませる者であり、何ももたない者のようでいて、同時にすべてを持っている者である」(Ⅱコリ六8-10)と言う。このすべてを導入するのがⅡコリント書六章2節である。はじめに「私(神ヤハウェ)はふさわしい時に、あなたに聞いた。そして救いの日に、私はあなたを助けた」というイザヤ書四九章8節を引用した後、パウロは次のように宣言する。

見よ、今(nyn)こそ絶好の時(kairos)である。見よ、今(nyn)こそ救いの日(hēmera)である。

苦難に満ちた「今」がそのまま「絶好の時」(時機)、「救いの日」だというのである。この逆説は、すでにパウロの苦難論と召命論のところで述べたとおり、「……のようでいて、(実は)……ではない/……である」あるいは「……する者たちは、あたかも……しないかのように」が含んでいる逆説を時間論として言い直したものにほかならない。それは、「使命」(召命)は「苦難」と「弱さ」を滅却したところで遂行されるのではなく、それを「用いて」遂行されるという逆説である。「使命」が「苦難」と「弱さ」を乗り越えるのである。パウロが前掲の宣言の前後に、「さて、共に働きながら、私たちはまた勧める」(Ⅱコリ六1)、「私たちはこの奉仕が人々から誹られないために」(同六3)と語るのはそのことを意味している。

さて、「今」を苦難の時と見るパウロの視線は、伝承者あるいは信仰者の実存という次元に留まってはいない。それは人間以外の被造物全体が現におかれている苦難にまで及ぶ。このことを示す重要なテクストがロマ書八章18-25節である。

[18]事実、私は、今この時(ho nyn kairos)の苦難は、私たちに啓示されるはずの来たるべき栄光に匹敵するものではない、と考えている。[19]実際、被造物の切なる思いは、神の子たちの現出を待望している。[20]なぜならば、被造物は虚無へと服従させられたが、それは自発的にではなく、むしろ服従させた方によってであり、しかも一つの希望をもってのことであった。[21]つまり、被造物自身も、朽ちゆくものへの隷属状態から自由にされ、神の子供たちの栄光のもつ自由に至るであろう、との希望を、である。[22]すべての被造物が今(nyn)に至るまで、共にうめき、共に産みの苦しみを味わっていることを、私たちは知っている。[23]それのみならず、霊の初穂をもっている者たち自身、すなわち私たち自身も、子とされること、すなわち私たちのからだの贖いを待望しながら、自分自身のうちでうめいている。[24]なぜならば私たちが救われたのは希望によってだからである。目に見える希望は希望ではない。なぜならば現に見ているものを誰がなお望むであろうか。[25]もしも私たちが見ていないものを望むなら、私たちは忍耐をもって待望する。

一読して明らかであるが、パウロの視線は被造物全体に及んでいるだけではなく、同時にその「今に至るまで」の歴史と来たるべき解放の時への待望にも及んでいる。被造物全体のことをキリスト教神学の専門用語では「普遍」(Universum 宇宙)と言うことがある。ここではその「普遍」(宇宙)がたどる歴史、すなわち「普遍史」が問題になっているのである。その普遍史の発端について述べるのが

20節の「被造物は虚無へと服従させられたが、それは自発的にではなく、むしろ服従させた方によってであり」で表現されている。「被造物は虚無へと服従させられた」は、禁断の木の実を取って食べてしまったアダムに神が宣告する「呪い」のことである(創三17-19)。従って、全被造物を「虚無へと服従させた方」とは神(ヤハウェ)にほかならない。ここで「虚無」と訳されたギリシア語は、すでにロマ書一章28節にも現れている。「そして神を認識することを彼らが是としなかったので、神は徒らな思いに彼らを引き渡された」。この文章で言う「徒らな思い」がロマ書八章20節の「虚無」と同じ単語である。アダムの堕罪に加えて、異邦人かユダヤ人かの別を問わず「すべての神なき不信心と不義」(ロマ一18)によって偶像として崇められるようになってしまったことによって、全被造物は神によって「虚無」に服従させられてしまった。服従させたのは神であるが、「虚無」そのものは人間の罪過に由来している。言わば、被造物全体が人間の罪過の巻き添えを食って、「今に至るまで、共にうめき、共に産みの苦しみを味わっている」(ロマ八22)のである。

これらすべてはユダヤ教黙示思想の歴史観そのものである。ただし、それとの重要な違いも見逃せない。ユダヤ教黙示思想の終末論では、アダムの堕罪以来の人間の罪の巻き添えを食って苦しむ被造物は「老化して、若いときの力を失って」いるのである(第四エズラ記五55)。来たるべき歴史の終末においては、その老化した被造物は「古い創造」として、「新しい創造」(新天新地)によって置き換えられるというのが、ユダヤ教黙示思想では優勢であった。私はこの終末論を「置き換えモデル」と呼んでいる〔17/207〕。

ところが、前掲のテクストにおけるパウロは被造物の苦難と連帯し(「共にうめき」)、共にその苦難からの解放(自由、八21)を待望している。これはユダヤ教黙示思想との対照で、「連帯・解放モデル」と呼ぶことができる。しかも、全被造物が「虚無への服従」から解放されるのは、人間が「今この時の苦難」から解放されることに依存する。それはちょうど、かつて被造物全体が人間の罪過の巻き添えを食って「虚無」に服従させられたことに逆対応する事態である。パウロはこのことを「実際、被造物の切なる思いは、神の子たちの現出を待望している」(19節)、「つまり、被造物自身も、朽ちゆくものへの隷属状態から自由にされ、神の子供たちの栄光のもつ自由に至るであろう」(21節)と言い表す。「神の子たちの現出とその栄光」に参与することが被造物の「希望」(20節)なのである。

では、「神の子たちの現出」とは何のことなのか。この言い方はいささか難解と思われるかも知れない。しかし、いずれにせよ、パウロはやがて来たるべき歴史の終末に、何かまったく未知の人間種族が出現すると考えているわけではない。パウロが言う「神の子たち」とは、実際の存在としては、今現に苦難の直中にある自分たちのことにほかならない。すでに見たように、パウロはガラテヤ書二章20節で「もはや私が生きているのではなく、キリストが私のうちで生きておられるのである。今、私が肉において生きているこのいのちを、私を愛し、私のために自らを死に引き渡された神の子への信仰において、私は生きているのである」と述べていたことを思い起こそう。パウロが今現に「肉において生きているこの命」は、すでに一つの超越性の次元を獲得しているのであった。パウロは目下の段落では、同じことを「霊の初穂をもっている者たち、すなわち私たち」と言い表す。

ただし、それはまだ「初穂」に過ぎない。「みのり」そのものはまだこれからやってこなければならない。それが続く「私たちのからだの贖いを待望しながら」の意味である。注目したいのは、パウロは「からだからの贖い」ではなく、「からだの贖い」について語っていることである。ここで「贖い」と訳されたギリシア語「アポリュトゥローシス」(apolytrōsis)は、字義通りには「解放」を意味する単語である。「からだ」そのものが「今この時の苦難」からの解放を待ち望んでいるというのである。青野太潮氏はパウロのこの発言について、「ここにはパウロの、律法違反の罪の贖いという理解を超えた全人格的(からだ!)な『贖い』理解がある」とコメントしている〔41/647〕。パウロが「神の子たちの現出」、あるいは「神の子供たちの栄光」と言うのは、まさにこの意味で全人格的に解放された人間の在り方を指している。これがパウロの「希望」である。この「希望」によって、信仰者はすでに今現に「救われた」者(24節)なのである。24節のこの「救われた」は原文では不定過去(アオリスト)形である。それはガラテヤ書二章20節の「今、私が肉において生きているこの命」と同じものを指している。現下の「肉にあるこの命」、「今この時の苦難」の直中にある「からだ」は、パウロの「希望」においては、「神の子たちの栄光」へ連続しているのである。パウロがIコリント書一五章44節で、個人の肉体の死を超えた「霊のからだ」への復活について語り、あるいはその他いくつかの箇所では、端的に「永遠の生命《いのち》」(ロマ五21、六22、23、ガラ六8)について語る場合も、この連続性が視野に収められている。この連続性は、本書の結び(第XI章五節)においても述べるとおり、生前のイエスが「いのち」について語ったときにも認められるもので、パウロとイエスを結ぶ最も重要な共通項である。

6　「残りの者」——ロマ書一一章5、30、31節

これまで、「今」についてのパウロの発言をたどってきた。最後にもう一つ重要な箇所が残っている。

それは、「そのようにして、今この時にも(en tōi nyn kairōi)また、残りの者が、恵みの選びに従って生じているのである」というロマ書一一章5節の文章である。

冒頭の「そのようにして」は、先行する一一章2-4節が旧約聖書から引いている出来事を指している。それは紀元前八世紀のイスラエルの預言者エリヤが周辺異民族の神バアルに帰依する者たちとの間で繰り広げた闘いである。神はイスラエルの中で「バアルに膝をかがめなかった七千人の男を残した」という(王上一九18)。パウロはこの出来事を「今この時に」キリストを信じる者たちが「生じている」ことへの予型(テュポス)と見ているのである。この点については、後続の「パウロとベンヤミン」の章(第X章一節7)で改めて見てみることにする。ここでは特に、「(残りの者が)生じているのである」という部分が、原文のギリシア語では、現在完了形(gegonen)であることに、読者の注意を喚起するにとどめたい。

「残りの者」という観念は、旧約聖書の預言書に繰り返し現れる。その内、アブラハム・イサク・ヤコブへの約束と結びついているものは、すでに本書の第I章の結びで挙げた。ここではそれと一部重複するが、さらに別の箇所も挙げてみよう。

(アモス書五章15節) 悪を憎み、善を愛し、町の門で公義を確立せよ。万軍の神ヤハウェが、ヨセフの残りの者を憐れんで下さるかもしれない。

(ミカ書七章18節) 誰があなたのごとき神でありえましょうか、あなたはご自身の嗣業の民の残り

の者のために、咎を赦し、背きの罪を見過ごしにされる方。慈しみを喜ばれるがゆえに、その怒
りをいつまでも保たれることがない。
（その他、二12、五2、6、7参照）

（イザヤ書一〇章20−22a節）[20]その日になると、イスラエルの残りの者とヤコブの家の逃れた者は、
もはや再び、自分を打つ者に拠り頼まず、イスラエルの聖なる方ヤハウェに、真実をもって拠り
頼む。[21]残りの者が立ち帰るだろう。ヤコブの残りの者は、力強い神のもとに。[22a]まことにあな
たの民イエスラエルは海の砂のようであっても、その中から残りの者だけが立ち帰るだろう。
（その他、四3、一一11、16、二八5、四六3、四九6参照）

（エレミヤ書三一章7節）まことにヤハウェが、こう言われる、「あなたたちは、ヤコブに向けて
歓び歌え。国々の頭のために叫べ。あなたたちは叫び声を聞かせ、賞め讃え、そして言え、『救
って下さい、ヤハウェよ、あなたの民を、イスラエルの残りの者を』と。

（ゼカリヤ書八章11−12節）[11]しかし今や、この民の残りの者たちに対し、わたしはもはや以前と同
じではない。――これは万軍のヤハウェの御告げ――[12]平和の種が蒔かれ、葡萄の木はその実を
結ばせる、大地はその作物をもたらし、天はその露を降らせる。わたしは、この民の残りの者た
ちに、これらすべてのものを、受け継がせる。
（その他、一四2、16参照）

ここに挙げた預言者（アモス、ミカ、イザヤ、エレミヤ、ゼカリヤ）が活動した時代は、紀元前八─六世紀に股がって、それぞれ異なる。それだけに、彼らに共通する「残りの者」は、きわめて根強い観念であったことが分かる。この観念は、当然ながら、「選民イスラエル」の中に「失われる者」、「滅ぼされる者」がいることを含意している。イスラエル（「ヨセフ」、「ヤコブの家」も同じ意味）が神に選ばれた民となったのは、神の側の絶対的に自由な選びによるのであって、イスラエルの側の業績によるのではない。預言者たちの思想の影響を深く受けた申命記史家（紀元前六世紀）は、このことをモーセの口をとおしてこう語っていた。

6あなたはあなたの神ヤハウェの聖なる民であり、あなたの神ヤハウェは、地上のすべての民の中からあなたを選び、自らの宝の民としたからである。7あなたたちが他のすべての民よりも数が多かったから、ヤハウェはあなたたちを慈しみ、あなたたちを選んだのではない。あなたたちはすべての民の中でもっとも数が少なかったからである。8まことに、ヤハウェはあなたたちを愛し、あなたたちの先祖に誓った誓いを守り、強い手をもってヤハウェはあなたたちを導き出し、奴隷の家、エジプトの王ファラオの手からあなたを贖い出したのである。（申命記七章6─8節）

イスラエルが「神の選民」であるのは、神の側でのそのような一方的な選び（愛）に基づく「契約」なのである。イスラエルはそれに応答して生きなければならない。そのために手引きとして与えられたのがモーセ律法であった。しかし、やがてイスラエルはその「契約」（選び）を恒常的な「身分」保障と誤解した。現にイスラエルの内部に、富める権力者と貧しく抑圧された者という悪が存在するに至っているのは、その結果にほかならない。神は今や、強大な異国の力を用いてまで、そのようなイスラエルを滅ぼそうとしている。これが預言者たちの告発である。

しかし、この告発はイスラエルの全面的な棄却では終わらない。もしイスラエルが悪を憎み、善を愛し、正義を貫くならば、神は「残りの者を憐れんで下さるかもしれない」。このアモスの言葉に代表されるように、預言者たちにおける「残りの者」とはつねに未来に待望される可能性であった。

ところがロマ書一一章5節のパウロは、同じ「残りの者」の観念を引き合いに出しながら、それを「今この時にも(en tōi nyn kairōi)また、残りの者が、恵みの選びに従って生じているのである(gegonen)」と現在完了形で語るのである。G・アガンベンがいみじくも言う通り、「かれ(パウロ)にとっては、残りの者とはもはや預言者たちにおけるような未来に関する観念ではなく、かれがメシア的な『今』と定義する現在的な経験なのだ」〔4/91〕。否、現在完了形の「生じているのである」を厳密に取れば、それはすでに過去において生じたことなのであり、その結果が現在にまで継続してきているというのである。その過去とは、もちろんイエスの十字架の処刑の出来事にほかならない。前掲の「基本文法」の図式で言う⑤のことである。未来(待望)がすでに過去において実現し、その結果が現在にまで及んでいるのである。この意味で、ここでのパウロの視線は、未来→過去→現在と動いている。

これはわれわれがすでにⅡコリント書五章17節の「見よ、新しくなってしまったのである」の現在完了形について見たのとまったく同じである。しかも、この「新しい創造」の現在完了形は、なおも未来への視線(ガラ六15)につながっていた。時間論的には、未来→過去→現在→未来という複線的・重層的な視線になっていた。

同じことが、目下の「残りの者」についての発言についても言える。すなわち、パウロはロマ書一一章5節で「残りの者」について語って後、間もなくロマ書一一章30‐31節で次のように述べる。

[30]あなたがたはかつては神に対して不従順であったが、しかし今は(nyn)、彼らの不従順のゆえに憐れみを受けている。[31]そのように、彼らもまた今は(nyn)あなたがたが受けた憐れみのゆえに不従順になったが、しかしそれは、彼らもまた今憐れみを受けるためなのである。

この発言もロマ書一一章5節と同様に、パウロが選民イスラエルの将来を論じる文脈(九―一一章)に属する。この発言では「彼ら」とあるのがイスラエル、つまりユダヤ教徒を指しており、「あなたがた」とあるのが異教徒からキリスト教徒となっている信徒たちを指す。発言の最後に「彼らもまた今憐れみを受けるためなのである」と言われていることが示す通り、パウロは現在不従順なユダヤ人たちにも立ち帰りの可能性が残されていることを確信している。パウロの視線は明瞭に未来に向かっている。そして、ユダヤ人たちのその立ち帰りが起きる時、その時が「残りの者」が完成する時にほかならないはずである。預言者たちが未来に待望していた「残りの者」はすでに過去において実現し、現在にまでその結果は及んでいる。しかし、その完成はユダヤ人が立ち帰って、異教徒出身の信徒たちに「接ぎ木」(一一23‐24)されるときに初めて実現する。ここでE・ユンゲルの表現を使えば、「パウロにおいては、現在は過去から、希望の時としての未来へ向かって開かれる」のである〔81/272〕（ドイツ語の原著による）。

従って、パウロが「残りの者」と呼ぶものは、その組成から見れば、異教徒出身の信徒とユダヤ教出身の信徒の両方から成る信仰共同体のことである。そのとき、ユダヤ教出身の信徒はそれまで「選民イスラエル」の一部でありながら、今やそれからはみ出し、「恵みの選び」（一一5）による新しい信仰共同体の一部として、古い全体、つまり「選民イスラエル」を凌駕している。アガンベンが「残りの者は全体の部分にたいする過剰であると同時に、部分の全体にたいする過剰でもあるのであって、格別の救済論的装置として働くのである。このようなものとして、それはメシア的な時間にのみかかわっており、メシア的時間のなかにおいてのみ存在する」〔4/93〕と述べるのは、この事態を指しているのだと思われる。

二　現在完了形

1　単線的・単層的と複線的・重層的

前節では、「今」、「今この時」についての発言を手掛かりに、パウロの時間論を踏査した。その途中で、われわれは繰り返し、いくつかの現在完了形でのパウロの発言も時間論的にきわめて重要な意味をもつことを確かめた。すでに分析の対象としたものを、もう一度念のために列挙すれば、次の通りである。

1　ロマ書一一章5節――そのようにして、今この時にもまた、残りの者が、恵みの選びによって生じている。

2　Ⅰコリント書一章23節――それに対して私たちは、十字架につけられてしまっているキリストを宣教するからである。（他にⅠコリ二2、ガラ三1参照）

3　Ⅱコリント書五章11節――しかし神に対しては、私たちは露わにされてしまっている。

4　Ⅱコリント書五章17節――古きものは過ぎ去った。見よ、新しくなってしまったのである。

5　ガラテヤ書二章19節――私はキリストと共に十字架につけられてしまっている。

この内で、2と5をわれわれは「単線的・単層的」と呼んだ。それはそれぞれイエスの十字架刑とパウロの回心という純粋に過去の一回的な出来事が、その効果を現在にまで継続させていることを表す現在完了形である。その過去の出来事は、それまで伝統的に未来に待望されてきたことを実現するものではない。この現在完了形の時間論的な視線は、過去↓現在という動きである。それに対して、1、3、4では、それまで伝統的に未来に待望されてきたことが過去においてすでに実現し、その結果が現在にまで及んでいるのみならず、さらに未来における完成を望見する現在完了形である。その時間論的な視線は、未来↓過去↓現在↓未来という動きになる。われわれはこれを「複線的・重層的」と呼んだ。

単線的・単層的現在完了形は、そのほかにもいくつか現れる。まずイエスの復活についての発言に現れる。すなわち、パウロはそれを不定過去形で、例えば「神はイエスを死者たちの中から起こした」(ロマ一〇9、その他、Iコリ六14、一五15、Iテサ四14)と語ることができるが、他方では「キリストが(死者の中から)起こされている」と現在完了形で語ることもできる(Iコリ一五4、12-14、16-17、20)。イエスの復活も十字架と同じように、パウロの「今」に存続している現実なのである。Iコリント書二章7節の「奥義の中にあって今に至るまで隠されてきた神の知恵」の現在完了形も摂理史的である。と同時に単線的・単層的でもある。

以上のキリスト論に関わる発言のほかに、パウロが自分自身あるいは信徒の生について行なう発言にも、単線的・単層的現在完了形が少なからず現れる。

6 Iコリント書九章22節――すべての人に対して、私はすべてのものになっている――あらゆる方法で何人かを救うためである。

7 Iコリント書一三章11節――しかし私は大人になってしまった時、幼児的なものを放棄してしまっている。

8 IIコリント書一二章9節――すると主は、私に言われたのである。「私の恵みはあなたにとって十分である。なぜならば、力は弱さにおいて完全になるからである」。

9 フィリピ書三章7節――〔しかし〕私にとって益であったものすべてを、然りそれらを、私はキリストのゆえに損失と思うようになってしまっている。

いずれの場合も、過去における一回的な決断が現在にまで継続していることを表している。未来への視線ももちろん含まれてはいるが、明示的ではない。8の「すると主は、私に言われた」の現在完了形について、青野太潮氏は、回心の際にパウロに現れた「主の言葉が今なお耳に響いているニュアンスがある」とコメントしている〔41/571〕。

いささか微妙なのは、ガラテヤ書三章24-25節で、「[24]かくして律法は、キリストへと至る私たちの養育係となっているのである。それは私たちが信仰によって義とされるためである。[25]しかし、信仰が到来したからには、私たちはもはや養育係のもとにはいない」と言われる場合である。ここでは「養育係となっている」が現在完了形である。25節の「私たちはもはや養育係のもとにはいない」と言う言明からすれば、24節は純粋に過去形で「私たちの養育係となったのである」となるのが論理的には自然ではないのか。にもかかわらず、なぜパウロは現在完了形で、今なお律法には「養育係」としての働きが継続しているかのように言うことができるのだろうか。

図表 10

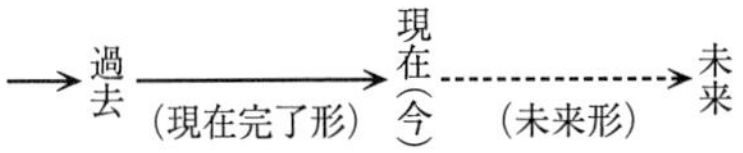

図 A　単線的・単層的

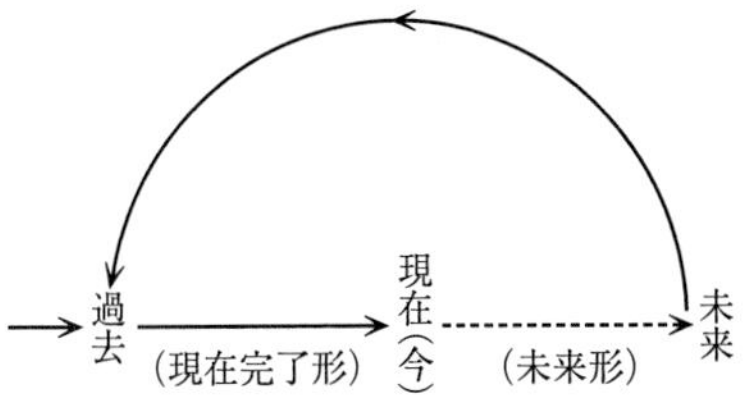

図 B　複線的・重層的

まさにこれはパウロの律法論の核心に触れる問題にほかならない。われわれはこの問題をすでに本書の第Ⅷ章三節で論じているので、ここでは繰り返さない。要は、「誡め」、すなわち行ないの規範に頽落し、「罪」の働く機会となってしまった律法は、まさにそのことによって、信仰による義を準備したのである。しかし、本章一節3の結びで見たように、律法がそのように「罪」の働く機会となる「今」と、そのような律法からすでに解放されている「今」、この二つの「今」が信仰者においてさえ、同時に成り立っているのであるから、「養育係」としての律法の役割も今なお存続しているのである。

図表11

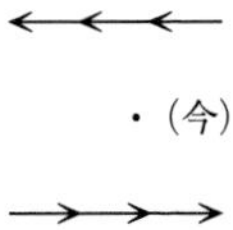

単線的・単層的と複線的・重層的の二つの現在完了形の視線の動きを、試みに図表化すれば、前頁の図表10のようになる。

図が示すように、単線的・単層的現在完了形は複線的・重層的現在完了形の一部として、その中に包摂されると見ることができる。従って、複線的・重層的現在完了形こそパウロの時間論の基軸であると考えるべきであろう。パウロの時間論の視線の基軸は、未来→過去→現在→未来という動きなのである。その際、前半の「未来→過去」の部分の視線のベクトルは、図に見るとおり、後半部の「過去→現在→未来」(特に「現在→未来」)のそれとは逆向きになる。パウロの「今」はこの二つのベクトルに挟まれた「今」である。それは図表11のように図式化できる。

パウロの時間論が「すでに」と「いまだ」の間で緊張していることは、これまでのパウロ研究が繰り返し明らかにしてきたことで、今や定説である。われわれの図式も新奇なことを述べるものではなく、その定説をいささか単純に図式化したものにほかならない。

さて、以上に挙げた現在完了形のほかに、パウロの時間論そのものと直接関係する現在完了形がなお二つ残っている。Iコリント書七章29節と同一〇章11節の二箇所である。その重要性から、それぞれ独立の項として扱うに値する。いずれもこの図式に照らしてはじめて、十分に理解される。

2 Iコリント書七章29節

この箇所のギリシア語の原文は ho kairos synestalmenos estin である。ギリシア語に通じない読者のために必要最小限の文法的説明を加えれば、最初の ho は定冠詞(英語の the)、kairos は「カイロス」、すなわち「時機」あるいは「時点」、次の synestalmenos は動詞 systellō(syn+stellō)「一緒に置く」の現在完了受動分詞、最後の estin は英語の be 動詞の三人称単数現在形に当たり、現在完了分詞の後に置かれると、過去において生じた出来事の結果が現在にまで及んでいるという状態的意味を強調する(廻説的用法)。

これを新共同訳と岩波版新約聖書(青野太潮訳)はそれぞれ次のように訳している。

(新共同訳) 定められた時は迫っています。
(岩　波　訳) 時は縮められてしまっている。

新共同訳が読者に喚起するイメージは、「定められた時(カイロス)」が近未来の特定の時点としてあって、今やそれが向こう側から「迫って」きているというものである。これはおそらく、この文章と同じ段落の内部で先行する七章26節に「今危機が迫っている状態にあるので」(新共同訳)とあることを意識した訳である。「迫っている(これも現在完了能動分詞)危機」とは、「再臨」(前掲の「基本文法」の

図表9でいう⑪を指す。つまり、新共同訳は「カイロス」を「再臨」の時の意味に解している。それはパウロの「今」のことではないという意見なのである。この新共同訳が苦しいのは、七章29節の synestalmenos estin を七章26節に準じて「迫っています」と訳す点である。なぜなら、いかんせん、元になっている動詞 systellō には、「迫っています」に見合う語義はないからである。もちろん、この動詞は新約時代のギリシア語では、それ以前の古典時代とは違って、多様な語義をもつに至っている。特に目下の七章29節のように、受動形の場合には自動詞の意味になって、「縮む、凝縮する、かがむ、寄り合う」という意味で用いられる。しかし、未来から特定の時点が迫ってくるという語義にはならない。新共同訳の解釈はあまりにアナログ的で救済史的に過ぎると言わなければならない。

その点では、岩波訳(青野訳)の「時は縮められてしまっている」の方が当たっている。受動態が自動詞の意味になることを考えれば、「縮んでしまっている」としてもよい。ただし、読者に喚起するイメージがアナログ的であることは岩波訳も新共同訳と変わらない。というのは、「カイロス」が「時」と訳されることによって、一定の時間の幅がイメージされるからである。その幅が今や「縮められてしまっている」のだと読める。

新共同訳と岩波訳の別を問わず、アナログ的な解釈は、パウロの時間論の「未来→過去→現在→未来」という視線で言えば、最後の「現在→未来」の部分に含まれる「残された」時間の幅――あるいは図表10の図AとBの「現在」から「未来」への点線部分――に重点をおく見方である。そのため、どちらの訳でも、同じ七章29節で目下の文章の直後に続く to loipon というギリシア語は、「今からは」(新共同訳)/「これからは」(岩波訳)と訳されることになる。もちろん、これは間違いではない。最後の「現在→未来」の部分は確かにパウロの視線の一部であり、そこでは一定の時間の幅が視野に入って来ざるを得ない。しかも、ギリシア語「カイロス」(kairos)には、すでに挙げた「時点」、「時機」という語義以外に、一定の幅を持った「時」を表わす用法も確認できないわけではないからである(マコ一〇30)。

しかし、それではパウロの「今」を深く規定している逆向きのベクトルが十分考慮されないことにならないだろうか。パウロは前掲の図表11の意味で、「今」が緊張した時機であることを言いたいのではないのか。「今この時(時機)」は、二つのベクトルが「一緒に置かれた」時、その意味で「凝縮された時」なのである。パウロの「今」は、図式的に言えば、二つのベクトルのどちらでもあると同時に、どちらでもない。パウロは「今」に含まれている時間の「質」を問題にしているのであって、時間の「量」を問題にしているのではない。

もちろん、パウロの言う「今」そのものにもアナログ的にのみ表象可能な「量」の側面は明瞭に含まれている。そのことは前出の「進展する時と認識」の項(第IX章一節4)で前述したとおりである。前掲の図表9の「基本文法」の図式に戻って言えば、⑤の「十字架」から⑪の「再臨・終末」までは、そのような「今」がそのつど繰り返されてゆく時にほかならないのである。しかし、その全体が⑤までの「古いアイオーン(世、時間)」と⑪で完成されるはずの「新しいアイオーン」の間に挟まれた時、しかも、まさにそのように挟まれることによって、その両側の二つのアイオーンをそれぞれの個性において認識することをはじめて可能にするような時なのである。

私の見るところ、それはちょうど単語と単語を分かつ字間の余白のようなものである。古代の文書の多くは、ギリシア語に限らず、ラテン語やヘブル語の文書の場合にも、いわゆる連続筆写(scriptio continua)された。すべての文字が大文字で、しかも単語と単語を区切らずに書き写されたのである。新約聖書のもっとも重要な写本でもそのとおりである。読みにくさは甚だしい。だからこそ、その読解の訓練が職業訓練として行なわれたのである。それに対して、字間の余白は単語と単語を区切って、分節する。読解は圧倒的に容易になる。しかし、なぜ容易になるのか。当然視しないで真剣に考えてみることが必要である。もちろん、字間の余白は先行する単語と後続の単語のどちらでもない。しかし、同時にそのどちらでもある。字間の余白があればこそ、前後の二つの単語は区別されると同時に結合される。この意味で、字間の余白も「読まれている」のである。もちろん、それを「読む」のにかかる時間は計測不可能なほどの瞬間にすぎない。しかし、われわれはそれを「読み」ながら、前後の単語のつながり、ひいては文章全体の意味を構成する(読み取る)ために不可欠な操作をしているのである。同じことは、印刷された本(例えば本書)が章と章の間で「改丁」、すなわち最後の頁に余白を残したまま新しい章を次頁から始める場合にも言えるであろう。余白頁を繰る時間は、本全体の読解のために必要な操作時間なのである。

ここで私が「操作時間」と呼んだものは、アガンベンがフランスの言語学者G・ギョームの『時間と動詞』(初版一九二九年)のものとして紹介する「操作時間」と全く違わないどころか、それを意識したものである。ギョームによれば、時間は過去・現在・未来を含む線分で表示されるのが普通であるが、それは「構成された」時間イメージであって、それが人間の思考の中で構成されることそのことにも、別の種類の時間がかかっている。どのように迅速な心的操作にも一定の時間がかかるからである。そこで、人間の心がある時間イメージを実現するために必要な時間、これが「操作時間」と定義される。それは構成された時間が線分として図式化され得るのに対して、図式に可視化され得ない。

アガンベンはパウロの「今」をこの意味の「操作時間」にほかならないと見る。Iコリント書七章29節の to loipon は、「たんに『あとは』という意味ではなくて、残っている時間としてのメシア的時間を指している」〔4/111〕。ここで言う「メシア的時間」は、さらに次のように定義される。――「時間の終わりへとわたしたちを向かわせる時間」、「クロノロジカルな時間のなかで湧き出し、それに働きかけ、それを内側から変容させる操作時間なのであって、時間を終わらせるためにわたしたちが必要としている時間――この意味において、わたしたちに残されている時間なのだ」〔4/109–110〕。Iコリント書七章29節で「使徒(パウロ)に関心があるのは、最後の日、時間が終わる瞬間ではなく、収縮し、終わり始めている時間である。あるいは、こう言ったほうがよければ、時間とその終末との間に残っている時間なのである」〔4/102〕。

3　Iコリント書一〇章11節

次にIコリント書一〇章11節を見てみよう。新共同訳と岩波訳は、それぞれこの箇所を次のように訳している。

(新共同訳)　これらのことは前例として彼ら(荒野を放浪中のイスラエル)に起こったのです。それが書き伝えられているのは、時の終わりに直面しているわたしたちに警告するためなのです。

（岩波訳）　さてこれらのことは、私たちへの警告としてかの人たちに起こったのである。それは、世の終わりが到達してしまっているこの私たちへの訓戒のために、書かれたのである。

問題は傍点部分である。この部分のギリシア語原文は hēmōn, eis hous ta telē tōn aiōnōn katēntēken である。やはり、ギリシア語に通じない読者のために、必要最小限の解説が必要であろう。最初の hēmōn は人称代名詞で「私たち(の)」、次の eis は「……へ」の意味の前置詞で英語の to に当たる。次の hous は関係代名詞で英語の whom 従って eis hous で先行する hēmōn を先行詞に取る関係代名詞構文で「私たちに向かって」の意、次の ta telē は「終わり」を意味する中性名詞 telos の複数形で、その関係代名詞構文の主語、続く tōn aiōnōn は「時代」あるいは「世」を意味する名詞 aiōn の複数属格で先行する ta telē を限定する。従って、ta telē tōn aiōnōn 全体で「時(世)の終わり」の意味になる。最後の katēntēken は動詞 katantaō(<kata+antaō)の現在完了三人称単数形で、eis hous「私たちに向かって」によって導入される関係代名詞構文の述語である。繰り返しになるが、その主語は ta telē「終わり」である。この動詞は、特に前置詞 eis などを伴うと、「……へ(eis)到達する」の意味になるのが通常である。しかし、もともとは前置詞 kata と動詞 antaō という二つの部分から成る合成動詞である。後半の antaō(=antiaō)は「出くわす、出会う、衝突する、敵対する」という意味の動詞であることを考慮すると、eis hous... katēntēken では「わたしたちに今現に向かってきている」(現在完了)と訳すことができる。従って、全体としては、「世の終わりが到達してしまっている

この私たち」という岩波(青野)訳の方が、新共同訳の「時の終わりに直面しているわたしたち」よりも、ギリシア語の原文の構文を忠実に映していると言える。

さて、前項でも触れたG・アガンベンはギリシア語の原文を「時間の終わりが互いに向かい合っている状況に直面しているわたしたち」と読解する〔4/120〕。しかし、だからと言って、新共同訳あるいは岩波訳といったいどこがどう違うのかと訝る読者が少なくないことであろう。ところが違いは重大なのである。

アガンベンの場合、「時間の終わりが互いに向かい合っている」という読解が明瞭に示すとおり、二種類の時間の対向が考えられている。すなわち、ユダヤ教黙示思想の終末論が言う「古い時間(世=アイオーン)」と「新しい世(時間=アイオーン)」の間の対向である。Iコリント書一〇章11節で「アイオーン」(aiōn)が複数形(tōn aiōnōn)で言及されるのは、アガンベンによれば、まさにこの二つの「アイオーン」を指しているのである。その複数形によって限定される「終わり」(ta telē)はそれぞれの「アイオーン」の「先端」を意味する。だから、それは複数形でなければならないのである。その二つのアイオーンの「先端」が互いに対向(katantaō)し合っている。これが目下の箇所でのパウロの時間論だとアガンベンは考える。

これに対して、新共同訳と岩波訳はどちらも、複数形の「アイオーン」(tōn aiōnōn)は「古い時間(世)」だけを指示するもので、やはり複数形の「終わり」(ta telē)はその「古い時間(世)」の最後の部分を集合的に表現するものと見ているのである。現在完了形 katentēken(「直面している」、「到達してしまっている」)が三人称単数形である理由も、主語の「終わり」(中性複数)が集合的単数で受けられているからだということになる。この解釈の場合には、二種類の時間の対向というアガンベンのイメージは全く生まれない。むしろ、喚起されるイメージは単線的である。われわれが繰り返し言及してきた原始キリスト教(およびパウロ)の「基本文法」の図式(図表9)に戻って言えば、③のイエスの「誕生」以降の出来事に先立つ「古い時間(世)」だけが視野に入っているのである。③のイエスの「誕生」、とりわけ⑤の「十字架」の出来事によって、「古い時間(世)」の「終わりが到達してしまっている」のである。

さて、かたやアガンベンの解釈と、かたや新共同訳・岩波訳の解釈と、われわれはそのいずれに軍配を挙げるべきであろうか。文献学的には、明らかに後者に分がある。その理由は次のとおりである。

(1) パウロが「基本文法」の図式の③より左側の時間、すなわち「古い時間(世)」を、一定の幅をもったクロノロジカルな時間と捉えていることは、すでにガラテヤ書四章4節について確認した通りである(第Ⅸ章一節3参照)。

(2) パウロは「新しい世(時間)」と対比して古い「この時代(世)」を指す場合には、ほとんど常に単数形の「アイオーン」を用いる(ロマ一二2、Ⅰコリ一20、二6、8、三18、Ⅱコリ四4、ガラ一4)。反対に、複数形の「アイオーン」を用いるのは、「世々限りなく賞賛されるべき方(神)」(ロマ一25、九5)、「世々に栄光があるように」(ロマ一一36、ロマ一六27、ガラ一5)のように、伝統的・定型的な表現に従う場合に限られる。この場合には、「世々」(アイオーンの複数形)は明らかにクロノロジカルな意味で、不窮の時間(永遠)を意味している。その背景には、かつての天地万物の創造から来たるべき新しい創造までの普遍史をさまざまな時代に区分して、救済史的思弁をたくましくしたユダヤ教黙示思想の歴史観がある。

もちろん、パウロはそのような黙示思想的時代区分には無関心であるが、その用語法を継承しているのである。目下のIコリント書一〇章11節の用語法にもっとも近い類例が、ほかでもない黙示思想の影響を受けた外典文書・レビの遺訓に現れるのは(第IV章二節2(1)参照)、決して偶然ではない。その一四章1節には、「だから子供たちよ、世々の終わり(ta telē tōn aiōnōn)に、お前たちが悪に手をのばして王にそむき、すべての異邦人にばかにされるのを私は知っている」とある。従って、Iコリント書一〇章11節の複数形の「アイオーン」も、新共同訳と岩波訳のように、「古い世(時代)」がこれまで連綿と続いてきた時間の長さを指すものと見るべきである。

(3) アガンベンの解釈では、動詞 katantaō が「互いに向き合っている」と「直面している」の二重に訳されることになっている。しかも、「終わり」(ta telē)の複数形を、新旧二種類のアイオーンの先端に割り振るので、もはや集合的単数には取れなくなる。従って、対応する定動詞も本来ならば、三人称単数形(katentēken)の代わりに三人称複数形が望まれるところである。

このように、「時間の終わりが互いに向かい合っている状況に直面しているわたしたち」というアガンベンの解釈は文献学的には無理である。しかし、それは、すでに図表11として表したように、二つの逆向きのベクトルに挟まれたパウロの「今」を言い表すものとしては当たっている。「そして、この対面、この収縮こそがメシア的時間なのであって、それ以外のなにものでもないのである。ここでもまた、パウロにとっては、メシア的なものは二つの時間のあいだにある第三のアイオーンではない。そうではなくて、それはむしろ、時間と時間との分割そのものを分割し、それらのあいだに、残りのもの、過去が現在へと移し換えられ、現在が過去へと伸び広がっていく、割り当て不能の無関心地帯を導き入れる切断なのである」〔4/120‐121〕。

ここでアガンベンが「時間と時間との分割そのものを分割」するという言い方をするのは、いささか難解かも知れない。まず、「時間と時間との分割」とは、ユダヤ教黙示思想が行なう「古い世(時代)」と来たるべき「新しい世」への二分割のことである。ユダヤ教黙示思想の終末論では、この両者は互いに踵を接していて、その間に「余白」はない。ところがパウロの場合には、すでに見たように、両者の間に、どちらでもなくて、かつ、どちらでもある「余白」の時間(操作時間)が挿入されている。アガンベンが「分割そのものを分割」と言うのは、この挿入のことである。

まとめ

以上、われわれはパウロが「今」について行なう発言と、さまざまな文脈で現れる現在完了形の文章を手掛かりにして、そのパウロの「今」が「すでに」と「いまだ」の間で緊張した複線的・重層的な時であることを明らかにした。この時点で、その図式(図表10の図B)をイエスの「全時的今」の図式と対照させてみよう。対照のポイントを明瞭にするために、イエスの「全時的今」の図式(前出の図表5)の方は、簡略化して掲出する(図表12)。

どちらの図でも、垂線②は歴史の終末における神の超越的介入を表している。それはユダヤ教黙示思想の終末論では、なお未来のことと考えられていた。しかし、イエスの場合には、それは「神の国」として、すでに①において、「天上の祝宴」として始まり、今や地上にも拡大しつつある。パウロの場合にも②はすでに①に先取られて実現し、その結果が現在に継続している。と同時に②への視線も存在している。従って、イエスとパウロの間のもっとも顕著な違いは、それぞれの「今」が二つの垂線とどういう位置関係になるかにある。イエスの場合には、垂線①が「今」と一致するのに対して、パウロの場合には、垂線①は「今」より過去、特に十字架の出来事に一致するのである。

この違いをE・ユンゲルは、すでに一九六二年に、次のように命題化している。私はこれに賛同する。

それゆえ、パウロの信仰義認論とイエスの神の国の宣教との相互関係において第一義的に問題になるのは、〔中略〕終末が歴史に対して立つ関係が歴史的にどう変化しているかである。この点におけるイエスとパウロの間の違いは、時間にかかわる違いである。イエスにおいては、現在はひたすら差し迫った未来からのみ排他的に規定されている。ところがパウロにおいては、現在は過去から、しかも未来の光に照らす仕方で、見られている。イエスにおいては、現在は未来から見られて、救いと決断の時として性格づけられるが、パウロにおいては、現在は過去から、

図表12

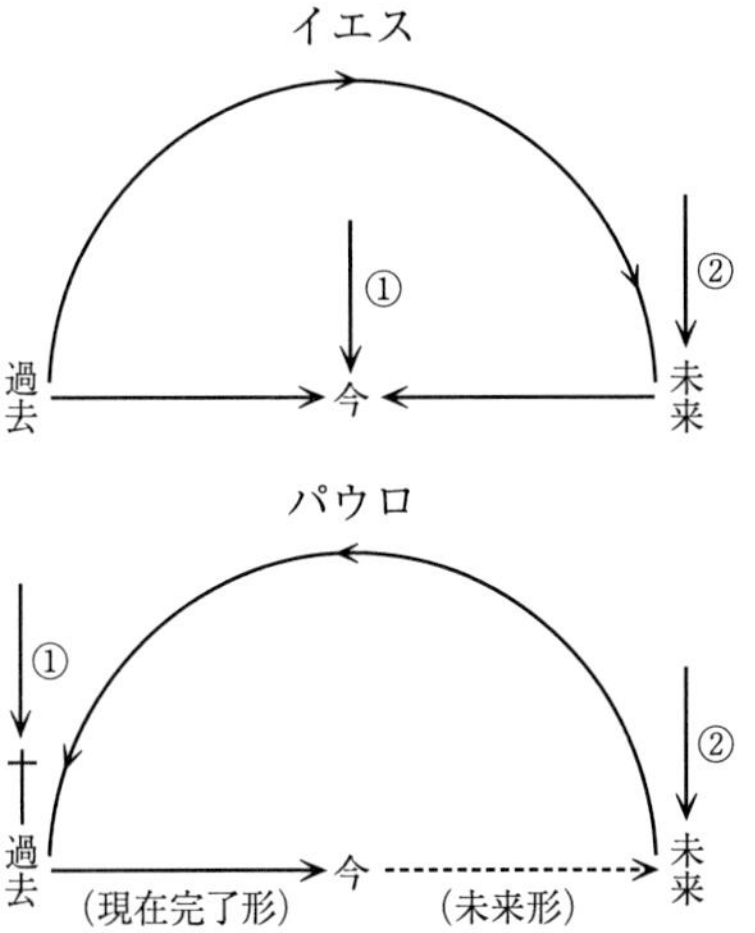

希望の時としての未来へ向かって開かれる。イエスは、遠い未来のさばきのことと考えられてきたものを、神の支配の接近によって徴づけられた現在に結びつける。他方、パウロは現在を、すでに到来した終末から、キリストの再臨へ向かって、この二つの時の間に挟まれた時として理解する。

イエスとパウロの両者には終末論的な基本モチーフが共通している。しかし、それがそれぞれ終末論的未来と終末論的過去という時間的に異なった見方で表現されるのはなぜなのか。その理由はひとえに、パウロは一つの過去の出来事を回顧しているという点に求められる。その出来事のゆえに彼は、すでにイエスにおいて終末が到来したのだと主張することができるのである。イエス・キリストへの信仰はこの出来事のおかげなのである。

〔81/272〕

第X章　パウロとベンヤミン

パウロの時間論には、これまで見てきた「今」についての直接的な発言と現在完了形のほかに、さらにもう一つ重要な問題圏がある。それは新約聖書学の用語で「予型(テュポス)論」と呼ばれるものである。アガンベンもパウロの予型論に注目し、それがW・ベンヤミンに及ぼしている影響について考察している。われわれもアガンベンを是々非々の立場で参照しながら、パウロに対するベンヤミンの関係について考えてみたい。

一　パウロのテュポス論――パウロの時間論2

予型論(テュポス論)を問題にするときには、いわゆる寓喩(アレゴリー)と混同しないように、まず注意しなければならない。仮にある歴史的出来事が寓喩(アレゴリー)的に解釈されるとしよう。その場合には、その歴史的出来事を構成する人物やその他もろもろの事物、およびそれら相互の間の布置関係は、それぞれの史実性において見られることはない。そうではなくて、はじめから語り手の念頭に収まっている特定の、往々にしてきわめて抽象的でほとんど無時間的な観念――あるいは複数のそのような観念の間の布置関係――へ透視されて解釈される。歴史的出来事を構成する事物の一つひとつに、観念の側でもまた一つひとつの対応物が割り振られるのが普通である。

それに対して、予型論では、かつての歴史的事件と最近の歴史的出来事が、それぞれの史実性を保ったまま、「予型」と「本体」という関係に置かれる。つまり、予型論は歴史的過去と現在をどう関係づけるかという歴史解釈のための方法なのである。パウロもその書簡のいくつかの箇所で、この意味での予型論に訴えている。

1　アブラハムと「私たち」——ロマ書四章

まず、ロマ書四章では、創世記一五—一八章のアブラハム物語が参照される。アブラハムは、自分と妻サラの高齢のゆえに子に恵まれることはもはや不可能と思い込んでいたにもかかわらず、天の星のごとくの子孫を約束する神の言葉を信じた。そのことが彼の「義」と認められた(創一五6)。しかも、その時、アブラハムはまだ割礼を受けてはいなかった(創一七24参照)。

パウロは、アブラハムが「義」と認められたこの出来事の中に、自分自身の現下の今において実現している「信仰による義」の予型を見るのである。その時のアブラハムがまだ無割礼であったこと、しかし、その後で神との契約の徴に割礼を受けたこと——この事実は、今現に「無割礼のままで信じたすべての者たち」(11節)、すなわち異邦人出身のキリスト教徒たちが存在すると同時に、「割礼の者たち」(12節)、すなわちユダヤ教出身のキリスト教徒も存在していることの予型なのである。アブラハムは、信仰によって義とされている「私たちすべての者」(16節)の予型である。創世記一五章6節は「ただアブラハムのためだけに書かれたのではなく、私たちのためにも書かれたのである」(23—24a

節)。

不可能と見えた子孫をアブラハムに与えた神の行動は、パウロにとって、「罪」に支配されて無きに等しい者であった自分を「お前は有る」と呼ぶために、自らの独り子を凄惨きわまりない十字架の刑死に遺棄した神の行動の予型である。どちらも「死者たちを生かし、そして無なるものを有なるものとして呼び出した」神の行動である(17節)。

また、アブラハムは、当然のことながら、モーセと律法の登場(出エジプト記)よりも歴史的にははるか以前の人物である。そのことの中にパウロは、そのアブラハムに与えられた「多くの民の父」となるという「約束」の方が、後からやってきたモーセ律法を凌駕し、それを超えて存続することの予型を認める。「アブラハムの信仰による者にとってもまた、約束は確固たるものとなる」(16節)。

これを時間論として見れば、パウロがここで現在を過去から、過去を現在から読解していることは明らかである。さらに注意すべきは、「その私たちにとっても、すなわち、私たちの主なるイエスを死者たちの中から起こした方を信じる者たちにとっても、義とみなされることはたしかに起こる」(24節)という文章である。最後の「たしかに起こる」は、ギリシア語の原文では現在形(mellei)の動詞であるが、語義そのものが事柄として未来を指示する動詞である。ここには未来への視線が明瞭に含まれている。パウロの視線は、単に歴史的過去と現在の間を往復するだけではなく、過去、現在、未来の間を往復しているのである。

2　アブラハムの子孫（単数）とキリスト――ガラテヤ書三章15-18節

ガラテヤ書三章15-18節でもパウロは、前項と同じ場面でのアブラハムへの神の「約束」を問題にする。ただし、今度は約束された「子孫」が複数形ではなく、単数形であることに特に注目して、次のように語る。

約束はアブラハムと彼の子孫とに語られた。それは、あたかも多くの者たちに対するように、「そして子孫たちにも」とは言っておらず、むしろ一人の人に対するように「あなたの子孫にも」と言っている。それはキリストのことである。（16節）

この約束は、その四百三十年後にできたモーセ律法によって反古にされることはない（17節）。「神は、まさに約束を通してアブラハムに恵みを与えられて、今に至っているのである」（18b節）。これは岩波訳であるが、訳者（青野太潮）が「今に至っている」とわざわざ補っているわけは、「恵みを与えられて」が現在完了形（kecharistai）であるからである。パウロによれば、アブラハムに高齢にもかかわらず息子イサクが与えられたという恵みの出来事は、確かに過去の出来事でありながら、過去になり切らずに、予型として現在を照らしているのである。

3　ハガルの子とサラの子――ガラテヤ書四章21-31節

ガラテヤ書四章21‐31節でもアブラハムへの約束のテーマが継続している。ただし、パウロが今度視野に収めるのは創世記一六章である。高齢のため子に恵まれないサラ(サライ)は自分の女奴隷ハガルを夫アブラハムに与えて、子をもうけさせる。そうして誕生するのがハガルの子イシュマエルである。サラ(サライ)自身が息子イサクを与えられる次第は、かなり先の創世記二一章で語られる。

パウロはまず、アブラハムの二人の妻のうちのハガルについて、彼女は「今日の(thēi nyn)エルサレムに相当する。それは、自らの子供たちと共に現在奴隷となっているからである」(25節)と言う。他方、サラは「天上のエルサレム」であり、「われわれの母」である(26節)。二人の息子のうち、イシュマエルは「肉によって生まれた」(23節)のに対して、イサクは「約束の子供」(28節)、「霊による子」(29節)である。この対立をパウロは彼の現在におけるユダヤ教徒とキリスト教徒の対立の予型と見る。イシュマエルは「肉によって生まれた」(23節)という表現は、ギリシア語の原文では、現在完了形(gegennētai)になっている。つまり、パウロの視野には、同時代のユダヤ教徒のことが入っているのである。現在のキリスト教徒たちについては、「あなたがたこそが、イサクにならった約束の子供たちなのである」(28節)と言われる。さらにパウロは、現在における両者の対立関係を視野に入れながら、「かつて肉によって生まれた者(イシュマエル)が霊によって生まれた者(イサク)を迫害したように、そのように今もまた(kai nyn)同じことがなされている」(29節)とも述べる。しかし、旧約聖書の中に、これに該当する記事は存在しない。パウロは、同時代のユダヤ教がイシュマエルとイサクの関係について紡ぎ出していた口伝を念頭においているのかも知れない。この箇所の予型論では、未来への視線は不在であるが、過去と現在の間の往復は明瞭である。過去におけるアブラハム、サラ、イサク、ハガル、イシュマエルの相互的な布置関係が、現在におけるキリスト教徒とユダヤ教徒の間の関係に対する予型として解釈されている。

4 アダムとキリスト(その1)――ロマ書五章12-21節

ロマ書五章12-21節の予型論では、そのような複数の人物の間の布置関係から一転して、「一人の人(アダム)」と「一人の人イエス・キリスト」の間の逆対応が問題となっている。すなわち、創世記三章でアダムが禁断の木の実を取って食べる物語は、「罪」(12、21節)「不従順」(19節)、「死」が「一人の人間をとおしてこの世界(すべての人間)に入り込んだ」出来事である(12節)。他方、イエス・キリストの出来事は、「一人の人」によって「従順」(19節)、「恵みの賜物」(15節)、「義なる定め」(16節)、「生命の義」(18節)が世界に到来し、満ちあふれた出来事である。前者(アダム)は後者(来たるべき者、一人の人間イエス・キリスト)の予型であるとパウロは明言する(14節)。

ここで時間論の面から特に注意を要するのは、ここでは「予型」アダムと「本体」キリストの対応が内容的に逆対応になっているだけではなく、過去と未来の間の対応関係が問題になっていることである。パウロの視線は過去と現在の間を往復しているのではなくて、現在を挟んだ過去と未来の間を往復している。そのことは、「一人の人の罪過によって、つまり、一人の人をとおして、死が支配したとするなら、……一人の人イエス・キリストをとおして、生命にあって支配することであろう」という17節の文章に端的に見て取れる。「罪が死によって人間を支配したように、そのように恵みもまた、私たちの主イエス・キリストをとおしての永遠の生命《いのち》へと至るべく、義によって人間を支配するであろう」という21節も同様である。この21節は、なぜパウロの視線が過去と未来の間を往復するのか、その理由を明らかにしてくれる。つまり、パウロは今や「永遠の生命《いのち》」(zōē aiōnios)を問題にし始めているからである。このテーマを問題にするとき、パウロは自分の「今」を超えて、来たるべき完成(終わり)、すなわち、前掲の図表12で言う垂線②を視野に入れないわけにはいかないのである。

5 アダムとキリスト(その2)——Iコリント書一五章20-22節、45-49節

前項で確認した終末論的な未来へのパウロの視線は、Iコリント書一五章20-22節、45-49節でも鮮明である。まず、20節でパウロは「今」について発言する。「しかし今や(nyni)キリストが、眠りについている者たちの初穂として、死者たちの中から起こされているのである」。このうち、二つの傍点部分はどちらも動詞の現在完了形である。特に「起こされている」(egēgertai)はキリストの復活がすでに過去の出来事でありつつ、その結果が「今」まで継続していることを表現している。「眠りについている」(kekoimēmenōn)は過去の死者たちが、現に今も来たるべき死からの甦りを待っている、言わば中間状態を表している。ここにすでに、パウロの視線が過去から現在を経て終末論的未来へ向かう動きが読み取られる。この動きは続く21-22節で、動詞の過去形と未来形の組み合わせによって明示される。

[21]まさしく、死が一人の人間をとおして生じたのだから、やはり一人の人間をとおして死者たちの甦りも生じるのだからである。[22]なぜならば、アダムにおいてすべての者が死ぬように、その

ようにキリストにおいてもまた、すべての者が生きるようになるだろうからである。

内容的には、アダムとキリストは逆対応である。この点も前項で見たロマ書五章12-21節の場合と同じである。

45-49節でも、予型である「最初の人アダム」と本体である「最後の人アダム」、すなわちキリストが逆対応の関係に置かれる。前者は「自然的な命」、「地から出て土で造られた者」であるのに対して、後者は「人を生かす霊」、「天からの者」である。しかし、話がいささか複雑になるのは、この逆対応にもう一つ別の予型論が重ねられるからである。すなわち、パウロは一方では、自分も含めた人間が「自然的な命」(pshychē)として生まれた過去の出来事(出生)を、「最初の人アダム」が「自分に似た、自分にかたどった」息子セトを設けた出来事(創五3)に比定する。これは過去と過去の対応関係である。他方でパウロは、「最後の人アダム」、すなわちキリストがすでに死から復活したという過去の出来事を、やがて自分自身もその復活に与りながら、「霊的なからだとして起こされる」ことの予型と見るのである。これは過去と未来の対応関係である。この二つの対応関係を一つに凝縮するのが49節である。「そして私たちは、土で造られた者の像を担ったように(創五3)、天的な像をもまた担うことであろう」。

Iコリント書一五章20-22節、45-49節の予型論が他の箇所のそれにくらべて読みにくいのは、私の見るところでは、パウロの時間論的な視線が過去、現在、未来の間で錯綜しているためである。

6 モーセとキリスト――Ⅰコリント書一〇章1‐11節

Ⅰコリント書一〇章1‐11節のパウロは、欲張って実に多くの旧約聖書の事例を詰め込んでいる。まず、1‐5節は、モーセに率いられてエジプトを脱出したイスラエルの民がシナイの荒野で、食べ物がないことに不平を漏らしたとき(出一六1‐3)、神が天からのマナを与えて食べさせたこと(一六4以下)、また同じ民が飲み水の欠乏から争ったとき(一七1‐3)、神が岩からほとばしる水を与えたこと(一七4‐7)に言及する。7節は、モーセがシナイ山に登って不在の間に、民は金の子牛を造って、それを崇拝し、その前で飲み食いしたこと(出三二1‐6)、そのため、ついに神がイスラエルの民のほとんどを滅ぼしたこと(三二10)、続く8節は、民の一部がモアブの娘たちと性交し、彼女たちの神々を崇拝したこと、神がそのためにイスラエルの民に災害を送って、二万四千人を滅ぼしたこと(民二五1‐9)、さらに続く9b節は、再び民が食べ物と水の欠乏について不平を言うと、神は蛇を送って民の多くを噛み殺させたこと(民二一4‐6)を、それぞれ引照する。ただし、パウロはこれらの事例をつねに旧約聖書の本文そのものからではなく、少なくとも部分的には、それぞれ該当する旧約聖書の場面についてユダヤ教の律法学者(特にファリサイ派)が蓄積していた伝承から引用している。

さて、パウロは以上の事例をそのつど、現在のキリスト教徒への倫理的な警告として解釈しながら列挙したあと、11節で「さてこれらのことは、私たちへの警告としてかの人たちに起こったのである。それは、世の終わりが到達してしまっているこの私たちへの訓戒のために、書かれたのである」と述べる。このうち、「世の終わりが到達してしまっているこの私たち」の現在完了形については、すでに前述したとおりである(第IX章二節3参照)。

ここでの問題は、むしろ「警告として」という文言である。これは先行する6節にも現れる。6節が名詞形(typoi)であるのに対して、11節の方は副詞形(typikōs)という違いがあるにすぎない。どちらも予型論のことをテュポス論とも言うときの、「テュポス」に当たるギリシア語そのものである。しかし、岩波訳も新共同訳もこれをあえて「予型」とは訳さず、「警告」(岩波訳)あるいは「前例」(新共同訳)と訳している。「予型」と訳すのがためらわれるわけは、パウロがこれらの出来事に現在の事実を予型論的に対比せずに、もっぱら倫理的に、現在から未来にかけて信徒たちの間に起き得るかも知れない逸脱行為(偶像礼拝)に対する事前の訓誡に用いているからである。この点に、この箇所の特異性がある。確かに4b節は、出エジプト記一七章4-7節の「岩」に関連して、「ところでこの岩は、キリストであった」と言い、一見予型論を展開しているかのようにも思われる。しかし、実際には、このパウロの発言は、予型論には属さず、むしろ、旧約聖書そのものの中にすでにキリストが「肉をまとわない」形で活動していたのだとするキリスト論(ロゴス・アサルコス論)に属するように思われる(このキリスト論について、詳しくは〔20/127-128, 246-247〕を参照)。ただし、この段落でのパウロの視線が過去から現在および未来に向かっていることは明らかである。

7 「残りの者」――ロマ書一一章2-5節

最後にもう一つロマ書一一章2-5節の予型論が残っている。それこそ「残りの者」をめぐる予型論である。その結びに当たる5節「そのようにして、今この時にもまた、残りの者が、恵みの選びに従って生じているのである」に含まれる「今この時」(ho nyn kairos)と現在完了形(gegonen)については、すでに立ち入って分析したとおりである(第Ⅸ章一節6、同二節1)。従ってここでは予型論の側面を補充するにとどめる。

5節のはじめに「そのようにして」とあるのは、旧約聖書の列王記上の一八―一九章に物語られたエリヤとバアルの預言者たちの闘いとその結末を指している。万軍の主ヤハウェに仕える預言者エリヤは、バアルに仕えることを可とするイスラエルの王から命を狙われるところとなった。神はそのイスラエルを滅ぼそうとするが、エリヤの訴えを聞き入れて、「バアルに膝をかがめなかった七千人の男を残した」(ロマ一一4、王上一九18も参照)。

パウロはこの七千人の「残りの者」を予型、「今この時に」現に存在しているユダヤ人と異邦人から成る信仰共同体が本体という対応関係を読み取るのである。その限りでは、パウロの視線は過去から現在に向かっている。しかし、後続のロマ書一一章30-31節では、すでに見たとおり、パウロのその視線は未来にも伸長してゆく。

二　G・アガンベンのテュポス論とW・ベンヤミン

前節では、パウロの予型論に関わる合計七つのテクストを時間論の観点から分析してきた。そこで繰り返し明らかになったことは、パウロの視線が過去、現在、未来という三つの時間層を往還する様子である。一方における歴史的な過去の出来事、さまざまな事物と人物、他方における「今この時」

の出来事、さまざまな事物と人物、さらには来たるべき未来の出来事、事物と人物。この両方がそれぞれの歴史性を失うことなく保持したまま、その両者の間に特定の対応関係が発見されるのである。その対応関係は順対応かも知れないし、逆対応かも知れない。しかし、とにかくそれは気づかれずにいたら、そのまま発見されずに終わったに違いないような対応関係である。パウロの予型論(テュポス論)は過去、現在、未来の間にそのような対応関係を発見して、この三つの時間の間を自在に往還する歴史観である。そこには、パウロがまず具体的な対応関係にそのつど気づいた発見の瞬間、あるいは認識の瞬間があったに違いない。それはおそらく理論的に尋ねてえられた認識ではなく、ふとした瞬間のひらめき、言わば啓示であったかも知れない。

アガンベンはパウロのテュポス論のまさにこの点に、W・ベンヤミンが言う「イメージ(形象)」の「星座的布置関係」と同一の事態を認める。ベンヤミンの言う「イメージ」とは、アガンベンによれば、「過去の瞬間と現在の瞬間がひとつの星座的布置関係のなかで結合し、現在が過去において意味を承認してもらわざるをえず、過去が現在においてその意義とその成就を見いだすことになるようなすべてのもの(器物、芸術作品、文章、記念品、記録資料)なのである」〔4/229〕。ベンヤミン自身は同じ事態を『パサージュ論』のある箇所(N 3, 1)で、次のように述べている。

イメージ(形象)が歴史的な指標を帯びているということは、ただ単にイメージがある特定の時代に固有のものであるということのみならず、イメージというものはなによりもある特定の時代においてはじめて解読可能なものとなるということを意味している。しかも、「解読可能」となるということは、イメージの内部で進展する運動が、特定の危機的な時点に至ったということなのである。そのつどの現在は、その現在と同時的なさまざまなイメージによって規定されている。そのつどの今は、ある特定の認識が可能であるような今なのである。この今においてこそ、真理には爆発せんばかりに時間という爆薬が装塡されている。(他でもなくこの爆発こそが、意図の死なのである。そしてこの死と同時に真に歴史的な時間、真理の時間が誕生するのだ。)過去がその光を現在に投射するのでも、また現在が過去にその光を投げかけるのでもない。そうではなくイメージのなかでこそ、かつてあったものはこの今(das Jetzt)と閃光のごとく一瞬に出あい、ひとつの星座(状況)を作り上げるのである。言い換えれば、イメージは静止状態の弁証法である。

(『パサージュ論』N 3, 1)〔*60*/18–19 ただし文言を少し変更している〕

ベンヤミンは最後の「(イメージの)静止状態の弁証法」のことを、別のところでは、「事物的な構成要素の星座(Konfiguration)」とも呼んでいる〔*61*/31〕。そして、その「星座」が突発的に成立する瞬間のことを「認識の可能となる『今の時』は、目覚めの瞬間である」(『パサージュ論』N 18, 4)〔*60*/70〕とも言う。

ベンヤミンは、後にも見るとおり、パウロの名前を直接引いているわけではない。しかし、ベンヤミンの「イメージの星座的布置関係」は、アガンベンによれば、事態としては、すでにパウロのテュポス論(予型論)のうちに明瞭に認められるものと同一である。パウロが言う「今この時」(ho nyn kairos)(ロマ三26、八18、Ｉコリ一一5)は、ベンヤミンが言う「今の時」(Jetztzeit)、すなわち過去の事物が読解可能となる目覚めの瞬間と同じものである。パウロにおいて、「今この時」(ho nyn kairos)は、そのような認識が可能となっている「今」を指す術語である(〔4/101〕参照)。「わたしたちは、すでにパウロにおいて、わたしたちが『予型的関係』と定義したもののうちに、過去と未来のあいだのこれに類似した星座的布置関係に出会っている。ここでもまた、過去のある瞬間(アダム、紅海渡行、聖餅〔マンナ〕等々)はメシア的な今の『予型』(typos)として承認されなければならない。それどころか、すでに見たように、メシア的な『今』(kairos)とはまさしくこの関係のことなのだ」〔4/229〕。

アガンベンはさらに、G・ショーレムがベンヤミンの二十六歳の誕生日に贈ろうとした興味深いテーゼについても言及している。それはヘブル語文法で俗に「逆転のWAW」と呼ばれる現象に関係している。知る人ぞ知るとおり、ヘブル語の時称には未完了と完了の二つしかない。ある文章が完了形で始まっていれば、一応問題の行為はすでに完了しているものとして、多くの場合、過去の意味で訳すことができる。しかし、その行為に緊密に連続する行為は、たとえ同じように完了した行為であっても、接続詞WAW「そして」に未完了形の動詞を結合して表現される。しかし、接続詞WAWの後に動詞以外の品詞が入り込んで、動詞が接続詞WAWから分離されるや否や、その動詞は再び完了形に逆転する。逆にある文章が未完了で始まっている場合には、継続する未完了の行為は、接続詞WAWの後に完了形を続けることで表現される。

ショーレムはここから、メシア的な時間とは完了でも未完了でもなく、過去でも未来でもなく、それらの逆転関係であるというテーゼを引き出した。アガンベンはそれを受けて、「パウロにおけるテュポス論的な関係は、この転換運動を完全に表現している。それは、この使徒が『今の時』と呼ぶ、過去(完了したもの)が現勢化していまだ完了していないものとなり、現在(いまだ完了していないもの)が一種の完了のかたちを獲得するような星座的布置関係のうちに二つの時間が入り込む、一つの緊張の領域なのである」と言う〔4/121〕。

大変魅力的なテーゼである。しかし、ショーレムが言うような「メシア的な時間とは完了でも未完了でもなく、過去でも未来でもなく、それらの逆転関係である」という事態は、確かにイエスには見事に当てはまる。なぜなら、イエスの場合には、すでに図表5にも示したように、過去は現在を飛び越えて未来へ先行し、そこから現在へ対向してきているからである。しかし、パウロの場合には、過去と未来の逆転関係について語ることはできない。未来はすでに過去において実現し、そこから現在へ継続し、なお未来へ進展してゆくのである。過去と未来の往還と言うべきである。アガンベンがショーレムの「逆転関係」という表現を「転換運動」という言い方に緩和しているのは理由なきことではない。

三　パウロの終末待望——パウロの時間論3

さて、パウロの時間論の最後に、彼が来たるべき歴史の終末、あるいはイエス・キリストの再臨をどう理解していたかを見なければならない。これまで繰り返し参照してきた原始キリスト教の「基本文法」の図式に戻って言えば、図表9の右端の⑪についてのパウロの理解を問うのである。これは言葉のもっとも狭い意味で、パウロの終末論についての問いである。すでに繰り返し確認したように、パウロによれば、⑪はすでに⑤の「十字架」(さらに広義には⑦—⑨)の出来事において実現し、その結果は現在に継続しながら、さらに未来へ、つまり再び⑪での最終的な完成に向かって進んでいるのである。

その最終的完成とは何なのか。パウロがこの点について正面から発言するのはⅠコリント書一五章である。少し長くなるが、もっとも重要と思われる箇所を二つ読んでみよう。

23さて、各自は自分自身の順番に従うのである。初穂はキリストであり、次いでキリストの来臨
におけるキリストのものである者たちであり、24次に終わりがある。その時、キリストは王国を
神すなわち父に渡し、またその時、神はすべての君侯たちと、すべての権威と権力とを壊滅させ
るのである。25というのも、「キリストは、神がすべての敵をキリストの足下におく」(詩一一〇1)時
まで、王国を支配することになっているからである。26最後の敵として死が壊滅させられる。
27というのも、「神はすべてのものをキリストの足下に従わせた」(詩八7)からである。さて、すべ
てのものが従わせられてしまったと聖書が言う時、そのすべてのものをキリストに従わせた方、
すなわち神がそこに含まれていないのは、明らかである。28すべてのものがキリストに従わせら
れる時、その時には御子自身もまた、すべてのものをキリストに従わせた方に従わせられるであ
ろう。それは、神がすべてのものにおいてすべてとなるためである。(23-28節)

50さて、兄弟たちよ、私はこのことを言っておく。すなわち、肉と血とはそのままで神の王国を

受け継ぐことはないし、朽ちゆくものはそのままで不朽なるものを受け継ぐことはない。[51]見よ。私は奥義をあなたがたに告げる。私たちすべての者が眠るわけではなく、むしろ私たちすべての者は変えられるであろう――[52]たちまちのうちに、一瞬のうちに、最後のラッパの鳴り響くうちに――。なぜならば、ラッパが鳴ると、死者たちは不朽なる者として起こされ、そして私たちは変えられるだろうからである。[53]実際、この朽ちゆくものは、不朽なるものを着、この死にゆくものは、不死なるものを着なければならないのである。[54]この朽ちゆくものが不朽なるものを着、この死にゆくものが不死なるものを着る時、その時書かれている次の言葉が成就するであろう。すなわち、

「死は勝利に呑み込まれた。
[55]死よ、汝の勝利は何処にあるのか。
死よ、汝の棘は何処にあるのか」。

[56]さて、死の棘は罪であり、罪の力は律法である。[57]しかし、私たちの主イエス・キリストをとおして私たちに勝利を与えて下さる神に、感謝すべきかな。（50–57節）

このうち、51–52節はⅠテサロニケ書四章15–17節と内容的に並行する。パウロがその内容を「奥義」と言い表すわけは、ここで問題になっている最後の瞬間に起きるべきことがそもそも神話論的にしか表現できないものであることを自覚しているからにほかならない。重要なことは、パウロがその上でその「奥義」を、実際には非神話化しているという点である。パウロにとってのポイントは、朽

ちゆく「肉と血のからだ」が不朽なる「霊のからだ」へ、死にゆくものが不死なるものへ「変えられる」ことにあるのであって、何がどういう順番で起きるかということではない。

それ以上に注目しなければならないのは、ここに「神の王国」あるいは「キリストの王国」が言及されることである。そもそもパウロが「神の国」に言及する回数はきわめて少なく(ロマ一四17、Iコリ四20、六9、10、ガラ五21、Iテサ二12)、ほとんどの場合、その背後には生前のイエスによる「神の国」の宣教にまでさかのぼる伝承がある。

生前のイエスは「神の国」について、どのようなイメージ・ネットワークを紡ぎ出して語り伝えたか——このことについては、すでに前著『イエスという経験』で明らかにした通りである。そのイエスも、詳しくは後述するが(第XI章五節)、繰り返し「神の国」を「いのち」と言い換えていった。それは、事態として見れば、神話論的なイメージで語られる「神の国」を非神話化する第一歩であったということができる。生前のイエス自身が非神話化への臨界点に達していたのである。目下のテクストのパウロも同じ「神の国」を、「最後の敵」である「死」を超克した「不朽・不死なるもの」と言い換えている。ここでパウロは生前のイエスの延長線上にいる。

ところが、アガンベンはパウロの終末論を論じるに当たって、Iコリント書一五章のこの重要なテクストには全く論及しない。彼が繰り返し論究の対象とするのは、むしろエフェソ書一章10節で語られる「総括帰一」の観念、すなわち、最後の最後には万物が「頭であるキリスト」のもとに一つにまとめられる、という観念である。アガンベンはエフェソ書のこの終末論的観念が、ベンヤミンの『歴史の概念について』〔64〕のテーゼⅢとXVIIIの背後に前提されていると見る〔4/230〕。

テーゼⅢのベンヤミンは、最後の審判の日、あるいは同じ意味で、メシアの日にはじめて、すべての「過去が完全なかたちで与えられ」、「人類が生きたすべての瞬間が議事日程に呼び出されるものとなる」と言う〔64/647〕。テーゼXVIIIには、「メシア的な時間のモデルとして、全人類の歴史を途方もなく短縮して包括する現在時は、人類の歴史が宇宙全体のなかで見えているその姿(＝二十四時間からなる一日の最後の二秒ほど)と、ぴったり重なる」とある〔64/663〕。

アガンベンの見解はベンヤミン解釈としては当たっているであろう。しかし、現代の新約聖書学のパウロ研究において、エフェソ書をパウロの真筆と見なすのはきわめて困難である。これは研究上の定説として、どのような教科書にも書いてあることだから、アガンベンはいささか不用意である。仮にその点は問わないとしても、エフェソ書一章10節の「総括帰一」がすでに見たⅠコリント書一五章のパウロの終末論に比して神学的に大きなずれを示していることには気づくべきであった。すなわち、Ⅰコリント書一五章の「再臨論」(メシアの日)が神中心的(特に28節「それは、神がすべてのものにおいてすべてとなるためである」に注意)であるのに対して、エフェソ書一章10節は明瞭にキリスト中心的なのである。アガンベンが「総括帰一」に関して述べるところは、パウロ解釈としては当たらない。

四　ベンヤミンにとってのパウロ

ベンヤミンにとってメシアニズムが重要な問題の一つであることは、研究者の間ではよく知られていた。専門外の私に見える限りでは、日本でのベンヤミン研究の場合には、ベンヤミンにおけるメシア論をはじめとする一連の(ユダヤ)神学的発言を究極的には認識論的な概念装置とする見解が優勢である。言わば、ベンヤミンの非神学化の現象である。しかし、これはきわめて特殊日本的な現象なのではないかと私には思われる。その理由の一つには、ベンヤミンの思索の背後にあるユダヤ教的なるものの伝統があまりに厖大かつ複雑で、日本人には容易に理解できないということがあるかも知れない。

他方で、欧米における最近のベンヤミン研究は、ベンヤミンのメシアニズムが単にユダヤ教のみならず、新約聖書の、それもほかでもないパウロのメシアニズムと実に深く結びついたものであることを明らかにしている。その一つがJ・タウベスが最晩年に行なった講義、『パウロの政治神学』(43)である。そこでタウベスはユダヤ教ラビとしての視点も働かせながら、ベンヤミンの『神学的・政治的断片』(一九二〇/一九二一年)を講解し、その背後にパウロのローマ人への手紙の八章と五章が潜んでいることを指摘している。

『神学的・政治的断章』は、ベンヤミンが「メシア」あるいは「メシア的なもの」について論じた最も早い時期の文章の一つである。その冒頭には次のようにある。

メシア自身がはじめて、一切の歴史的な出来事を完結させる。しかもそれは、メシアが歴史的出来事とメシア的なものの関係を、自分自身で、はじめて、救済し(erlösen)完結させ成就する、という意味においてである。それゆえ歴史的なものはすべて、己れのほうから己れをメシア的なものに関係づけようと望むことは、決してできない。それゆえ神の国は、歴史的な可能態の最終目標ではない。神の国を目標として定めることはできないのだ。歴史的に見るなら、神の国は目標ではなく、終わりである。〔63/223〕

ここからベンヤミンは、現世的秩序の「歴史的な可能態」の枠内での幸福追求を使命とする世界政治にとっては、ニヒリズムが自覚的な立場でなければならないと言う。なぜなら、現世的秩序は没落へと宿命づけられているからである。ベンヤミンは現世的秩序のこのベクトルに、メシア的秩序のベクトルを対比させ、それが現世的秩序のベクトルとの間で経験せざるをえない苦悩と不幸について論じている。その苦悩の問題の背後にあるのが、タウベスによれば、ロマ書八章18節以下でのパウロの終末論なのである。これはわれわれも、本書ですでに取り上げたところである(第IX章一節5)。

タウベスはベンヤミンの文章について、こうコメントしている。

難解この上ない文章です。まず、最初に明らかなのは、メシアが存在するということです。「メシア的なもの」や「政治的なもの」などというナンセンスな中性化はされていません。そうではなくて、定冠詞つきのメシアなのです。このことをはっきりしておかねばなりません。ここでは問題になっているメシアは、キリスト教の言うそれではありません。定冠詞つきでメシアと言われています。啓蒙主義やロマン主義の霞がかかった中性化はここにはありません。〔43/98〕

「ここでは問題になっているメシアは、キリスト教の言うそれではありません。定冠詞つきでメシアと言われていますとタウベスが言うのは、パウロがベンヤミンの背後にいるという指摘と矛盾するものではないことに注意しなければならない。なぜなら、タウベスにとっては、パウロもユダヤ教のメシアニズム(「定冠詞つきのメシア」)の重要な一部だからである。

さて、アガンベンによれば、ベンヤミンに「パウロのメシアニズム」が及ぼしている影響は、タウベスの指摘をはるかに超えて、甚大である。とりわけ、『歴史の概念について』の場合には、その影響はほとんどこの文書の全体に及んでいる。

それによれば、まず何よりも、この著作の冒頭の断章Ⅰでベンヤミンが自分の歴史哲学(歴史的唯物論)全体の言わば後見人としている「せむしの小人」とは、実はパウロを指すクリュプトグラム(暗示)にほかならない〔4/223－224〕。ベンヤミンの歴史哲学が勝利を収められるかどうかは、ベンヤミンがその「せむしの小人」の「自動人形」となって、「今日では周知のように小さくて醜くなっていて、しかもそうでなくても人の目に姿を曝してはならない神学」を「うまく働かせる」ことができるかどうかにかかっている。確かにベンヤミンは、「せむし」のように世間から憚られているパウロと彼の神学に訴えることを恥じているかのようである。しかし、それにだまされてはならないのである。

そのベンヤミンの歴史哲学は、過去の勝利者ならぬ敗者の歴史をすべて書き留めようとする年代記作者のそれである。どれほど取るに足りない出来事であっても「かつて生起した出来事は歴史にとってなにひとつ失われたものとみなされてはならない」(断章Ⅲ)〔64/647〕。すべてのそのような過去の出来事が「完全なかたちで与えられる」とき、すなわちメシアによる「最後の審判」の日までは、どの現在にも過去の特定の出来事を救済する「かすかなメシア的な力が付与されて」いる。それは「私たちに先行したどの世代ともひとしく、私たちにも〔中略〕付与されており、過去にはこの力の働きを要求する権利があるのだ。」(断章II)〔64/646〕

アガンベンは、ここで「かすかな」と邦訳されているベンヤミンのドイツ語(schwach)に注目する。それは文字通りには「弱い」と訳すべき形容詞である。アガンベンによれば、ベンヤミンはこの箇所でIIコリント書一二章9-10節のルター訳を暗示しているのだと言う〔4/225-226〕。そこでパウロは、自分の体に背負った苦難(障害)について、それを取り除いてくれるようにと神に懇願したこと、その時に「私の恵みはあなたにとって十分である。なぜならば、力は弱さにおいて完全になるからである」という神の答えを聞いたことを——すでに触れた通り(第IX章二節1)、現在完了形で——報告している。恐らくベンヤミンはパウロが身に負った障害とは「せむし」のことだとするキリスト教文化圏に早くから、しかも少なからず流布している見方を共有しているのではないかと思われる。いずれにしても断章Iの「せむしの小人」のクリュプトグラムと通じている可能性はきわめて大きいと思われる。さらには、『アゲシラウス・サンタンデール』と題されたベンヤミンの別の著作との関連も見えてくる。アガンベンの報告によれば〔4/233-234〕、G・ショーレムはあるとき、これをAngelus Satanas、すなわち「サタンの使い」のアナグラムだと評したと言う。まさにこの「サタンの使い」とは、パウロが同じ箇所IIコリント書一二章9-10節で、自分の身に負った障害のことを指して使っている表現にほかならない。

アガンベンはさらに、ベンヤミンの「今の時」(Jetztzeit)と「パウロにおけるメシア的時間の専門的指示語としてのホ・ニュン・カイロス(ho nyn kairos＝今この時)」の「文字どおりの符合」(「今－の－時」)に注目する。アガンベンによれば、ベンヤミンはこれと同じドイツ語にショーペンハウアーやハイデガーなどが、時計で計測可能な現世的時間という否定的な意味を込めた事実を知っていた。ベンヤミンはあえてその否定的な含意をひっくり返して、「その語にホ・ニュン・カイロス(ho nyn kairos)がパウロにおいてもっているのと同じメシア的時間のパラダイムという性格を取り戻させようとする」のだと言う〔4/231－232〕。

アガンベンはそのほかにも、パウロの予型論(テュポス論)がベンヤミンの「イメージ」の「星座的布置」あるいは「静止状態の弁証法」という見方に深いインスピレーションを与えていることを指摘する〔4/228－229〕。しかし、この点については、すでに前述したので(第X章二節)、ここでは繰り返さない。

以上すべての考察に基づいて、アガンベンはこう結論づける。「ベンヤミンの『歴史哲学テーゼ』の語彙は、見たところ、すべてが純然とパウロ的なものである」〔4/232〕。「パウロの『手紙』とベンヤミンの『歴史哲学テーゼ』という、わたしたちの伝統におけるメシアニズムの二つの最高のテクストが、二千年という時を隔てながら、両者ともにある根源的な危機のなかで著されて、ひとつの星座的布置関係を形成し、〔中略〕まさに今日、その読解可能性の今を迎えているのである」〔4/234〕。

新約聖書学のパウロ研究の側から見るとき、アガンベンの考察はすべて当たっているように私には思われる。ベンヤミンにとってのパウロの意味について考えてきたこの節の最後に、アガンベンの考察をたどりながら私が思い当たった点をもう一つだけ書き加えておきたい。

すでに引いた『歴史の概念について』のテーゼⅡには、メシアによる「最後の審判」の日までは、どの現在にも過去の特定の出来事を救済する「かすかなメシア的な力が付与されて」いると言われていた。「過去にはこの力の働きを要求する権利があるのだ」。こうベンヤミンが言うときに見据えているのは、勝利者の過去ではなく、敗者の過去である。そのことは例えばテーゼⅦで、歴史の勝利者に感情移入する歴史主義者を厳しく批判する件に明らかである。逆に、敗者の過去も失われてはならないのだと考える者は、「年代記作者」となって、「さまざまな出来事を、大小の区別をつけることなくひとつひとつ物語」らなければならない。年代記作者は、言わば、歴史の荒野のゴミを残りなく拾い集めなければならない。ベンヤミンが『パサージュ論』のある箇所で(N1, 8a)〔60/12〕、自分の仕事を「文学的モンタージュ」と表現した後、すぐにそれをボロと屑を拾って用いる屑屋の仕事になぞらえるのは、まさに年代記作者としてのベンヤミン自身のあるべき姿を提示するものにほかならない。

他方、『歴史の概念について』の冒頭でベンヤミンの歴史哲学全体の後見人とされている「せむしの小人」が、アガンベンの言うように、パウロのことであるならば、そのパウロもどこかで自分のことを住所不定の屑屋だと言っていても不思議ではない。そして事実、パウロはⅠコリント書四章9-13節で、それを言う。

9実際、私はこう考える。神は私たち使徒を、最後に引き出される者たちとして、死刑囚のように、世界にさらされたのであり、その結果私たちは、世界に対して、そして御使いたちや人々に対して、見世物となったのである。〔中略〕11今この時に至るまで、私たちは飢え、そして渇き、そして裸同然であり、そして殴られ、そして放浪し、12そして自らの手で働きながら苦労している。
罵られながら祝福し、迫害されながら耐え忍び、13誹謗されながら慰めの言葉をかけている。私
たちは今に至るまで、この世界の塵芥、すべてのもののうちの屑のようになったのである。

第Ⅺ章　ベンヤミンとイエス

これまでわれわれは、時間論の観点から、パウロとイエス(第Ⅸ章)、パウロとベンヤミン(第Ⅹ章)の関係について考察してきた。最後に、ベンヤミンとイエスの関係についての考察が残されている。もっとも、私が見るところでは、ベンヤミンはイエスについては、パウロについて行なっているようなクリュプトグラム(暗示)さえ残していない。しかし、ベンヤミンが新約聖書のパウロ書簡のみならず、福音書も読んで知っていたことは間違いない。そして、「神の国」についてのイエスのメッセージも知っていたのである。

そのイエスの「神の国」には、どのような時間論が内包されているか。これはすでに前著『イエスという経験』で立ち入って論じたところで、本書でも必要に応じて繰り返し確認したとおりである。一言で言えば、それは「全時的今」という表現に括ることができる。

他方、ベンヤミンの歴史哲学には、すでに触れたように、「現在時」(あるいは「今の時」、Jetztzeit)という特徴的な概念が現れる。アガンベンによれば、それはパウロがメシアの時間を表示するときの専門用語「今この時」(ho nyn kairos)にインスピレーションを受けている。しかし、それは、時間論としてみるとき、そのパウロをも超えて、生前のイエスの「全時的今」につながっているのではないのか。さらには、ベンヤミンの言う「イメージ(形象)」の「星座的布置関係」(あるいは「静止状態の弁証法」)も、生前のイエスが「神の国」について紡ぎ出していた「イメージ・ネットワーク」につながっているのではないのか。これが以下でのわれわれの作業仮説である。いずれも、ベンヤミン自身が主観的に自覚していた問題ではない。われわれはベンヤミンの主観を超えて、事柄を問うのである。

一　普遍史と未来

ベンヤミンにおける「現在時」(「今の時」)を正しく理解するためには、それが彼の歴史哲学において、過去、現在、未来とどういう関係にあるかを知らなければならない。そのうちの未来論は、当然ながら、彼のメシア論と密接不可分に関係する。さらに、そのメシア論は、ベンヤミンの「真の普遍史」の概念と密接不可分に関わっている。ベンヤミンのメシア論を究極的には認識論的な概念装置として非神学化することを好む日本のベンヤミン研究者たちの場合は、意識的か無意識的かは別として、未来論が後退する結果となっているが、果たしてそれでよいのか。

ベンヤミンの歴史理解における過去と現在と未来の関係の問題を考える上では、『歴史の概念について』テーゼⅢから出発するのがよいと思われる。そのテーゼⅢには、すでに一度言及したが(第X章三、四節)、ここでは改めてその全体を読んでみよう。

さまざまな出来事を、大小の区別をつけることなくひとつひとつ物語る年代記作者は、それによって、かつて生起した出来事は歴史にとってなにひとつ失われたものと見なされてはならない、という真理を顧慮している。いうまでもなく、救済(解放)された人類にしてはじめて、その過去が完全なかたちで与えられる。ということはつまり、救済(解放)された人類にしてはじめて、みずからの過去の、そのどの瞬間も、呼び出す(引用する)ことができるものになっている。人類が生きたすべての瞬間が議事日程に呼び出されるものとなる、その日――その日こそ最後の審判の日にほかならない。〔64/647〕

前著『イエスという経験』では、私はこのテーゼを、ベンヤミン自身の歴史哲学を積極的に表明するものと読んだ。過去をイメージとして「解放」し、現在へ回帰させるメシア的な力が完全に実現する「超越的未来」を指し示すものだというのが私の見方である(『イエスという経験』二五六頁)。他方でベンヤミンは歴史主義が言う意味での未来に対しては、きわめて批判的であることに注意しなければならない。この点で有名なのは『歴史の概念について』テーゼⅨである。そこでは、「新しい天使」と題されたクレーの絵について次のように語られる。

その眼は大きく見開かれ、口はあき、そして翼は拡げられている。歴史の天使はこのような姿をしているにちがいない。彼は顔を過去の方に向けている〔中略〕きっと彼は、なろうことならそこにとどまり、死者たちを目覚めさせ、破壊されたものを寄せ集めて繋ぎ合わせたいのだろう。ところが楽園から嵐が吹きつけていて、それが彼の翼にはらまれ、あまりの激しさに天使はもはや翼を閉じることができない。この嵐が彼を、背を向けている未来の方へ引き留めがたく押し流してゆき、その間にも彼の眼前では、瓦礫の山が積み上がって天にも届かんばかりである。私たちが進歩と呼んでいるもの、それがこの嵐なのだ。〔64/653〕

ここで「私たちが進歩と呼んでいるもの、それがこの嵐なのだ」とあるのが、「歴史主義」を指すと私は解する。テーゼXIIIに「歴史のなかで人類が進歩するという観念は、歴史が均質で空虚な時間をたどって連続的に進行するという観念と、切り離すことができない。この歴史進行の観念に対する批判こそが、進歩そのものの観念に対する批判の基礎を形成しなければならないのだ」〔64/658-659〕とあるのも歴史主義に対する批判である。「一般史はいかなる理論的武装ももってはいない。その方法は加法的である。つまり、一般史は均質で空虚な時間を埋めて満たすために、大量の事実を呼び集めるのである」(テーゼXVII)〔64/662〕、「歴史主義の歴史記述者はそもそも誰に感情移入しているのか、〔中略〕勝利者に、と言う以外に答えようがない」(テーゼVII)〔64/650〕についても同様である。反対に、「真理はわれわれから逃げ去りはしない」(テーゼV)〔64/648〕、「ある時代を追体験しようとするときは、その後の歴史過程について知っていることをすべて頭から払い落としておくように」(テーゼVII)〔64/650〕は、ベンヤミンが歴史主義者を代弁している発言である。この歴史主義が言う意味での未来、すなわち均質な連続的時間の中での進歩という思想には、ベンヤミンは「新しい天使」と共に「背を向ける」。

しかし、ベンヤミンにおいて、メシア論的未来は歴史主義的に理解された未来とは別物である。『歴史の概念について』の補遺Bには次のようにある。

時間がその胎内に何を宿しているのかを時間から聞き出した占師たちは、たしかに、この時間というものを、均質なものとしても空虚なものとしても経験してはいなかった。このことをありありと脳裡に想い描ける者は、おそらく、過ぎ去った時間が想起《アインゲデンケン》のなかでどのように経験されたかについても、はっきりわかることだろう。つまりは、まったく同じように経験されたのである。周知のように、未来を探ることはユダヤ人には禁じられていた。律法と祈禱は、その代わりに、彼らに想起を教えている。占師に予言を求める人びとが囚われている未来の魔力から、想起はユダヤ人を解放した。しかしそれだからといって、ユダヤ人にとって未来が、均質で空虚な時間になったわけではやはりなかった。というのも、未来のどの瞬間も、メシアがそれを潜り抜けてやってくる可能性のある、小さな門だったのだ。

〔64/664−665〕

ここでは歴史主義の言う未来は「未来を探ること」、「予言を求める」と表現されている。そのような未来は禁物である。しかし、それとは別の未来がある。メシアはその未来のどの瞬間を「潜り抜けてやってくる」かも分からない。私なら、福音書の言葉を借りて、こう言うだろう。「かの日ないしかの時刻については誰も知らない。天にいる御使いたちも、子も知らない。父のみが知っている」（マコ一三32）。メシア論的な未来は古い歴史の内側から操作不可能である。この意味で、それは「超越的未来」である。超越的な神の力あるいは行為としての未来である。後述する通り、ベンヤミンの「真理論」には明瞭に「超越的な力」〔67/19〕という概念が現れるのである。同じ事柄を、未来論の文脈で言い直せば、「超越的未来」と言うことができる。

この「超越的未来」はベンヤミン自身にとって決定的に重要である。なぜならそれは、「すべての過去たち」が「想起」あるいは「引用」によって最終的に「救済」される時、すなわち、メシアの日だからである。前記のテーゼⅢはこのことを言っているのである。そのメシアの日が到来するまでのそのつどの現在は、まだ「すべての過去たち」を「想起」・「引用」・「救済」できるわけではない。それは「救済された人類」、つまりメシアが到来する日に、個人ではなく人類に、はじめて可能となる。そのとき、はじめてすべての過去たちの救済が実現する。すなわち、「過去が完全なかたちで与えられる」のである。歴史主義者たちが贔屓にする「勝利者たちの過去」から見ればどれほど小さく無惨で取るに足りない過去であっても、その救済に漏れてよい過去はない！

「すべての過去たち」にはそのようにして「救済」される権利がある。メシアの日以前においては、どの現在もその救済のために働く「かすかなメシア的力」が付与されている。テーゼⅡに現れるこの表現の「かすかな(schwach)」という形容詞の背後には、すでに見たとおり(第X章四節)、同じ形容詞を含むルター訳ドイツ語聖書のⅡコリント書一二章9-10節がある。アガンベンによれば、ベンヤミンは『歴史の概念について』の原著初版で、「かすかな」(schwach)の形容詞をいわゆる隔字体で印刷させている。そのことによってベンヤミン自身が、それがパウロからの隠された引用であることを示唆しているのだと言う。

ベンヤミンはこの「かすかなメシア的力」という言い方で、メシアの日という超越的未来を暗黙の内に指示している。それはすべての過去が呼び出されて解放されるメシアの日のことである。ベンヤミンはこのことを、別の箇所では、A・モングロンの言葉を引いて、「過去は〔中略〕光が感光乾板に刻みこむ像に例えられる像を、自ら残している。未来だけが、このような陰画のなかを完全に探り出すだけの効力をそなえた現像液を持ち合わせている」(『パサージュ論』N 15a, 1)〔60/62〕とも言い表わしている。

このような普遍史的な未来を指示するためには、ベンヤミンが暗黙の内にIIコリント書一二章9‐10節を引くのは、私には適切だとは思われない。この箇所はパウロが自分の個人的な召命体験を語る箇所だからである(第VIII章四節を参照)。私がベンヤミンなら、むしろロマ書八章23節の「霊の初穂を持っている……私たち」という言葉を引くだろう。ここで言う「霊の初穂」こそ、来たるべき普遍史的な解放、すなわち人間のみならず被造物全体が虚無から解き放たれる救済の「初穂」にほかならない。「霊」とは、ベンヤミンが言う「メシア的力」のことである。

メシアの日の、その普遍的救済まで歴史は未完結なのである。歴史は結果によって評価されるのではない(第V章二節参照)。そこに、前述のテーゼIIIにある「さまざまな出来事を、大小の区別をつけることなくひとつひとつ物語る年代記作者」の役割がある。「かつて生起した出来事は歴史にとってなにひとつ失われたものと見なされてはならない」。どんなに取るに足りない無惨な過去でも失われることなく救済されなければならない。だからこそ、年代記作者は「さまざまな出来事を、大小の区別をつけることなくひとつひとつ物語」らなければならないのである。

テーゼIIIの冒頭に言及される「年代記作者」は、歴史主義者のことではない。テーゼXVIIに、歴史主義の「一般史はいかなる理論的武装ももってはいない。その方法は加法的である。つまり、一般史は均質で空虚な時間を埋めて満たすために、大量の事実を呼び集めるのである」とあることを、テーゼⅢの「年代記作者」の「さまざまな出来事を、大小の区別をつけることなくひとつひとつ物語る」行為と同一視したりしないように注意が必要である。確かに、「年代記作者」も歴史主義者も、大量の事実を蒐集するという点では、共通するのかも知れない。しかし、そこにベンヤミンのポイントがあるのではない。その蒐集の意図の違いこそ彼が言わんとするポイントである。歴史主義者はそれを「均質で空虚な時間を埋めて満たすために」行なうが、「年代記作者」は「かつて生起した出来事は歴史にとってなにひとつ失われたものと見なされてはならない」から行なうのである。

この「年代記作者」は、すでに第X章四節の結びで述べたとおり、過ぎ去った歴史の荒野を放浪して「屑」を拾うベンヤミン自身の自画像である。そのことは、『ベルリンの幼年時代』のためにベンヤミンが繰り返し蓄積した準備稿の中に、『ベルリン年代記』(Berliner Chronik)という当初の題名が残っていることにも明らかである。さらに、「物語作家」という作品では、「年代記作者」について数頁を費やして論じる中で、こう言われる。――「叙事文学のすべての形式のなかで年代記ほど、書かれた歴史の純粋な無色透明の光のなかに明確に現れ出てくる形式はない」[65/308]。ベンヤミンが古物と図書の稀代の蒐集家であったというよく知られた事実も、この関連で想起されるべきである。

年代記作者を含む、蒐集家によって蒐集された事物がやがて一つの理念(真理)の下に集まって、どのような新しい星座を作り上げるか、そして、その中でどのような新しい意味(いのち)へ救済されるか。この点は次項で見ることにしよう。

その前に、テーゼⅢに出る「最後の審判」について補足しておきたい。ベンヤミンがここでメシアの日における「最後の審判」について語ることとは、そこまで歴史は未完結だということにほかならない。この点については、『パサージュ論』N 8, 1〔*60/37‐38*〕のホルクハイマーとの書簡のやりとりが参考になる。ホルクハイマーは言う、「歴史の未完結性を本気で受け取るなら、最後の審判を信じるしかありません」。これは、その後に続くベンヤミン自身の文章から見ても、ベンヤミン自身の立場の帰結を言うものである。それは歴史が、メシアの日に完結を迎えることを語っているのである。「真の普遍史はメシアニズム的なものだ」(『パサージュ論』N 18, 3)〔*60/70*〕とベンヤミンが言うのは、そのことを意味している。「真の普遍史」について語るのだから、「偽の普遍史」がベンヤミンの念頭にはあるはずである。事実、『パサージュ論』の同じ断章(N 18, 3)で、ベンヤミンは続けて、「いまどきの普遍史は、反啓蒙の蒙昧な輩の考えることだ」と言っている。

「最後の審判」という表現にもかかわらず、メシアの日は「さばき」の日ではない。それは「饗宴」の日である。ベンヤミンは言う、「それぞれの時代に生ける者は、歴史の正午に自分自身を知る。彼らには過去のために饗宴を整える義務がある。歴史家は、死者を宴卓に招待するために遣わされた者である」(『パサージュ論』N 15, 2)〔*60/61*〕。

ここに「饗宴」という表現が現れるのは決して偶然ではない。私なら、生前のイエスの言葉を借りて、こう言うだろう。「それぞれの時代に生きる者は、歴史の正午に(神の国で)、かつての死者たち、そう、すべての過去の者たちと共に食卓に着くだろう」(マタ八11‐12/ルカ一三28‐29参照)。

二　形象の星座としての理念（真理）

さて、前項の終わり近くでは、テーゼⅢの冒頭の「年代記作者」は稀代の蒐集家ベンヤミンの自画像だと言った。物好きが物を集めるとは一体どういう行為なのか。話を分かりやすくするために絶好のベンヤミンの文章がある。

子供たちは、事物を扱う行為がはっきりと目に見える仕事場なら、どんなところでも訪ねてみるという、独特な性癖をもっている。彼らは、建設工事、庭仕事や家事、裁縫や家具製作の際に生じる屑に、どうしようもなく惹きつけられるのを感じる。屑として生じるもののうちに子供たちは、事物世界がまさに自分たちに、自分たちだけに、向ける顔を認める。子供たちは、そうした屑を使って大人の作品を模倣するというよりも、遊びながらそれらの屑から作るものを通じて、じつにさまざまな種類の素材相互のあいだに、飛躍に富んだ新しい関係をつけるのである。〔66/34〕

私にも身に覚えがある。大工になるのが夢だった少年は、近くで大工仕事が行なわれていると、そのそばにくっついて、きれいな檜や杉の板のできるだけ大きな切れ端が出るのをじっと待ち受けている。それが手に入れば、あそこにこう使って船の模型が完成する。引いて行って用いることができる。

そう、文字通り「引用」できる！　ところが、カタンと切れ端が落下した瞬間、大工さんがそれをくれるとは限らない。さっと拾って、どこかに片付けてしまうことがある。その瞬間の落胆。昆虫採集も同じだった。もう一つ幻の蝶が加われば、僕の標本箱は世界に一つしかない宇宙になる。壊れた家具や機械の部品も捨てられず、大切にとっておくのはよいとして、そのために部屋中がカオスとなる人もいる。そのような人についても、同じことが言える。そこには、当事者にしか分からない、新しい幸福な世界が成立しているのである。

ベンヤミンは同じ消息をモザイク画に認めている。

気まぐれな断片に分たれていながら、モザイクにはいつまでも尊厳が失われることなく保たれるように、哲学的考察もまた飛躍を恐れはしない。モザイクも哲学的考察も、個別的なもの、そして互いに異なるものが寄り集まって成り来るのである。超越的な力——聖像のそれであれ、真理のそれであれ——というものを、このことほど強力に教えてくれるものはほかにない。〔61/19〕

モザイクは、ベンヤミンの論述のスタイルそのものである。『パサージュ論』は、一読して明らかなように、文字通りさまざまな出典から引かれた「パサージュ」の山である。「ベンヤミンはすべて引用からなる書物こそ最高のテクストと考えていた」(三島憲一)〔72/392〕という。引用ではない地の文でも並列的な論述が繰り返される。タルムードそっくりなのである。「ベンヤミンは『息をつく(Atem holen)』という表現をこうした議論で好むが、流れるような論理展開やレトリックではなく、断片的思考が切れ切れに続き、切れ目ごとに息を入れ、話題が、語り口が変わってくるそうした批評のみが、普遍的合理性につながると彼は考える。〔中略〕ぎくしゃくとした切れ切れが合理性であるというのは、啓蒙の子供たちには挑発である」〔72/182〕。

蒐集された事物が突発的に、当の蒐集家にしか分からない形でつながって作り上げる一つの意味宇宙を、ベンヤミンは「星座」に譬える。その「星座」は「理念」とも「真理」とも呼ばれる。個々の事物はその中に組み込まれることによって、古い有用性や歴史的関連から「救出」されて、それぞれ新しい意味を与えられる。「イメージ」(形象)の「星座的布置」(「静止状態の弁証法」)については、すでに前述したが(第X章二節)、ここでもう一度、ベンヤミン自身の該当する発言から確認しておこう。

もろもろの理念はそれぞれに、永遠不変の星座なのであり、そして、諸構成要素がそのような星座のなかに位置する点として捉えられることによって、諸現象は分割され、かつ同時に、救出されているのだ。〔61/33〕

もろもろの現象は、しかし、仮象《シャイン》が混じり込んでいる粗雑で経験的な状態のまま丸ごと理念界に入ってゆくのではなくて、その諸構成要素に分解されたかたちでのみ、救出されて、理念界に参入する。諸現象は、その偽りの統一を放棄し、分割されて、真理の真正なる統一に参与するのだ。〔61/30〕

しかも理念がそのように現れ出るのは、それらの事物的な構成要素の星座(Konfiguration 組み合わせ、構成、配置、布置)として、である。〔61/31〕

ベンヤミンは「諸現象が理念を信奉してそのまわりに集まってくる」〔61/34〕とも言う。「真理」あるいは「理念」とは、「人間の考察にあらかじめ与えられている所与」であり、そのようにして「みずから現れ出てくるもの」〔61/22〕、つまり「啓示」なのである〔61/26〕。それは人間による発見を待っている。こう語るベンヤミンは、理念の自存を信じる点で、明らかにプラトニストである。

ベンヤミンはバロック期のドイツ悲劇という顧みられることの少なかった対象を取り上げて、これがギリシアの古典悲劇の頽落形態などではなく、独自の理念であることを論証する。「芸術哲学的な論述でいう意味でのバロック悲劇とは、ひとつの理念である」〔61/43〕。大げさな台詞、アレゴリー、俳優の独特な身振り、衣装、舞台装置、小道具等々、これらはすべてドイツ悲劇という固有の「理念」を信奉してそのまわりに集まっている事物・事象である。

三 「現在時」

前掲のテーゼⅢが述べるように、メシアの日にはじめてすべての過去たちが「引用」され、「救済」される。これは「事象の星座の中に理念(真理)は現れる」という見方を、「真の普遍史」の次元に移したものにほかならない。「歴史を解体し、すべてを焼き尽くすメシアの到来によってはじめていっさいの事物は、つまり、それぞれ自存している形式は、一瞬の解体と変容のなかでイデーとの関係としてのその意味を明らかにし、自己の完成を祝う」〔72/150〕。

しかし、メシアの日の手前の歴史の中では、「過去たちの救済」はどうなるか。それは一瞬のひらめき、覚醒の瞬間として起きる。それは均質な連続的時間と歴史を切断する「危機」の一瞬である。それは一瞬のひらめきに留まるが、来たるべきメシア的な時間のモデルである。その瞬間は「現在時（「今の時」）と呼ばれる。

覚醒の瞬間とは「この今における認識可能性」と同じなのではなかろうか。

（『パサージュ論』N3a, 3）〔60/21〕

認識の可能となる今の時（現在時）は、目覚めの瞬間である。

（同 N18, 4）〔60/70〕

弁証法的な形象は一瞬ひらめく形象である。こうして、この認識可能性としてのこの今において一瞬ひらめく形象として、かつてあったものが捕捉されうるのである。このように為される——このようにしか為されえない——以上、救いはいつも、次の瞬間にはもう救いえないものとして喪われるであろう形象においてのみ成就されうる。

（同 N9, 7）〔60/42-43〕

そのつどの現在は、その現在と同時的なさまざまなイメージ(形象)によって規定されている。そのつどの今は、ある特定の認識が可能であるような今なのである。この今においてこそ、真理は爆発せんばかりに時間という爆薬が装塡されている。(他でもなくこの爆発こそが、意図の死なのである。そしてこの死と同時に真に歴史的な時間、真理の時間が誕生するのだ。)過去がその光を現在に投射するのでも、また現在が過去にその光を投げかけるのでもない。そうではなくイメージのなかでこそ、かつてあったものはこの今(das Jetzt)と閃光のごとく一瞬に出あい、ひとつの星座(状況)を作り上げるのである。言い換えれば、イメージは静止状態の弁証法である。

(同 N 3, 1)〔60/18-19〕

こうして、「そのつどの今」において「救済」されるのは、ある特定の過去たちである。それを認識するのは、個々の人間である。しかし、メシアの日には、特定の過去ではなく、すべての過去たちが「引用」される。それを認識するのは人類である。メシアの時間は「全人類の歴史を途方もなく短縮して包括する現在時」(テーゼXVIII)〔64/663〕と言うことができる。そのつどの「今」はこのメシアの時間の先取りであり、モデルである。

歴史的な時間形式のもつ規定的な力は、いかなる経験的出来事によっても完全には捉えられず、また、いかなる経験的出来事のなかにも完全には集約されえない。歴史の意味において完全であるような出来事とは、むしろ徹頭徹尾、ひとつの経験的な無規定のもの、すなわちひとつの〈理念〉である。この満たされた時間という理念は、(旧約)聖書では、その支配的な歴史的理念として、〈メシア的時間〉と呼ばれている。〔62/187〕(ただし、訳文を少し変更している)

四　イエスの「神の国」とベンヤミン

ここでわれわれは、イエスが「神の国」について抱いていたイメージ・ネットワークのことを思い起こそう。もはや縷々説明の必要はないであろう。それはベンヤミンが言う「形象の星座」そのものである。「星座」の原語(Konstellation/Konfiguration)は、純粋に語義的にも英語のネットワークと近いものがある。子供たちがさまざまな職人たちの仕事場に生じる屑から、骨董蒐集家が他の人には単なるガラクタとしか見えないものから、突発的に全く新しい幸福な世界を造り上げるのと同じように、生前のイエスも同時代のユダヤ社会のそこここに転がっていた既知のイメージから、全く新しい「神の国」のイメージ・ネットワークを編み上げたのである。本書の第Ⅳ章二節の「まとめ」で、こう述べた通りである。「彼(イエス)が多くの神の国の譬え話で引き合いに出すイメージの大半は、まさにそのようにして彼が聴衆と共有しているイメージなのである。そうでなければ、コミュニケーションの媒体にはなりえなかったであろう。イエスの独創性はそれらのイメージそのものを創造したことにあるのではない。むしろ、既存のイメージを二つのルート・メタファーを中心にネットワーク化すると同時に、逆にそのネットワークの中で個々のイメージに新しい役割と意味を与えたことにある」。これをベンヤミンの言葉で言い直せば、ユダヤ社会の既知のありふれたイメージは、今やイエスの

「神の国」という新しい理念の中へ「救出されて」いるのである。

次にわれわれは、「今この時は満たされている」(マコ一15)という、イエスの公の活動の第一声を思い起こそう。この「全時的今」のメッセージは、ベンヤミンの言葉で言えば、「メシアの時間」を先取りする「現在時」(今の時)である。しかし、ベンヤミンが言うように、それは本質的に一瞬のひらめきとして「訪れるもの」でしかありえない。イエスには、それを「近づいた」(マコ一15)という時間性の言葉で表現するほかに術はなかったのだ。イエスは、この瞬間を繰り返し生きようとしたに違いない。しかし、それをクロノスの中に定着させることはできなかった。彼は「神の国」の遅延に対する攻撃に、いくつかの譬えをもって答えた。その譬えの中に、どれほどの事物、事象が集まってきていることか。アブラハム、イサク、ヤコブという「過去たち」も集まっている。そう、彼らはすでに「メシア的時間」の中に救済されて、「祝宴」の席に着いている。彼らすべてが構成する「星座」、すなわち「ネットワーク」の中に、イエスの真理、つまり「神の国」が「現れる」のである。この「現れ」に気づくことができるのは誰か。それがイエスの問いかけだった。

ベンヤミンの抽象的な思索をそれ自体として理解しようとしても、おそらくうまくいかないだろう。イエスの「神の国」のイメージ・ネットワークは、それを具体的に理解するために、うってつけの素材だと私には思われる。もっとも、イエスの「神の国」のイメージ・ネットワークということを私が言い出したのは、ベンヤミンについて考えた上でのことではない。その段階では、ベンヤミンのことはすべて手探りだった。今ここに提示したことは、すべてその後の学習による「後知恵」である。しかし、そのことは、逆に言えば、ベンヤミンが私にとって思いがけない発見であったということである。

因みに、もう一つ発見がある。イエスの「神の国」についてのベンヤミン自身の発言である。まだ二十一歳になったばかりのベンヤミンが、女友達のカーラ・ゼーリッヒソンに宛てた一九一三年九月一五日付の手紙である。その中で、当時グスタフ・ヴィネケンの強い影響下に青年運動・教育改革運動に情熱を燃やしていたベンヤミンは、ヴィネケンの薦めで読んだV・ヒューブナー『知性の組織化』（ライプツィッヒ、一九一〇年）に触れながら、次のように書いている。

しかし、どのような人間であれ、どこかに生まれ、まだ若いかぎり、誰の中にも、「改善」ではなく、すでに「完成」、つまり目標が宿っているのです。この目標をヒューブナーはメシア的とも言うべきほどに私たちに近いところにあることを感じ取っています。今日、僕は「見よ、神の国はここにあるのでも、そこにあるのでもなく、私たちの内にあるのだ」というキリストの言葉（ルカ一七21）が持っているもの凄い真理を感じ取りました。僕はあなたと一緒に愛についてのプラトンの対話篇を読みたいと思います。そこにはそのことが、他にはどこにも例を見ないほど、実に見事に言われ、しかも深く考え抜かれているからです。

〔67/175〕

さらに、ベンヤミンは一九三三年九月一〇日頃に親友G・ショーレムに宛てた手紙で、「神学の本にさえ手をつけている」と書いている。この手紙を含めてベンヤミンとの往復書簡集を編集刊行したショーレムは、この文言に注をつけて、ここで言う「神学の本」には、ディトレフ・ニールセン『歴史の中のイエス』が含まれていたことを記している〔68/121〕。この本の原著者ニールセンはデンマーク人で、新約聖書学ではなく、アラビア学を中心とする比較宗教学の専門家であった。ベンヤミンはデンマーク語の原著ではなく、ドイツ語訳を読んでいた。その正確なタイトルは、『歴史的イエス——イエスの生涯の研究に関する根本的問題』〔56〕である。原著そのものは厳密な意味の新約聖書学の専門研究ではない。しかし、このドイツ語訳には、副題が示すように、「イエス伝研究のための原則的な事柄」と題された長大な序論(VII–XXVII頁)が付されている。その執筆者はL・Fというイニシャルしか明かしていないので、その実際の人物についての詳細は分からない(しかし、おそらく翻訳者とは別人と思われる)。

そのL・F氏はまず最初に、彼の言う意味での「イエス伝研究」に「三方面から迫りつつある曖昧化の危険」を指摘する。その第一は「より高次の」真理を擁護しようとして「歴史主義」を軽蔑する者たち、第二はキリストにおける啓示の独一性を喧伝する者たち(すなわち弁証法神学)、第三はプロテスタントの自由主義神学(別名「歴史神学」、特にA・シュヴァイツァー)である。L・F氏がこれら三つの立場を批判した後に好意的に紹介するのは、M・ディベリウス『キリスト教における歴史と超歴史的宗教』(ゲッチンゲン、一九二五年)である。R・ブルトマンの『イエス』もすでにその翌年の一九二六年に刊行されているが、これにはL・F氏は言及しない。どうしてなのかは分からない。しかし、このL・F氏が当時のイエス研究の最前線の状況にある程度通じていたことは明らかである。当時のイエス研究は、福音書に対するいわゆる様式史的研究の結果、もはやイエスの「伝記」は書くことが不可能であることを結論づけたばかりであった。従って、その後一九四〇年代から火蓋が切って落とされる、いわゆる「史的イエス論争」は確かにまだ始まってはいない。研究史的には、言わばその前夜に当たる時期であった。

とすれば、ベンヤミンも最新のイエス研究の状況について、なにがしかのことを聞き知っていたことはあり得るところである。もちろん、ベンヤミンに、私が言うような「神の国」のイメージ・ネットワークという問題意識があったとは思われない。しかし、彼がイエスの「神の国」に「もの凄い真理」、あるいは同じことだが、もの凄い「理念」を見て取っていたことは間違いない。本書第X章四節の冒頭に引いた『神学的・政治的断章』からの文章が「神の国」について語る背後には、イエスの「神の国」があるに違いないと思われる。ベンヤミン自身が、その厖大な量の著作の中でイエス(あるいはキリスト)に直接言及することはほとんどない。それだけに、われわれとしては、この事実をここで大いに強調しておかなければならない。

確かに、J・タウベスとG・アガンベンに代表される最近のベンヤミン研究は、正当にも、パウロの神学が隠された形ではあるがベンヤミンの思考に対して巨大な影響と意義を及ぼしていることを明らかにしている。この点はすでに、立ち入ってみた通りである(第X章四節)。しかし、ここでわれわれは、そのタウベスとアガンベンを超えて、さらにこう主張したい。ベンヤミンの思考は、そのパウロをも超えて、ベンヤミン自身も意識しない形で、生前のイエスの思考とこそ深い親和性を示しているのである。特に、もしわれわれの考察が当たっていれば、イエスが「神の国」について抱いていたイメージ・ネットワークと、ベンヤミンの言う「形象の星座としての理念」の間にその親和性は著しい。思考のレベルとは別に、個々の用語のレベルでも、少なくとも『神学的・政治的断章』の冒頭に現れる「神の国」の背後には、イエスの「神の国」が想定されてしかるべきであろう。イエスとベンヤミンの間のこの親和性を認識しておくことは、イエス研究のみならず、今後のベンヤミン研究自体にとってもきわめて重要な意義を持つはずである。

五　遅れてくる経験

前著『イエスという経験』を執筆しながら私がひたすら考えていたのは、イエスの時間論とベンヤミンのそれの間の親和性である。しかし、前著に対するこれまでの論評の中には、ハイデガーとの親和性を指摘する声が少なくない。

八木誠一氏が、私との対談の中で出されたコメントは次の通りである（『福音と世界』二〇〇四年五月号）。

〈全時的今〉という大貫さんの概念についても同様です。実は、〈全時的今〉も直接経験の表現なのです。たとえば過去が将来に先回りしてそこから現在に語りかけるという構造は、ハイデガーの『存在と時間』にもはっきり見られる、つまり現代にも例があるわけで、それが実存的時間であるわけです。ただハイデガーは「配慮」を言い、イエスは「思い煩うことなかれ」と言うから、時間性の内容は違うのですが、構造については大貫さんと同じことを言っていると思う。だからイエスの時間把握も、構造的には実存的時間として一般化できるでしょう。〈全時的今〉とは宗教的自己了解から出てくる実存的な時間であって、イメージから結果するものではない。そこにはもう少しつっこんだ検討があってしかるべきではないか。〔9/12〕

私がひたすらベンヤミンとの親和性を念頭におきながら論じたイエスの「全時的今」が、ハイデガーの時間論に通じていると評されているのである。ということは、ベンヤミンとハイデガーそれぞれの時間論の間にも、なにかしら類似性があるに違いない。しかし同時に、ハイデガーについては聞きかじりの私にも、ある一つの違いが感じ取られる。うまく言葉にならずもどかしいのだが、ハイデガーの場合、すべての分析が人間(「現存在」)の主観的な意識の動き(「配慮」)という枠内にあるように思われる。ところが、ベンヤミンの場合、「理念」あるいは「真理」は、人間の主観性や志向性を超越して、それとして客観的に言わば「自存」している。それはあの「覚醒の瞬間」、すなわち「現在時」に「向こう側から現れてくる」ものである。ベンヤミンはそのことを次のように言う。

まさにこの〈みずから現れ出てくるもの〉ということが、真理についてこそ言えるのだ。〔61/22〕

認識は尋ねて得ることができる、がしかし、真理はそれができない。〔61/22〕

もろもろの理念は、考察にあらかじめ与えられている。理念は所与のものなのである。〔61/23〕

「理念」(真理)の客観的自存性と無志向性を言う点で、ベンヤミンはプラトニストである。引用した文章の前後で、プラトンが繰り返し言及されるのは決して偶然ではない。ここには、ハイデガーに代表されるような現象学と、それに対するベンヤミンの違いは鮮明である。「見かけの類似からハイデガーの受容を云々するのは間違い」〔72/68〕なのである。

しかし、私から見ると、ベンヤミンとハイデガーの間には、さらに重要な相違がある。それはあえて単純化して言えば、「救い」と「死」の違いである。もしハイデガーにおいて、「死へとかかわる」ことが「本来的存在」の要件であるのならば、そのハイデガーは、いのちについて語るよりも、圧倒的に死について語ってきた西欧哲学の伝統の中にいる。これは悪しき伝統ではないか。しかも、アガンベンが鋭く指摘したように、ハイデガーが言う「死」は、あくまでも、人間にとってそれを「死ぬことができる死」のことである。そのような「死」を侮辱するような死の形があることは、ハイデガーの視野には入っていない。

加えて、私はこう問いたい。なぜハイデガーにとって、問題は死であって、いのちではないのか。なぜハイデガーの信奉者たちにとって、死について語ることが、いのちについて語ることよりも根源的なのか。この点で、ベンヤミンは例外である。彼は「救済」について語る。すでに見た『神学的・政治的断章』も『歴史の概念について』のテーゼⅢもそうであった。ここではもう一つ、『パサージュ論』N 13a, 1を見てみよう。そこには、「救済」のテーマが「未来」、「われわれの生」(いのち)、「歴史的時間の凝縮」(すなわち「現在時」)という重要なキーワードと緊密に結びついて現れる。

幸福の想念のうちには救済の想念が共鳴しているのだ——そしてこの点こそが、未来に嫉妬を感じないという奇妙な事実がわれわれに教えてくれることである。このような幸福は、まさに誤ってわれわれ自身がかつて置かれていた空しさと孤独に、その基盤を持っている。別の言い方をすれば、われわれの生は、歴史的時間の全体を凝縮するだけの力を持った筋肉なのだ。あるいは、さらに別の言い方をすれば、歴史的時間についての真の想念は完全に救済の形象にもとづいている。

〔60/55–56〕

思い起こされるのは、イエスもまた繰り返し「いのち」について語る人であったことである。

(マルコ福音書三章4節)　安息日に許されているのは、善をなすことか悪をなすことか、いのち(psychē)を救うことか殺すことか。

(マルコ福音書八章35-37節)　[35]実に、自分の命(psychē)を救おうと欲する者はそれを滅ぼすだろう。
しかし、自分の命(psychē)を私と福音とのために滅ぼす者は、それを救うだろう。[36]いったい、
人が全世界を儲けても、その命(psychē)が害をこうむっては何の益があろう。[37]いったい、人は
自分の命(psychē)の代価として何を与えることができようか。

（マルコ福音書九章43‐47節）　[43]それに、もしもあなたの一方の手があなたを躓かせるならば、それを切り落としてしまえ。両の手を持ってゲヘナに、すなわち消えない火の中に入り込んでしまうよりも、片手を欠いて生命《いのち》(zōē)に入る方があなたにはまだましだ。[45]また、もしもあなたの一方の足があなたを躓かせるならば、それを切り落としてしまえ。両の足を持ってゲヘナに投げ込まれるよりも、片足なしで生命《いのち》(zōē)に入る方があなたにはまだましだ。[47]またもしも、あなたの一方の目があなたを躓かせるならば、それを抜き棄ててしまえ。両の目を持ってゲヘナに投げ込まれるよりも、片目で神の王国に入る方があなたにはまだましだ。

（マタイ福音書六章25節）　このゆえに、私はあなたたちに言う、あなたたちの命(psychē)のために何を食べようか、何を飲もうか、またあなたたちの体のために何を着ようか、と思い煩うな。命(psychē)は食物以上のものであり、体は着物以上のものではないか。　（ルカ一二22‐23も参照）

（マタイ福音書七章13‐14節）　[13]狭い門を通って入れ。なぜならば、滅びへと導く門は広く、その道は広大である。そして、そこを通って入って行く者は多い。[14]しかし、生命《いのち》(zōē)へと導く門はなんと狭く、その道はなんと細いことか。そしてそれを見いだす者はわずかである。

読者には、特にマルコ福音書九章43‐47節に注意していただきたい。43節には「片手を欠いても生命に入る方があなたにはまだましだ」、45節には「片足なしで生命に入る方があなたにはまだましだ」とあるが、47節では「片目で神の王国に入る方があなたにはまだましだ」となっている。ここでは「生命《いのち》」(zōē)は「神の国」と全く同義である。

すでに前著『イエスという経験』でも述べたことだが、「イエスが宣べ伝えた『神の国』は詰まるところ、『いのち』のことであった」(二六二頁)。「復活信仰」成立以後の原始キリスト教においては、生前のイエスが「神の国」について抱いていた「イメージ・ネットワーク」の組み替え(リセット)が進んだ。その中で、イエスの「神の国」はまもなく「(永遠の)生命《いのち》」と言い換えられていった(特にヨハネ福音書)。それは非神話化の一部である。前著でのこの見方に、私は今ここで、こう付け加えたい。その言い換えは、すでに生前のイエス自身において始まっていたのである。この点で、生前のイエスはすでに非神話化の一歩手前まで、非神話化への臨界点に到達していたのである。

すでに紹介した通り、「〈全時的今〉とは宗教的自己了解から出てくる実存的な時間であって、イメージから結果するものではない。そこにはもう少しつっこんだ検討があってしかるべきではないか」とは、八木誠一氏の論評であった。　私は今、上記のような一連の「いのち」についての発言の中に、イエスの宗教的「直接経験」を見ることができると思う。私は最近、このことを別のところで、こう述べたことがある。

私たちは誰もが親から生まれ、今ある「いのち」を与えられました。しかし、その出来事を私たちの誰一人、その時その場で経験していません。それどころか、全く覚えておりません。それはむしろ、その後のそれぞれの人生の日常性が破れ、宙づりとなるような瞬間に、繰り返し、繰り返し経験される仕方ではじめて、本当の経験になるのではないか。人間は自分の「いのち」の真の意味を「遅れて」はじめて経験するのではないでしょうか。「子を持って知る親の恩」という古くからの諺は、そのことを実によく言い表しています。真の「いのち」の経験は「遅れてやってくる」のです。イエスが宣べ伝えた「神の国」も、究極的には、そのことを指し示していたのだと私は思っております。〔28/55〕

「遅れてはじめて真に経験されるいのち」は、はじめからそこになければならない。そうでなければ、それは「遅れて」経験され得ない。それはすでにそこにある命と同じものである。生前のイエスも新約聖書全体も、この消息を「いのち」に「ゾーエー」と「プシュケー」という、二つの異なるギリシア語を当てることによって、表現している。原則としてだが、「プシュケー」(psychē)は人間誰もが衣食住によって今現に生きている「命」を指す(前掲のマコ三4、八35-37、マタ六25/ルカ一二22-23を参照)のに対して、「ゾーエー」(zōē)は人間が「狭い門」を通って入るべき「生命《いのち》」(前掲のマコ九43-45、マタ七13-14を参照)を指す。だが、それはあくまで原則であって、二つの単語は相互に交代可能である。そのもっとも良い例は、ヨハネ福音書一二章25節である。「自分の命(psychē)に愛着する者は、それを滅ぼし、この世で自分の命(psychē)を憎む者は、それを保って永遠の生命《いのち》(zōē)に至るであろう」。現下の日常における「命(プシュケー)」が「永遠の生命《いのち》(ゾーエー)」に連続していることを、これ以上鮮明に述べる発言はほかにない。「ゾーエー」は「プシュケー」としてすでにそこにあるのであって、現下の日常的「プシュケー」と別のものではない。しかし、その「プシュケー」は「ゾーエー」として発見され直されねばならない。「それぞれの人生の日常性が破れ、宙づりとなるような瞬間」と私が言うのは、その発見の瞬間のことである。私がイエスの「全時的今」と呼んだもの、そして、ベンヤミンの「現在時」も同じだと思う。

「いのち」がそういうものでしかありえないことから見れば、イエスの「神の国」が「現にそこにある」(ルカ一七21、マタ一二28／ルカ一一20)と同時になお来たるべきものであること、つまり、「神の国」の現在性と未来性の並存という周知の問題も、事柄上そうでしかありえないものなのである。これまでのイエス研究が厖大な議論を費やしてきたこの問題は、実は仮象に過ぎなかったのではないか。

パウロは生前のイエスがおそらくそうとは意識せずに、ほんの一歩手前まで臨界していた非神話化を、きわめて自覚的な言語でさらに先へ進めている。すでに述べたこと(第X章三節)の繰り返しになるが、Ⅰコリント書一五章23-28節と同50-56節では、生前のイエスが宣べ伝えた「神の国」を言い換えて、「最後の敵」である死を超えた「不朽・不死なるもの」と表現している。それは「永遠の生命《いのち》」(ロマ二7、五21、六22-23、ガラ六8)と同じものである。あるいは、ガラテヤ書二章20節でのパウロは、「今、肉において生きているこの命」を、「もはや私が生きているのではなく、キリストが私の中に生きている」いのちとして理解している。現下の「肉」(sarchs)の命が、今や超越的次元を獲得して、「新しい創造」と理解されているのである。そしてそれは「永遠の生命《いのち》」へとつながっている。ここに、パウロをイエスとつなぐもっとも太い共通性がある、と私には思われる(第Ⅸ章一節5参照)。

あとがき

二〇〇三年一〇月に刊行された拙著『イエスという経験』(岩波書店)は、幸いにして多くの読者を得ることができた。読者からの反響も大きく、その後の二年間に、この拙著をめぐる大小さまざまな集会やシンポジウムが開催されたほか、いろいろな日刊紙、月刊誌、季刊誌、広報誌、学会誌にも取り上げられ、多くの論評が掲載された。私も、その応答に可能なかぎり努めてきた。

本書『イエスの時』は、前著をめぐるそのような論評と応答のやりとりがきっかけとなって、私の内に新たに浮上し、その後さらに考えを深めることとなった一群の問題を、できるだけ体系的・組織的に論述したものである。そのため、本論そのものの中では、どの論点のどの論述が、誰のどの論評に対する応答であるかは、ごく少数の例外的なケースを除いて、原則として表示しなかった。それは一般読者には無用な情報だからである。しかし、該当者には、どこが自分の論評に対する応答であるかは、自ずと明らかであろう。

今回の本書の執筆に当たっても、前著と同じように、それ自体として一般読者の手にも取ってもらえるものを目指した。しかし、前著に寄せられた論評は個々の論点をめぐるものが大半であった。それに対する私の応答を並べるだけでは、本書の論述は前著を中心としてベクトルが「放射状」に拡散する体のものになって、前著を未読の読者には、分かりにくいものとなっていたことであろう。それはまた、自分の言いたいことをできるだけ論理的に順次積み上げて、言わば線状的に述べたいという、私自身の平素の努力目標にもそぐわない。そのために、前著についてさまざまな論評者によって指摘された多くの論点を整理統合して、しかも、単なる前著の「続篇」ではなく、本書それ自体としても内的なまとまりのあるものにするよう努力したが、これはなかなか骨の折れる仕事であった。

また、前著に対する論評は、事柄の性質上当然のことながら、専門家からのものが圧倒的に多かった。それに対する応答を多く含む本書は、一般読者には、前著よりも若干難しいと感じられるかも知れない。しかし、問題そのものを考える上では、その分だけ前著よりも先へ進むことができたのではないかと思っている。前著への論評によってそのきっかけを与えてくださった多くの方々に、この場で心からお礼を申し上げたい。

前著についての論評と私の応答を終始注意深く見守った上で、本書の執筆を薦めてくださった岩波書店編集部の中川和夫さんにも、感謝の思いは尽きない。

二〇〇六年三月二〇日

大貫　隆

■岩波オンデマンドブックス■

イエスの時

2006年5月23日　第1刷発行
2008年4月4日　第2刷発行
2016年7月12日　オンデマンド版発行

著　者　大貫《おおぬき》　隆《たかし》

発行者　岡本　厚

発行所　株式会社　岩波書店
〒101-8002　東京都千代田区一ツ橋2-5-5
電話案内　03-5210-4000
http://www.iwanami.co.jp/

印刷／製本・法令印刷

ISBN 978-4-00-730439-2　　Printed in Japan

引照箇所索引

本文中で引用ないし言及した，旧約新約聖書をはじめ古代の諸文献を挙げる．LXX は七十人訳すなわちギリシア語旧約聖書を指す．

I　旧約聖書

創世記

出エジプト記

レビ記

参考文献表

それぞれの文献の前に付した斜字体の通し番号と，本文における
その表記方法については，「はじめに」を参照.

1 青野太潮『「十字架の神学」の成立』ヨルダン社，1989年.
2 ——『「十字架につけられ給ひしままなるキリスト」』コイノニア社，2004年.
3 ——「弱いときにこそ——パウロの『十字架の神学』」『聖書を読む——新約篇』岩波書店，2005年，77-102頁.
4 G・アガンベン(Agamben)『残りの時——パウロ講義』上村忠男訳，岩波書店，2005年.
5 ——『アウシュヴィッツの残りのもの——アルシーヴと証人』上村忠男・廣石正和訳，月曜社，2001年.
6 荒井　献『イエス・キリスト』講談社，1979年.
7 ——「渡辺・大貫　対論へのコメント」(2004年10月11日付，メール配信)
8 今村仁司『ベンヤミンの「問い」——「目覚め」の歴史哲学』講談社，1995年.
9 岩井健作・大貫隆・廣石望・八木誠一「座談会『イエスという経験』を読む」『福音と世界』新教出版社，2004年5月号，10-23頁.
10 上村　静『イエス——人と神と』fad叢書編集委員会，2005年.
11 太田修司「おめでたいイエス？——大貫隆著『イエスという経験』(岩波書店，2003年)を読む」『ペディラヴィウム』56号(ペディラヴィウム会)，2004年，21-44頁.
12 大貫　隆／T. Onuki, Gemeinde und Welt im Johannesevangelium. Ein Beitrag zur Frage nach der theologischen und pragmatischen Funktion des johanneischen “Dualismus”, Neukirchen-Vluyn 1984.
13 ——『福音書研究と文学社会学』岩波書店，1991年.
14 ——「新約聖書と社会学——文学社会学的方法の位置と作業ステップ」『福音書研究と文学社会学』1-83頁.

15　――　「ヨハネの『今』と申命記の『今日』」『福音書研究と文学社会学』231-265 頁.
16　――　「律法の隙間とエゴイズム――『アンテオケの衝突』によせて」『神の国とエゴイズム』教文館，1993 年，5-12 頁.
17　――　「初期キリスト教における信仰と自然――黙示文学とストア哲学の間で」『神の国とエゴイズム』132-231 頁.
18　――　「グノーシス主義の『黙示録』について」『ナグ・ハマディ文書 IV 黙示録』荒井献・大貫隆・小林稔・筒井賢治編訳，岩波書店，1998 年，1-19 頁.
19　――　『ヨハネによる福音書――世の光イエス』日本基督教団出版局，1996 年.
20　――　『ロゴスとソフィア――ヨハネ福音書からグノーシスと初期教父への道』教文館，2001 年.
21　――　『イエスという経験』岩波書店，2003 年.
22　――　「小林康夫『イエスの最期の絶叫の意味』に答えて」『福音と世界』新教出版社，2004 年 9 月号，44-47 頁.
23　――　「佐藤研『私はどんなに苦悶することか』に答えて」『福音と世界』新教出版社，2004 年 10 月号，54-57 頁.
24　――　「並木浩一『イエスの覚醒体験とは何であったか』に答えて」『福音と世界』新教出版社，2004 年 11 月号，54-57 頁.
25　――　「土井健司『イエス・キリストの「今」に向かって』に答えて」『福音と世界』新教出版社，2005 年 1 月号，63-67 頁.
26　――　「太田修司氏の論評に答える」『ペディラヴィウム』57 号(ペディラヴィウム会)，2005 年，31-68 頁.
27　――　「応答」(渡辺英俊，荒井献氏への)『福音と世界』新教出版社，2005 年 4 月号，27-38 頁.
28　――　「聖書の読み方――私の経験と提案」『ことば』(日本基督教団信濃町教会)2005 年，37-67 頁.
29 小河　陽『パウロとペテロ』講談社，2005 年.
30 加山久夫　書評：大貫隆『イエスという経験』，『新約学研究』33 号，日本新約学会，2005 年，51-55 頁.
31 小林康夫「イエスの最期の絶叫の意味――大貫先生への書簡」『福音と世界』新教出版社，2004 年 5 月号，26-35 頁.
32　――　『起源と根源――カフカ・ベンヤミン・ハイデガー』未来社，

1991 年.
33 H・コンツェルマン(Conzelmann)『時の中心――ルカ神学の研究』田川建三訳，新教出版社，1965 年.
34 佐竹　明『ヨハネの黙示録・下巻』新教出版社，1989 年.
35 ――― 『使徒パウロ――伝道にかけた生涯』NHK ブックス，1981 年.
36 佐藤　研『悲劇と福音――原始キリスト教における悲劇的なるもの』清水書院，2001 年.
37 ――― 「私はどんなに苦悶することか」『福音と世界』新教出版社，2004 年 5 月号，24-25 頁.
38 ―――／笠原芳光編『イエスとは何か』春秋社，2005 年.
39 E・P・サンダース／E. P. Sanders, Paul and Palestinian Judaism. A Comparison of Patterns of Religion, Minneapolis 1977.
40 ――― 『パウロ』土岐健治・太田修司訳，教文館 2002 年.
41 新約聖書翻訳委員会訳『新約聖書』岩波書店，2004 年.
42 G・タイセン-D・ウィンター／G. Theißen-D. Winter, Die Kriterienfrage in der Jesusforschung. Vom Differenzkriterium zum Plausibilitätskriterium, Freiburg in der Schweiz/Göttingen 1997.
43 J・タウベス／J. Taubes, Die politische Theologie des Paulus, München 1993.
44 滝澤武人　書評「大貫隆著『イエスという経験』」『宗教研究』78(日本宗教学会 2004 年)，129-135 頁.
45 J・H・チャールズワース／J. H. Charlesworth (ed.), The Old Testament Pseudepigrapha I, New York 1983.
46 月本昭男「歴史と時間」『歴史を問う 2　歴史と時間』(月本昭男他編)岩波書店，2002 年，1-60 頁.
47 M・ディベリウス／M. Dibelius, Geschichtliche und übergeschichtliche Religion im Christentum, Göttingen 1925.
48 ――― 『イエス』神田盾夫訳，新教出版社，1950 年，新版 1973，1986 年(ドイツ語原著の初版は Berlin 1939).
49 土井健司「イエス・キリストの『今』に向かって」『福音と世界』新教出版社，2004 年 5 月号，42-45 頁.
50 並木浩一「イエスの覚醒体験とは何であったか」『福音と世界』新教出版社，2004 年 5 月号，36-41 頁.
51 日本聖書学研究所編『死海文書』山本書店，1963 年.

52　——　『聖書外典偽典 3　旧約偽典 I』教文館，1975 年.
53　——　『聖書外典偽典 4　旧約偽典 II』教文館，1975 年.
54　——　『聖書外典偽典 5　旧約偽典 III』教文館，1976 年.
55　——　『聖書外典偽典・別巻・補遺 I』教文館，1979 年.
56 D・ニールセン／D. Nielsen, Der geschichtliche Jesus. Mit einer Einführung: Grundsätzliches zur Leben-Jesu-Forschung, München 1928.
57 M・ノート(Noth)『旧約聖書の歴史文学』山我哲雄訳，日本基督教団出版局，1988 年.
58　——　『モーセ五書伝承史』山我哲雄訳，日本基督教団出版局，1986 年.
59 R・ブルトマン(Bultmann)『イエス』八木誠一・川端純四郎訳，未来社，1963 年(原著初版は Tübingen 1926).
60 W・ベンヤミン(Benjamin)『パサージュ論・IV　方法としてのユートピア』今村仁司ほか訳，岩波書店，1993 年.
61　——　『ドイツ悲劇の根源・上』浅井健二郎訳，筑摩書房，1999 年.
62　——　『ドイツ悲劇の根源・下』浅井健二郎訳，筑摩書房，1999 年.
63　——　「神学的・政治的断章」『ドイツ悲劇の根源・下』223-226 頁.
64　——　「歴史の概念について」『ベンヤミン・コレクション 1　近代の意味』浅井健二郎・久保哲司編訳，ちくま学芸文庫，第 2 版，2000 年，643-665 頁.
65　——　「物語作家」『ベンヤミン・コレクション 2　エッセイの思想』浅井健二郎訳，1996 年，283-334 頁.
66　——　「一方通行路」『ベンヤミン・コレクション 3　記憶への旅』浅井健二郎・久保哲司編訳，1997 年，17-140 頁.
67　——／W. Benjamin, Gesammelte Briefe Bd. I (1910-1918), hrsg.v. Chr. Gödde und H. Lonitz, Frankfurt am Main 1995.
68　——　『ベンヤミン-ショーレム往復書簡　1933-1940』山本尤訳，法政大学出版会，1990 年.
69 N・ボルツ(Bolz)／W・v・レイイェン(von Reijen)『ベンヤミンの現在』岡部仁訳，法政大学出版局，2000 年.
70 G・ボルンカム(Bornkamm)『ナザレのイエス』善野碩之助訳，新教出版社，改訂増補版，1970 年.
71 E・P・マイヤー／E. P. Meier, A Mariginal Jew. Rethinking the Historical Jesus, vol. 1-3, New York 1991-2001.
72 三島憲一『ベンヤミン——破壊・収集・記憶』講談社，1998 年.

73 八木誠一『聖書と教会』1975年3月号42-43頁．（荒井献『イエスとその時代』岩波書店，1974年に対する書評）
74 八木誠一・熊野義孝「対談書評・イエス研究をめぐって」『本のひろば』1975年4月号，4-10頁．
75 山我哲雄『聖書時代史 旧約編』(岩波現代文庫)，岩波書店，2003年．
76 ―― 「『モーセ五書』の成立」『言語』(大修館書店)2003年12月号，31-39頁．
77 ―― 「『モーセ五書』の最終形態について」『旧約学研究』(日本旧約学会)第1号(2004年)，41-60頁．
78 ―― 「祭司文書の歴史像」『聖書を読む　旧約篇』岩波書店，2005年，27-63頁．
79 山田耕太　書評「大貫隆著『イエスという経験』」『日本の神学』43(日本基督教学会2004年)，146-152頁．
80 湯浅博雄『聖なるものと〈永遠回帰〉』ちくま学芸文庫，2004年．
81 E・ユンゲル／E. Jüngel, Paulus und Jesus. Eine Untersuchung zur Präzisierung der Frage nach dem Ursprung der Christologie, Tübingen 1962, 4. Aufl. 1972(邦訳『パウロとイエス』高橋敬基訳，新教出版社，1970年)．
82 ―― 『死――その謎と秘義』蓮見和男訳，新教出版社，1972年．
83 G・v. ラート(von Rad)『旧約聖書の様式史的研究』荒井章三訳，日本基督教団出版局，1969年．
84 D・ルーザム／D. Rusam, Sah Jesus wirklich den Satan vom Himmel fallen (Lk 10. 18)? Auf der Suche nach einem neuen Differenzkriterium, New Testament Studies (Cambridge), 50(2004), 87-105.
85 U・ルツ(Luz)「イエスの死」『マタイのイエス』日本キリスト教団出版局，2005年，35-48頁．
86 渡辺英俊・大貫隆・荒井献「イエスは『神の国』の何を宣べ伝えたのか」『福音と世界』新教出版社，2005年4月号，14-49頁．